이것이
중국의
역사다

2

중국의 현재와 미래를 읽다

이것이 중국의 역사다

2

수당시대부터 현대까지

홍이 지음 | 정우석 옮김 | 김진우 감수

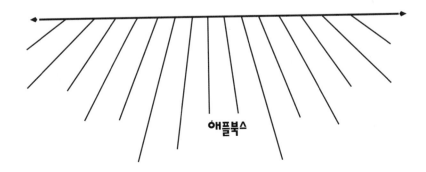

애플북스

* 일러두기

인명, 지명 등은 현재 통용되는 외래어 표기법에 따랐습니다. 필요한 경우 한자음을 썼으며, 특히 근대 이전의 인명은 한자음으로 표기했습니다.

** 이미지 제공

Hardouin, Taipei National Palace Museum, Popolon, Beijing Palace Museum, 震天動地, 蒼穹之丘, Gisling, Naval History and Heritage Command, www.marxists.org, Brücke-Osteuropa

목차

제1부 혼돈의 시대

제2부 봉건시대

제3부 제국시대

역사라는 기나긴 강물 속의
징검돌을 디디며

이 책은 중국사 입문서다. 중화민족이라는 민족 집단 전체의 흥망성쇠를 생동감 있는 유려한 언어와 새로운 시각으로 서술해 중국사를 빠르게 이해할 수 있게 인도한다.

역사란 생존 경쟁의 기록이다. 종의 경쟁이라는 거대한 물결에서 인류는 수백만 년간의 노력으로 먹이사슬의 중간에서 최고 위치까지 올랐다. 인류 사회의 내부를 들여다보면 생존 경쟁은 민족 집단의 분화와 도태를 촉진했다. 인류 역사상 수만 개의 종족과 수천 개의 문명 대부분은 이미 생존 경쟁의 거대한 파도에 휩쓸려 사라졌다. 지금까지 남아 있는 10만 인구 이상의 민족은 전 세계에 겨우 300여 개이며, 그중 문명을 건설한 민족은 극소수에 불과하다. 수천 개의 작은 문명은 소멸되거나 더 크고 복잡한 문명에 녹아들었다. 중화민족과 중화문명은 이런 역사의 발전 과정에서 특수한 위치를 차지한다.

기억을 상실한 사람이 정보를 바탕으로 기억의 체계를 다시 세우듯이, '시대의 뇌진탕'을 겪었던 중국도 역사의 정보에 의지해 가치 체계를 새로 세웠다. 대담하게 예측해보면 수십 년 내에 중국 사회에는 중국사를 새롭게 연구하는 열기가 반드시 일어날 것이다. 이 책이 '선구자'로서 탐색해보고자 한다.

각 시대에 부응하는 역사책이 필요하다

이 책은 학술 목적이 아니라 일반 독자들을 위해 쓰였다. 만일 현재 중국 사회를 사람으로 간주한다면, 평균 연령은 40세에 학력은 겨우 중학교를 졸업하고 고등학교 1학년이 되어 관념과 학식이 빠르게 성장하는 사람으로 볼 수 있다(상대적으로 독일, 미국은 평균 연령 약 38세에 14년간 교육을 받은, 즉 단과대학을 졸업한 정도다). 200년 전 또는 100년 전의 중국인 평균치와는 크게 다르다는 점을 알 수 있다. 당시 중국인은 평균 30대 초반이지만, 문맹에 가까우며 지식과 관념이 모두 전통의 타성에 젖은 채 상부에서 주입되는 식이었다.

200년 전의 중국인은 오로지 과거에 급제한 소수만 정사(正史)를 읽을 수 있었다. 대중은 《삼국지연의(三國志演義)》나 창극을 통해 역사를 이해하고 역사관(통일된 것은 반드시 분열된다는 사고나 갖은 음모와 권모술수 등)을 정립했다. 이제 더 이상 그래서는 안 된다. 그렇다면 《삼국지연의》가 아닌 무엇을 통해 역사를 이해해야 하는가? 이 책을 통해 '평균의 중국인'에게 적합한 역사서를 새로이 탐색하고자 한다.

우선 해결해야 할 문제가 두 가지 있다.

첫 번째로는 학술적 장애를 뛰어넘어야 한다. 고대에 저술된 진

수(陳壽, 233~297)의 《삼국지(三國志)》, 확암(確庵)의 《정강패사전증(靖康稗史箋証)》이든, 현대에 쓴 천명자(陳夢家)의 《은허복사종술(殷墟卜辭綜述)》, 첸무(錢穆, 1895~1990)의 《국사대강(國史大綱)》이든, 또는 해외에서 출간된 존 킹 페어뱅크(John King Fairbank, 1907~1991)의 《중국: 전통과 변천(China : Tradition and Transformation)》, 호세아 발로우 모스(Hosea Ballou Morse, 1855~1934)의 《중화 제국 대외 관계사(The International Relations of the Chinese Empire)》든, 이 같은 순수 학술 또는 반(半)학술 저서를 일반 독자들에게 강요하는 것은 적절하지 못하기 때문이다. 이는 장자(莊子, B.C.365?~B.C.270?)의 글에 나오는 제나라 왕이 바다 갈매기들에게 술과 고기로 연회를 마련해주지만 갈매기들의 입에는 맞지 않은 것과 같다.

두 번째로는 시대의 핵심이 되는 문제에 답해야 한다. 시대는 빠르게 변화하는데 역사책은 대부분 '눈을 크게 뜨고 그 뒤를 바라보지만' 시대의 변화를 따라가지는 못한다. 사회는 대변환을 겪으면서 반드시 보편적 지식과 가치관이 재결합하는 발전 과정을 거친다. 좋은 역사책은 시대의 중심이 되는 사건에 필요한 해답을 제시해야 한다. 좋은 역사책은 망원경이지 눈을 가리는 뜬구름이 아니다. 좋은 역사책은 역사의 기원과 발전을 분석하고 전략적 시야와 역사관을 제공하지, 옹정제의 여인을 다룬 드라마 〈견환전(甄嬛傳)〉처럼 궁중 암투극으로 전락하지 않는다. 따라서 시대마다 그에 상응하는 역사책이 있어야 한다.

이 책은 이런 두 가지 방면에서 탐색하고자 한다.

공자도 부족한 점이 있다

지난 100년간 중국의 역사학 연구는 서양 학문 체계를 도입하여 비약적 발전을 이루었으며 수많은 학술 성과를 거두었고, 역사책에도 큰 변화가 나타났다. 이 책은 그 가운데 지혜와 양분을 흡수했으며 당연히 그중에서 부족한 부분은 수정했다.

일반 독자들이 자주 접했던 중국 통사를 다룬 책들은 다음의 몇 가지다.

첫 번째는 민국(民國) 시대의 학술 또는 반학술 작품이다. 당시는 역사 연구의 혁신적인 시대로 다양한 역사책이 그야말로 대성황을 이루었다. 두 번째는 몇십 년간 가장 주류를 이룬 '교과서파'다. 이 책들은 한때 전국을 휩쓴 문화대혁명 시기에 숨겨야 할 핵심 서적이었다. 대표적인 작품은 판원란(范文瀾)의 《중국통사간편(中國通史簡編)》, 바이서우(白壽彝)의 《중국통사(中國通史)》가 있다. 세 번째는 《사기(史記)》, 《자치통감(資治通鑒)》 같은 고전 작품이다.

중화민국 시대의 역사학계는 고증을 중시하는 '사료파(史料派)'가 가장 큰 유파로 '경전 연구' 방식을 반대했다. 그들의 학술계 지위는 거의 독점에 가까웠다(첸무는 이 때문에 '중앙연구원'의 원사(院士)가 될 수 없었다). 보쓰녠(博斯年)은 "사학은 사료학"이라는 유명한 말을 남겼다. 이는 당시 대다수 역사책의 기본 바탕이 되었다. 그 때문에 민국 학술 작품의 역사에 대한 해석은 원리적 접근이 주를 이루는 데 반해 재미는 부족했다.

대부분 일반 독자에게 역사를 이해시키는 의의는 역사 지식을 쌓아 인식을 형성하는 데 있다. 역사는 중국 전통상 가장 귀중한 지혜다. 사료가 쌓인다고 바로 역사의 지혜가 되는 건 아니다. 사료는 본래 파편화된 정보로 '작은 데이터'(부분 기록)이지 '큰 데이터'(전면적인 기록)가 아니다. '작은 데이터'를 통해 역사를 이해하는 것만으로는 크게 부족하다. 하물며 '큰 데이터'는 아직 어둠 속에 가라앉아 있다. 우리는 나무도 보고 숲도 보아야 한다. 안타깝게도 중화민국 시대의 사학계는 그렇지 못했다.

교과서파가 역사의 공백을 메우며 왕성하게 부상하자 사료파는 제나라, 노나라의 아악(雅樂)이 정나라, 위나라의 새로운 소리를 이기지 못한 것처럼 청년들의 관심을 얻지 못했다. 역사를 단선적으로 해석한 교과서파는 역사 철학의 최고봉 위치에서 사상의 기폭제가 되어 청년들의 머릿속에 새로운 체계를 잡았다. 이는 거대한 사회 정치 운동이 사학 영역에 반영된 것이다. 청나라 이래 반세기를 풍미하고, 세계관과 사상을 무기로 삼은 금문경학(今文經學)은 그에 비할 바가 못되었다.

상전벽해, 즉 시대가 변하고 세상이 변했다. 인터넷이 광속으로 달리지만 교과서파는 앞사람이 달리는 먼지만 바라볼 뿐 따라잡지 못했다. 어떤 역사적 해석은 다시 생각해봐야 했다. 예를 들어 '원시사회-노예사회-봉건사회-자본주의 사회-공산주의 사회'라는 스탈린이 주장한 '5단계론'은 궈모뤄(郭沫若, 곽말약, 1892~1978)의 제창으로 정부의 핵심 사상이 되었다. 하지만 이는 중국사의 진실한 발전에 결코 부합되지 않았다. 현대 사회의 출현과 성장 및 그 운행 규율의 해석에서 교과서파는 할 말을 잃었으니 미래에 대한 통찰은 논할 필요도 없다. 정색하고 권위를 자랑하며 메마르고 추한 글을 쓰던 교과서파가 새로운 인터넷 세대에게 가차 없이 버림받는 것은 어찌 보면 당연한 일이었다.

최근 몇 년간 일어난 '국학 열풍'으로 고전 작품이 다시 인기를 얻는 현상은 오늘날 사회가 다시 정신을 뿌리내릴 닻을 찾고 있음을 방증한다. 하지만 고전 역사책을 읽을 때 특히 그 안의 정수와 쓰레기를 분별해야만 한다. 예를 들어 유생이 역사를 쓸 때는 자신의 주관적인 설교를 목적으로 사실을 왜곡하기도 했다. 공자(孔子, B.C.551~B.C.479)를 예로 들어보자. 당시 노나라는 네 명의 군주가 신하에게 피살되었고〔은공(隱公)·민공(閔公)·공자반(公子般)·공자악(公子惡)〕, 쫓겨난 자가 한 명〔소공(昭公)〕이며, 노환공(魯桓公)은 제양공(齊襄公)이 이복여동생 문강(文姜)과 근친상간한 일을 폭로해 제나라에서 치욕스럽게 암살당했다. 이런 중대한 사건들을 공자는 《춘추(春秋)》에서 완곡하게 감추었다. 공자의 제자들은 심지어 공공연하게 노나라에서는 신하가 임금을 시해한 일이 없다고 공언했다《《예기(禮記)》〈명당위(明堂位)〉》. 맹자(孟子, B.C.372~B.C.289)가 주장한 역사 또한 거짓이 적지 않으며, 오히려 그가 반대한 역사가 진실인 경우가 많았다.[1] 사마광(司馬光, 1019~1086)이 쓴 《자치통감》은 '위대하고, 높고, 완전한' 인물 이미지를 만들어내기 위해 도잠(陶潛), 유비(劉備) 같은 '이상적 인물'의 결점은 선택적으로 무시하고 부정적인 정보는 걸러냈으며 긍정적인 부분만 부각했다.

　그 밖에 정부 기관에서 주관해 편찬한 역사서는 정치적 입장을 갖는다. 사관은 독립적으로 보이지만 배후에는 늘 '보이지 않는 손'이 있다. 청나라 시기에는 이민족 정권이 체계적으로 삭제하는 일도 있었다. 이를 보면 영국의 역사가 토인비가 말한 대로 '역사는 승리자의 선전'이다.

1　몽문통(蒙文通),《고사견휘(古史甄徽)》에서는 《맹자》에 나온 열네 가지 일에 대해 '맹자가 칭찬한 일은 의심이 가고, 맹자가 질책한 것은 믿을 만하다'라고 분석했다.

종합하면 이 책은 두 가지 목표를 추구한다.

첫 번째는 최근의 학술 연구와 고고학적 발견을 근거로 이전의 역사서를 종합하고 학술적 정확성을 추구해 서술한다. 프랑스 정치가가 러시아를 풍자하며 한 말이 있다. "러시아에서 역사는 차르의 재산이다(차르의 마음대로 좌지우지해 날조한다)." 필자는 이런 비웃음은 면할 자신이 있다. 이 책은 첨단 고고학과 분자인류학(分子人類學, DNA 등을 분석해 인류의 원류와 발전을 파악해나가는 학문-옮긴이) 등 수많은 분야의 새로운 연구 성과를 도입해 이전의 역사서보다 더욱 진상에 접근했다. 이는 선배 학자들이 하지 못한 일이다.

두 번째는 독립된 정신과 자유로운 사상으로 역사의 변화와 발전 뒤에 숨겨진 원리를 탐구해 역사의 폭풍우를 일으킨 날갯짓을 한 나비를 찾는 것이다.

역사의 나비를 찾다

역사의 발전 과정은 거대한 혼돈과 같다. 혼돈 중에서도 역사의 기원과 발전 과정을 분석하면 약간의 규율과 인과를 찾을 수 있다. 춘추시대 제나라 재상 관중은 "예의염치는 국가의 사유다(禮義廉恥, 國之四維)"라고 했다. 여기서 '사유'를 국가의 흥망을 결정하는 가장 중요한 요소로 보았는데, 이는 당연히 맞지 않는 소리다. 한 나라의 흥망성쇠를 진정으로 결정하는 것은 두 가지 근본 요소, 즉 제도와 민족의 유전적 자질이다. 민족의 유전적 자질은 잠재력을 대표하며, 제도는 잠재력이 발휘되는 정도를 결정한다. 국가의 발전은 이 두 가지가 누적되어 이루어진다. 민족의 유전적 자질은 다양하고 제도의 시스템도 천차만별이기에 둘의 조합에 따라 인류와 세계가 나뉜다.

　관련 학과(제도경제학)가 비교적 늦게 생겼기 때문에 선배 학자들은 제도를 깊이 이해하지 못했다. 중국사에 대해서는 이미 매우 세밀하게 고찰했지만, 일부 학자는 역사 속 제도를 발견하지 못했다. 이는 장자의 글에 나오는 부엉이의 시력처럼 어떤 때는 짐승의 가는 털을 보기도 하지만 어떤 때는 눈을 크게 뜨고도 산을 보지 못하는 것과 마찬가지다. 필자가 보기에 역사학계는 중요도 면에서 이차적인 전문적 지표를 중국사의 시기를 나누는 기준으로 삼곤 했다. 하지만 이 책에서는 제도의 변천을 기준으로 중국사의 변화와 발전을 새롭게 분석한 뒤, 중국사를 '혼돈의 시대-봉건시대-제국시대-대국의 길을 묻는 단계', 이렇게 네 단계로 구분해 새로운 프레임으로 삼았다.

　민족의 혈통을 통한 유전적 자질은 불변의 정수이고, 제도는 변수로 간주할 수 있다. 역사의 흥망성쇠는 정수와 변수의 함수 작용을 통해 결정된다.

　물론 역사의 흥망성쇠는 매우 복잡하다. 그것을 촉진하는 요소는 위에서 밝힌 두 가지 외에도 굉장히 많다(상대적으로 덜 중요하지만). 역사의 발자취는 그러한 요소가 힘을 합쳐 작용함으로써 남은 것이다. 예를 들어 무예를 숭상한 상무(尚武)정신의 흥망은 중국 역사상 독특하고 중요한 작용을 했다. 대체로 상고시대부터 전한(前漢, 西漢이라고도 한다-옮긴이)까지는 무예를 숭상한 시대였고, 전한 중기 특히 후한(後漢, 東漢이라고도 한다-옮긴이) 이후에는 무예를 숭상하는 정신이 점차 사라졌다. 짧은 기간에 무예 숭상이 부흥했을 때 국가는 강성했지만(예를 들어 당나라, 명나라 초기) 국력이 약해지고 상무정신이 사라지면 국운은 장기간 하락했다.

상무정신은 문화의식의 범주에 속한다. 문화의식이 경제 발전과 국가 흥망에 끼친 작용을 논술한 가장 유명한 저서는 아마도 막스 베버(Max Weber, 1864~1920)의 《프로테스탄트 윤리와 자본주의 정신》일 것이다. 중국의 전통은 문화정신 영역을 지극히 중시한다. 공자와 그 후학들은 "가르침만 있을 뿐 가르치는 대상을 차별하지 않는다(有敎無類)"라고 주장했는데, 이는 중국에 2,000여 년간 영향을 미쳤다. 그 근원을 연구해보면 종족 차이 등 기타 요소를 뛰어넘어서 문화의식을 '보편적'으로 높이 평가했음을 알 수 있다. 이는 포르투갈 사람이 천주교를 유일한 종교로 인정해, 게르만족이든 인디오든 천주교를 믿기만 하면 동족으로 간주하는 것과 같다.

사실 문화의식이 역사에 미치는 작용은 상대적으로 덜 중요하다. 지구의 공전은 태양의 만유인력으로 일어난다. 다른 별의 인력은 상대적으로 덜 중요하며, 지구 공전에 미치는 가장 큰 작용은 궤도를 원형에서 타원형으로 만드는 정도다. 굳이 비유를 하자면 문화의식은 바로 '다른 별' 중 하나다.

문화의식은 제도와 마찬가지로 한 민족이 창조하고 계승할 수도 있고, 후천적으로 선택할 수도 있다. 문화의 선택은 때로는 주동적이고 때로는 피동적이다. 인류 역사를 보면 피동적인 선택이 대부분이다. 예를 들어 현재 인류 가운데 대부분의 사람들이 말하는 언어는 사실 그들의 조상을 도살한 정복자들이 사용하던 언어다. 물론 주동적으로 문화를 선택할 때도 있다. 위구르족(Uighur)은 원래 불교를 믿었으나 이슬람이 동쪽에서 일어나 확장된 후 이슬람교로 개종했으며, 선비족(鮮卑族)은 원래 샤먼교를 믿었으나 북위 효문제(孝文帝) 때 한족 문화를 그대로 받아들였다.

중국은 역사상 수차례 문화를 선택했으며 문화 변천의 조류도 줄 곧 끊이지 않고 이어졌다. 첫 번째 대규모의 '서학동점(西學東漸, 서양 학문의 동양 유입)'은 남북조·수당 시기의 불교 유입이다. 두 번째는 아 편전쟁 이후 출현한다. 신문화운동 중 후스(胡適, 1891~1962)의 전면적 인 서구화나 구제강(顧頡剛, 1893~1980)의 중국 고사(古史) 부정이나 첸 쉬안퉁(錢玄同, 1887~1939)의 한자 폐기 등의 주장은 이러한 사조의 극 단적인 상태를 대표하는 것이었다.

문화는 창조할 수도, 선택할 수도 있다. 제도는 자생하거나 이식될 수도 있다. 역사를 고찰해보면 성패의 절반은 인력에, 절반은 하늘에 달렸다. 그리고 그 '인력'은 민족의 천부적 유전자로 발휘된다.

중국의 재인식: 함께 명월을 보며 눈물을 흘리다

인류의 생존은 공동체 의식에 의존한다. '역사'는 중국에서 특수한 의미를 가지며, 예로부터 지금까지 화하(華夏, 중국과 한족에 대한 명칭 또는 중국의 다른 이름 - 옮긴이)의 정신세계를 구성하는 핵심적인 저장 장치였다.

수백 년간 이기적인 모리배와 위선자 의식이 대다수 중국인의 심리 를 지배했지만, 이런 분위기 속에서도 중국의 진정한 '선비'는 '천하 의 흥망은 필부에게도 책임이 있다'는 정신을 포기한 적이 없었다. 중 국을 위해 분투한 사람들이 무너지면 새로운 이가 그 뒤를 이어 계속 앞으로 나아갔기 때문에 중화는 끊임없이 번성했다. 중국이 피의 불 길 속에서도 강인하게 버텨낼 수 있었던 데는 역사의식의 공이 크다.

하지만 역사의식은 이제 더 이상 굳건하지 않다. 닐 포스트먼(Neil

Postman, 1931~2003)은 《죽도록 즐기기(Amusing Ourselves to Death)》에서 다음과 같이 주장했다. "문화정신을 시들게 하는 데는 두 가지 방법이 있다. 즉, 문화가 감옥이 되는 오웰 방식과 문화가 광대극이 되는 헉슬리 방식이다." 중국으로서는 문화정신의 고갈이 전혀 불가능한 일이 아니다.

중국을 현대화하려면 고전 문명을 새롭게 재창조하는 것이 핵심 임무다. 그중 핵심 가치 체계의 좌표는 역사에서 찾아야 한다. 제사, 전쟁, 천지, 신명, 종족, 고향 등은 모두 고대 사람들이 중시한 인생 가치로 그 속에 생존을 위한 유전자와 비밀이 담겨 있다.

"다 같이 밝은 달 바라보며 눈물 흘릴 것이니, 온 밤을 고향 그리는 마음 다섯 곳이 같으리라(共看明月應垂淚, 一夜鄉心五處同)." 이제 중국사도 재인식할 필요가 있다.

인류의 모든 문명은 현대화라는 거대하고 쉽지 않은 변화를 거쳐야 한다. 이 과정에서 일부는 성공하고 일부는 실패할 것이다. 성공하는 이는 번영을 향해 가고, 실패하는 이는 고통을 감내해야 한다. 우리는 중국사의 대전환이라는 거센 물결 한가운데서 돌멩이에 발을 디디고 서 있다. 저 멀리 어렴풋이 피안이 보이지만, 그곳에 도달하는 것은 그렇게 순조롭지 않다. 사방에 암초가 있기 때문이다. 역사는 경로의존성(Path Dependence, 과거에 선택한 부분이 관성 때문에 쉽게 바뀌지 않는 현상-옮긴이)이 있어, 비약하기 어렵다.

뱁새가 울창한 숲에 둥지를 틀 때 나뭇가지 하나로 족하고, 두더지가 강물을 마신다 해도 자신의 배를 채우는 데 불과하다(鷦鷯巢於深林不過一枝, 偃鼠飲河不滿腹). 수천 년에 달하는 중국사를 통찰하는 것은 개인의 힘으로는 영원히 역부족이다.

선배 사학자들은 진작 이를 감지했다. 장인린(張蔭麟)은 "중국 통사를 쓰는 것은 영원한 모험이다"라고 했고, 구제강은 "한 사람의 역량으로 통사를 쓰는 것은 가장 어려운 사업이다"라고 했다. 심지어 천인커(陳寅恪, 1890~1969), 장타이옌(章太炎), 량치차오(梁啓超, 1873~1929) 등 사학계의 대가도 중국 통사를 저술하려 했으나 하지 못했다. 이런 배경에서 필자가 부족한 재능으로 역사를 저술하는 것은 (설령 이 책이 통사라고 하기에는 부족하고 역사를 읽는 작은 책자라고 해도) 말(斗)로 바다의 깊이를 재려는 것과 대나무 대롱으로 하늘을 보려는 것에 비유할 수 있다. 그래도 나라의 흥망에는 필부의 책임도 있다며 돌아가신 스승 주지하이(朱季海, 1916~2011, 국학대사이자 장타이옌의 마지막 제자) 선생도 나에게 간절한 희망과 기대를 걸어주셨기에 도의상 거절하지 못했다. 이제 왕개미의 진력을 다해, 긴 강줄기에 물 한 방울을 봉헌하고, 좁쌀을 창해에 바치고자 한다.

왕선산(王船山, 1619~1692)의 시에 "육경은 나에게 새로운 모습을 보여 달라고 채근하는데(六經責我開生面)"라는 내용이 있다. 나를 '채근'하는 것은 시대의 압력이다. 통속적인 읽을거리는 지나치게 무거운 의미를 담을 필요가 없지만 중국사의 특수성 때문에 시대가 부여한 부담을 무시할 수는 없었다. 이에 시 한 수 지어 서문으로 삼겠다.

긴 강은 거세고 도도한 물줄기로 나는 듯 흘러가는데, 책을 덮고 들으니 만 마리 말이 달리는 듯하네. 눈에 보이는 모든 것이 누가 역사를 쓸지 묻는데, 홀로 횃불을 들어 중국을 비추네.

홍이(弘億)

제3부

제국시대

수당

: 제국의 정오

남북조 말기의 어느 날 서위의 승상 우문태(宇文泰, 507~556)가 군을 이끌고 용문에서 사냥하고 있었다. 사냥감을 찾던 중 수풀 속에서 갑자기 맹수 한 마리가 뛰쳐나와 달아났다. 군사들이 활시위를 당기려는 순간 검은 그림자가 튀어나와 맹수와 몸싸움을 했다. 한바탕 처참한 싸움 뒤에 맹수는 단단히 제압당했다. 눈을 떼지 못하고 보던 사람들은 이 용사가 장군 양충(楊忠, 507~568)임을 알아보았다. 우문태는 박수를 치며 좋아하고 그 자리에서 그에게 '엄어(撧於, 선비어로 맹수라는 뜻)'라는 이름을 하사했다.

양충뿐만 아니라 그의 뒤에 있던 위풍당당한 진형을 갖춘 군대는 상무의 기운이 가득했다. 그건 후한 이후 사라져버린 정신이었다. 수십 년 후 그들의 후예는 상무정신을 드높여 대단히 풍성한 시대를 열었다.

약해졌다. 오대십국·북송·남송에 이르러 전체 민족은 보수적으로 변했고, 세력이 커진 북방의 거란과 여진이 연이어 남하해 공격적인 왕조를 세웠다. 당나라 후기의 변천은 이후의 역사 구조에 깊은 영향을 미쳤다.

이상이 수당 역사의 대략적인 맥락이다.

북주를 대신하고 남조 진을 멸한 양견

삼국 말기 전국의 인구는 1,000만 명이 되지 않았다. 위진남북조 400년간 줄었다 늘었다를 반복하다 수나라 때 전국의 인구는 약 2,000만 명이 되었다. 약육강식의 시련을 겪으며 북쪽의 새로운 탄생과 남쪽의 소강으로 북강남약(北强南弱)이 고정되었다.

서위시대에 우문태는 무천진(武川鎭, 지금의 내몽골 무천현, 북위는 유연을 방어하기 위해 이곳에 군부대를 설치했다)의 군인에 의지해 오랑캐와 한족이 섞인 군사집단을 만들었다. 이는 문벌사회 후기의 유명한 귀족세력으로 주·수·당 세 왕조의 토대가 되었다. 북주의 우문씨는 이 집단을 통해 북중국을 통일하고 통일된 수 왕조는 이를 기반으로 탄생한다.

양견이 황제를 칭한 것은 화하의 정통성이 다시 확립된 것을 상징한다. 보육여·견은 정권을 장악한 후 한나라의 성인 '양(楊)'을 되찾고 우문태의 선비화 정책으로 성을 바꾼 한인들의 성씨를 회복시켰다. 궁전음악도 개혁해 '화하의 바른 소리'를 되찾았다.

수 왕조 건국 초기에 남쪽에는 진나라가 있고 북쪽에는 돌궐이 있었다. 남쪽의 진나라는 비교적 약소국이었으나, 돌궐은 초원을 점거하고 수시로 남으로 공격해서 수 왕조의 가장 큰 우환이었다.

돌궐의 지배집단은 아사나(阿史那)씨였으며 자신들의 문자가 있었다. 초기의 사료가 너무 적어 사학계는 지금까지도 돌궐의 근원을 정확하게 알 수 없다. 얼마 없는 사료에는 남북조 후기에 그 부족이 이미 금산(金山, 지금의 알타이산)으로 이주했고, 유연족을 위해 철을 제련해서 '단노(鍛奴)'라고 불렸다고 한다. 총인구수는 몇만 되지 않았다. 이후 수령 아사나토문(阿史那土門)이 전쟁에서 승리해 고차부락의 5만여 장막에 사는 20여만 명의 인원과 말을 몰수하니 세력이 갑자기 커졌다. 북방의 유목민족 중에 돌궐이 가장 포악하고 전쟁을 잘해 북방의 맹주가 되었다. 수의 전신인 북주·북제는 모두 돌궐에게 고개를 숙이고 공물을 바쳤다.

돌궐이 수시로 변방을 침략해 수문제 양견은 근심에 빠져 있었다. 이때 장손성(張孫晟, 당나라 중신 장손무기(張孫無忌), 태종 장손 황후의 아버지)이 돌궐을 정복할 책략을 냈다. 그는 여러 차례 북방에 사신으로 가보았기에 돌궐의 사정을 잘 알았다. 그는 "먼 나라와는 교제를 두터이 하고 가까운 나라는 공략하고, 강한 나라는 멀리하고 약한 나라는 통합"할 것을 제안했다. 화친으로 돌궐 귀족을 분열시켜 각각 따로 공격을 하자는 것이었다. 수나라는 이 정책을 고수해 점차 돌궐족을 물리쳐 결국에는 분열시켰다.

북방이 안정된 후 수나라군은 남쪽의 진으로 시선을 돌렸다.

개황 8년(서기 589년) 겨울, 문제는 52만 군대를 이끌고 남쪽 정벌에 나섰다. 대군은 파죽지세의 기세로 한번에 건강을 공략했다. 성이 함락될 때 황제 진숙보(陳叔寶, 553~604)는 황비를 데리고 마른 우물에 숨었다. 수나라군이 수색해도 찾지 못하다가 우물에서 나는 소리

남진 후주 진숙보

를 듣고 몇 번 큰소리로 불렀
으나 아무도 대답을 하지 않
자 돌을 던지겠다고 위협했
다. 그러자 아래에서 끊어질
듯 말듯 애원하는 목소리가
들렸다. 사병이 밧줄을 내려
보내자 진숙보와 함께 황비,
귀비 두 명이 올라왔다. 왕이
이처럼 우스운 모습으로 구
출된 것이다.

전국이 통일된 후 새로운 국가가 건설되었다. 수문제(文帝)는 호적을
정리하고 토지를 균등하게 분배해 생산력을 높여 수나라는 빠른 시
일 내에 강성해졌다. 한나라는 고조·혜제·문제·경제 네 명의 황제가
통치한 60년을 거쳐 무제에 이르러 번성하기 시작했지만, 수나라는 통
일 이후 바로 부유하고 풍족해졌다. 수나라의 문제가 집정한 기간에
인구는 빠르게 증가해 4,500만에 달했다. 수나라 정부는 낙양 부근에
거대한 식량창고 여러 개를 세우고 100만 명에게 장기간 제공할 수 있
는 양식을 가득 채웠다. 문제가 물러날 때 정부가 비축한 양은 헤아리
기 어려울 정도였다. 당나라 정관(貞觀) 연간에 마주(馬周)가 당태종 이
세민(李世民, 600~649)에게 "나라를 위해 사용할 수나라 서경에 있는 관
고(官庫)의 식량을 아직까지도 다 쓰지 못했습니다"라고 했다.

문제는 진·한 이래 관리 선발과 중앙집권 체제를 종합해 과거제와
삼성육부제(三省六部制)를 만들었다.

과거는 고시로 인재를 선발하는 제도다. 위진 이래 구품중정제(九品

中正制, 중정관이라는 관리가 지방 인재를 9등급으로 분류해 중앙 정부에 추천하는 제도-옮긴이)를 실행했지만 세도가 가족의 권력 농단하에 이미 의미를 상실했었다. 과거제의 실행은 각 계층의 인구 유동을 촉진했다. 하층민들이 정권에 더 많이 참여할 수 있게 되어 통치 기초가 확대되고 문벌 세력은 약해졌다. 과거는 1,000여 년간 이어져 청나라 말기에야 사라졌으며, 해외에까지 깊은 영향을 미쳤다(영국 19세기의 문관제도 역시 과거제를 참고로 만든 것이다).

삼성육부란 중앙에 중서(中書)·문하(門下)·상서(尚書)의 세 기구를 설립하고 초안·심사·집행을 나눠서 관리하며, 상서성 아래에 이(吏)·호(戶)·예(禮)·병(兵)·형(刑)·공(工)의 육부가 정책을 시행하는 제도다. 삼성육부는 업무 분담이 명확했기 때문에 정책 집행에 효율적이었고, 역대 중추 설계의 모범이 되었다.

이 시대는 경제, 사회가 궤도에 올라 역사적으로 '개황의 치(開皇之治)'라고 부른다.

수 왕조의 단명

문제는 24년간 재임한 후 죽었다. 그 후 차남인 양광(楊廣)이 계승했는데 바로 유명한 수양제(煬帝, 569~618)다.

양제는 포부가 남달랐지만 성정은 대단히 포악해 진시황과 많이 닮았다. 진시황이 육국을 정복할 때 30세였지만, 양제가 군을 이끌고 진나라를 토벌할 때는 겨우 20세였다. 양제는 지나치게 겉치레에 신경을 써서 전국의 인력을 과도하게 사용했다.

그가 얼마나 많은 백성들을 부역에 동원했는지는 아래의 숫자를 보면 예상이 가능하다.

당시 전국 총인구수가 4,000만 명 정도였고 남자가 절반을 차지했다. 대업(大業) 원년(서기 605년) 양제는 왕위에 오르자마자 낙양에 동도(東都)를 건설하면서 매달 장정 200만 명을 징발했다. 동도가 완성된 후 대운하 건설 일정을 앞당겼다. 이 공사는 6년이 걸렸으며 징집된 백성들이 수백만이었다. 남자가 부족하면 부녀자까지도 노역을 시켰다. 운하가 개통되자 대형 용주(龍舟)를 만들어 순시했는데 배를 끄는 장정이 8만 명이나 되었고, 배가 지나는 물살이 구름처럼 일었다니 그 사치가 깜짝 놀랄 정도였다.

해마다 외국의 상인과 사신이 낙양에 모여들 때 부를 과시하기 위해 가희 3만 명을 불러 서문 밖에 줄지어 서서 노래 부르게 하니 공연장이 몇 리에 달했다. 밤을 새우는 축제를 거금을 들여 한 달간 지속했다. 또한 중국의 부유함을 알리기 위해 외국 상인을 초대해 수도의 주점 장식을 통일하고 술과 음식을 무료로 제공하겠다고 선전했다. 거리마다 비단으로 나무를 감싼 모습을 보고 외국인들은 깜짝 놀랐다. 그들은 "중국에 가난한 사람이 적지 않고 옷도 따뜻하게 입지 못하는데, 어찌 비단을 나무에 감쌌습니까?"라고 묻자 접대한 사람이 "부끄러워 대답할 수 없습니다"라고 했다.[1]

양제는 고구려를 정복하기 위해 산동에서 300척의 거대한 전투용 배를 만들게 했다. 독촉이 심해지자 장인들은 밤낮을 가리지 않고 수중에서 작업하다 보니 배를 만드는 노동자들의 허리 아래가 썩어 들어가 구더기가 생길 정도였고 열 명 중 서너 명이 죽어나갔다. 이처럼

---

1 《자치통감》.

무거운 노역의 핍박으로 백성들은 스스로 자해해 장애를 만들었고 장애가 있는 사람들은 그들의 손과 발을 '복된 손', '복된 발'이라고 불렀다.

그렇지만 양제는 여전히 백성의 원망을 무시했다. 대업(大業) 8년(612년)에 양제는 수륙 113만 대군을 이끌고 고구려 정벌을 떠났지만, 크게 패하고 수십만 육군은 겨우 3,000명도 돌아오지 못했다. 요양(遼陽)에서 실패하고 돌아온 후 국내의 저항세력이 봉기해 제국의 기반이 흔들렸다. 절망한 양제는 귀를 막고 순유(巡遊)하며 일시적인 쾌락만 추구했다.

서기 618년 양제가 강도(江都, 지금의 양주)에 머물 때 정세는 더욱 악화되었다. 스스로 남은 날이 얼마 되지 않음을 안 양제는 하루 종일 술에 취해 지냈다. 수행 무사들은 오랜 여정 끝에 고향을 생각하는 마음이 간절하여 양제의 최측근 우문술의 아들, 우문화급(宇文化及, 583~619)을 우두머리로 하여 반란을 일으킨다. 양제는 우문화급에게 시해되고 짧았던 수 왕조는 멸망한다.

죽은 수양제는 허둥지둥 매장되었고 장지가 여러 차례 옮겨져 아무도 모르는 황무지에 버려졌다(후세에 수차례 고증했으나 모두 잘못 알려졌다). 2013년 양주 서호진에서 고대 묘지가 발견되었는데, 묘지명과 수장품으로 학자들은 묘지의 주인이 양제라고 판단했다. 한 시대의 제왕이 생전에 공을 세웠음에도 사후에 이름 없는 한산한 땅에 매장되었다니 탄식하지 않을 수 없다.

사실 양제가 장점이 하나도 없는 인물은 아니다. 그는 귀족 출신으로 심각한 결함(민중을 초개(草芥)로 여긴 점)도 있었지만, 장점도 있었다. 그는 재능이 뛰어나 어린 시절 배움을 즐겨하고 문학에 소질이 있었다.

　그 밖에 고금에 첫째가는 작업반장으로서 그가 운하를 굴착한 공법은 대대로 사람들에게 질책을 받았으나 대운하 자체는 실제로 대단한 가치가 있었다. 1,000여 년 후 운하는 세계문화유산 등록에 성공했다. 양제가 인정받았다고 할 수 있다.

수당의 드러나지 않은 사실
: 이씨 황실의 비범함과 이당 혈통의 미스터리

　수나라 말기 전국은 사분오열되었다. 중원에는 이연(李淵, 566~635)·이밀(李密, 582~618)·두복위(杜伏威, 596~624)·두건덕(竇建德, 573~621)·왕세충(王世充, ?~621) 등 여러 세력이 서로 경쟁을 벌였다. 북쪽에는 돌궐이 언제든지 남하하려고 호시탐탐 기회를 노렸다. 20년의 동란 이후 황하 하류는 이미 인적이 드물었고 인구는 4,500만에서 급감해 1,000만 정도밖에 되지 않았다.

　618년 수의 장군이었던 이연이 장안을 습격한 뒤 황제라 칭하고 당 왕조를 세웠다. 이후 수차례 합병과 전쟁을 거쳐 중원의 크고 작은 세력들이 전부 평정되었다.

　이씨 집안은 평범하지 않았다. 이연의 할아버지 이호(李虎, ?~551)는 양충의 동료다. 수의 우문태가 군대를 검열할 때 갑자기 표범이 튀어나왔다. 이호는 즉시 앞으로 나가 몽둥이로 표범의 앞다리를 부러뜨렸다. 표범은 고통스러워하며 바닥에서 뒹굴었지만, 여전히 이를 드러내고 발톱을 휘두르며 날뛰어 병사들은 감히 다가가지 못했다. 이호는 사태를 보고 표범의 위에 올라타서 오른손으로 머리 가죽을 누르고 왼손으로 주먹을 휘두르며 우문태를 향해 웃으며 물었다. "승상, 죽일까요, 살릴까요?"

양씨와 이씨 두 집안의 관계는 평범하지 않았다. 그들은 선조가 함께 관롱(關隴, 섬서성과 감숙성 출신) 집단의 중요한 구성원이자 인척 관계였다(이연의 어머니는 수문제 양견의 독고황후의 언니로 이연은 양견의 조카였으며, 수양제 양광과는 서로 사촌지간이었다. 이세민은 양광의 딸과 혼인했으니 양광의 사위인 셈이다). 따라서 수당의 왕조 교체는 같은 집단 내부의 권력 교체로 단지 정권의 성씨만 바뀌었을 뿐이다.

대(代)가 바뀌자 정세가 변하였다. 《수당연의(隋唐演義)》 같은 소설에서 이미 이 시대 역사의 정수를 자세히 묘사했다. 단지 이 연의소설은 극적 요소가 많아서 신뢰할 만한 역사로 볼 수는 없다. 예로 이원패(李元覇)는 수당 최고의 영웅으로 쌍 망치를 잘 쓰고 힘이 세다고 전해지지만, 사실은 소설 속의 허구다. 이원패의 모델이 된 이현패(李現覇, 당고조 이연의 셋째 아들)는 16세에 일찍 죽었다. 또 '4맹13걸'의 전설도 허구에 속한다고 할 수 있다.

이연도 역사에서 드러나는 면모는 줄곧 모호해 평범하고 포부가 없는 것처럼 보인다. 사실 이연은 절대로 평범하지 않았다. 북주(北周) 무제(武帝, 宇文邕, 543~578)는 외손녀를 출가시킬 때 무예 시합으로 신랑을 구하는 방식을 택했다. 문에 걸린 발에 두 마리의 공작 그림을 그려 놓고 화살 두 개로 공작의 눈을 맞히면 채택되는 식이었다. 여러 명이 시도했지만 이연만이 신궁의 기술로 미인을 얻을 수 있었다. 이것이 바로 사위로 선택된다는 것을 이르는 고사성어 '작병중선(雀屛中選)'에 얽힌 이야기다.

수 왕조 말기에 동란이 일어 민간에는 '이씨가 흥한다'라는 풍설이 퍼졌다. 이에 양제는 이씨 성을 가진 대신들을 박해했고, 이연에게도 끊임없이 사람을 보내 감시했다. 이연 또한 교활하게 일부러 외곽으로 파견을 신청해 위기를 피했다.

《신구당서(新舊唐書)》〔중국 25사(二十五史)의 하나. 당나라의 역사를 다룬 책으로, 구당서와 신당서가 있다 - 옮긴이〕 같은 정사에는 고조 이연이 평범하고 진취적이지 못하다는 평과 지혜와 용맹함을 겸비했다고 칭찬하는 모순된 평가가 나온다. 어째서일까? 역사의 원본이 편집 수정되었기 때문이다. 태종 이세민은 정당하지 않은 방법으로 권력을 탈취해 왕위에 올랐기 때문에 자신의 왕위 계승의 합법성을 만들어내기 위해 사관의 업무를 종종 '살폈다.' 자신의 이미지를 만들기 위해 어떤 때는 부친의 가치를 깎아내려야 했기에 이연의 이미지는 왜곡되었던 것이다.

사실 고조 이연은 뛰어난 재능과 원대한 지략을 가진 사람이었다. 반란을 일으킬 때 온대아(溫大雅, ?~628경)는 부대에서 기밀 담당 비서관이었기에 이런 일을 직접 겪었다. 그가 후에 집필한 《대당창업기거주(大唐創業起居注)》야말로 더욱 믿을 만한 사료다(이연이 아들과 함께 거병한 때부터 당 왕조가 열릴 때까지 하루하루를 기록한 3권짜리 역사책을 말한다 - 옮긴이).

흥미로운 주제는 더 있다. 바로 이씨의 혈통 문제다. 그들은 오랑캐인가?

천인러(陳寅恪)의 고증에 따르면 "이당(李唐)의 혈통은 애초에는 화했으며 호이(胡夷)와 혼거한 것은 비교적 뒤의 사실이다"라고 했다. 이씨의 선조는 분명 한족이었으나 후에 여러 차례 선비 귀족과 통혼했다(태종의 조모 독고씨는 선비화한 흉노인이고 모친 두씨는 선비족 출신이다).

고로 당 왕조 황제의 몸에는 선비 혈통이 흐른다는 것은 의심할 여지가 없다.

이 때문에 당 왕조 때 오랑캐풍(胡風)이 성행했다.

예를 들어 태종의 장자 이승건(李承乾, 618~645)은 하인들에게 오랑캐 머리를 하고, 호복을 입고, 호어를 사용하고, 호무를 추게 했다. 자신은 궁내에 파오를 치고, 소와 양을 잡아 무리를 모아 즐겼다. 놀다가 흥이 오르면 죽은 척하고 사람들에게 호족의 의식에 따라 그를 둘러싸고 대성통곡하게 시켰다. 그는 심지어 자신이 천자가 되면 기병을 이끌고 변방의 금성으로 가서 자유로운 돌궐인이 되려는 낭만적인 환상까지 품었다. 이 밖에도 이씨 집안은 삼강오륜(三綱五倫)을 중시하지 않았으며, 당태종은 형수와 제수를 빼앗았으며 당고종(高宗, 628~683)은 부친의 후궁이었던 무측천(후에 측천무후 – 옮긴이)을 황후로 삼았고 50여 세의 당나라 현종(玄宗, 李隆基, 685~762)은 며느리 양옥환(楊玉環, 후에 양귀비, 719~756)을 강제로 빼앗았다. 이 또한 북방민족의 상스러운 풍속과 관련 있는 것이다.

하지만 당 왕실은 후한 이후 힘없고 유약한 귀족 풍토가 사라지고 카리스마 있고 무공이 혁혁한 모습으로 변했다. 당시의 조정 대신도 모두 문무에 능한 군인 집단이었다. 당 왕조의 사상은 위진 시기와는 큰 차이가 있었다. 당 왕조의 시가에는 유약하고 화려한 기풍이 사라진 대신 강개하고 호탕하며 원기왕성하고 기개가 늠름한 기풍으로 바뀌었고, 서법(書法)도 남조처럼 유려하고 우아하기보다는 엄숙하고 단정하며 웅장하고 힘찬 격정이 넘쳤다.

정관의 치: 선비정신의 재진흥

당태종 이세민의 초상화

당이 중원에 왕조를 세운 후 이세민은 현무문(玄武門)에서 자신의 형인 태자와 동생 제왕을 화살로 쏘아 죽이고 같은 해에 황제의 자리에 올라 태종이 되었다.

태종은 비록 황위 다툼으로 황제가 되었지만, 자리에 오른 이후 문치로 천하를 다스리고 선비를 우대했다. 그의 집정 기간에 예전의 사대부 가문이 부흥했고 대당의 번성을 견인하는 역할을 했

다. 예를 들어 위징(魏征, 580~643)은 태자 이건성(李建成)의 참모가 되어 정변 이전에 태자에게 태종을 제거할 것을 강력하게 권한 적이 있었다. 하지만 태종은 왕위에 오른 뒤 이 사실을 알면서도 그의 재능을 아껴 내쫓지 않고 오히려 중용했다. 위징은 기대를 저버리지 않고 유명한 간관(諫官)이 되었다. 이 시기의 유명한 신하로는 방현령(房玄齡, 578~648), 두여회(杜如晦, 585~630), 왕규(王珪, 570~639) 등이 있다.

이때 천하의 일을 자기의 소임으로 삼는 선비정신도 부활했다. 당시 태종은 일부러 황족과 공신 관직을 세습해 '큰 잘못을 저지르지 않는 한 면직시키지 않았다'. 장손무기(長孫無忌, 태종의 처남, 594~659)는 조주(趙州)의 자사(刺史, 주·군의 지방장관-옮긴이)로 봉해져 후에 조나라 국공으로 바꿔 불렸다. 하지만 그는 국가의 이익을 가문의 이익보다 중시해서 방현령과 같이 자사제도의 세습에 병폐가 있음을 진술

해서 올리니 태종이 깨달음을 얻고 분봉을 중지했다.

태종이 통치한 시기를 종합해보면 중앙관리가 가장 적을 때는 겨우 643명뿐이었으며 전국의 관리는 7,000여 명이어서 역대 가장 정선된 정부였다. 태종은 작은 정부로 최대한의 역량을 발휘해 행정의 비용을 생각하는 동시에 시정의 효율을 고려해 건국 초기 민생을 조정하는 국정을 펼쳤다.

군신들은 합심해 협력하니 '선치(善治)'가 점차 이루어졌다.

당시 정치는 깨끗해 관리 대다수가 청렴하고 근면하니 탐관오리와 부정부패가 매우 적었다. 호강(豪强) 지주도 백성을 감히 억누르지 못하니 백성들은 안정된 생활을 누리며 즐겁게 일해 범죄율도 매우 낮았다. 정관 3년, 전국에서 사형 판결을 받은 죄인은 겨우 29명밖에 되지 않았다. 태종이 특별히 은혜를 베풀어 감옥에 갇힌 죄인들을 집으로 보내 후사를 처리하고 다음 해 가을에 다시 돌아오게 하니 죄인들은 단 한 명도 도망가지 않고 약속대로 되돌아왔다.

이 시기에는 경제가 회복되면서 물가가 저렴해져 쌀 한 말에 3, 4전을 넘지 않았다.[2] 쌀 한 말에 1만 전이었던 전란 시대와 비교하면 커다란 변화다. 평소 도둑을 볼 수 없고 집집마다 밤에도 문을 잠그지 않았으며, 여행하는 사람도 많은 양식을 가지고 다닐 필요 없이 필요한 것은 여행 도중 손쉽게 구할 수 있었다.

당나라 초기의 백성들은 희망과 꿈으로 가득했다. 가끔씩 재해와 어려움이 생겨도 한탄하거나 원망하지 않았다. 하지만 재정 면에서

---

2 정관 연간의 경제의 번영 여부에 대해서는 학계에 의견이 분분하다. 어떤 학자는 정관 시기 경제의 번영은 전부 미화시킨 것이라고 주장한다. 여기서는 분량의 제한이 있어서 《구당서》만 간단히 참고하고 고증은 하지 않겠다.

보면 태종 시기는 수나라만큼 부유하지는 않았다. 수나라 말기 중원의 대혼란으로 당나라 초기 인구는 수나라가 번창했을 때의 절반에도 미치지 못했다. 태종은 초기에 치국에 힘썼으나 후기에는 교만하고 사치스러워져 궁을 보수하고 끊임없이 여행을 다니며 고구려 원정을 가는 등 정관(貞觀, 당태종의 연호) 정치도 결국 용두사미가 되고 말았다.

현장이 걸어간 길: '유학' 19년, 불교 번영을 추진하다

남북조 이후 사회의 혼란으로 불교는 하층 백성이 마음을 의지할 곳으로 자리 잡으면서 빠르게 성장했다. 당나라에 들어서서 중국과 외부의 불교학 교류가 갈수록 왕성해졌다.

무덕(武德) 9년(626년) 인도의 승려가 장안에 와서 대사 계현(戒賢, 인도의 첫 번째 고승이라 전해짐)의 학설을 전파했다. 당시 장안에 현장(玄奘, 602~664)이라는 승려가 있었는데 그 강좌를 듣고 천축(인도) 성지에 마음이 동했다. 그곳에 불교 경전이 풍부하게 있다는 이야기를 듣고 불법을 구하러 가기로 마음먹었다.

당시는 당나라 초기로 개인이 사적으로 이민족의 땅에 들어가는 일을 법으로 금지했다. 그래서 현장은 몰래 국경을 넘어가기로 했다. 아니나 다를까 정부에서 소식을 듣고 길을 막고 체포령을 내렸다. 몇 차례 고난을 겪은 후 마침내 출국해 고창국(高昌國, 타클라마칸 사막의 북동쪽-옮긴이)에 도달하자 국왕 국문태(麴文泰)가 그를 예로 대접하며 국내에 남아 불법을 전해주길 청했다. 천축으로 가겠다는 현장의 계획이 다시 한 번 중단될 뻔한 것이다. 현장은 하는 수 없이 단식으로

자신의 의지를 표명
해 천축으로 들어갈
수 있었다.

4년의 고생 끝에
현장은 마침내 불교
의 성지 천축에 도
착했다. 그는 장안
에서 북서쪽으로 걸
어 중앙아시아를 거
쳐 북에서 남으로
천축에 진입했다. 현
장은 천축에서 많은
사원을 방문하고 당
시 최고 사원의 대

둔황석굴 벽화 속 현장

가를 스승으로 모신다. 현장은 겸허하면서도 긍정적이고 학문을 깊이
탐구했다. 후에 마침내 대사에게 학문을 전수받아 나날이 정진해 수
석 교수가 되었다.

수년의 뼈를 깎는 수행으로 현장은 마침내 사방에 이름을 남긴 대
학자가 되었다.

한번은 두 나라에서 현장을 모셔가 강의를 청했는데, 서로 먼저 모
시겠다고 다투다 전쟁까지 일어날 뻔했다. 결국 왕이 나서서 조정해
두 나라의 국경에서 강의하기로 했다. 당시 회의에 참가한 각국의 국
왕이 18명이었으며, 대승 소승 불교 신도가 전부 합쳐 6,000여 명에
달했다. 현장이 그의 《진유식량송(眞唯識量頌)》을 해설하며 이 안에 있

는 한 글자라도 이치에 맞지 않으면 자신의 목을 베어 사죄하겠다고
했다. 강좌는 18일간 진행되었고 각지에서 온 청중이 모두 감탄했다.

현장은 19년 동안 유학하고 대환영을 받으며 돌아왔다. 당태종이
직접 접견해 그가 강의할 수 있도록 지원했다. 현장은 귀국 후 바로
경전을 번역하기 시작해 64세로 사망할 때까지 1,600여 경전을 번역
했다. 그는 '법상종(法相宗)'을 창설했다. 이 일파는 비록 선종(禪宗), 천
태종(天台宗)처럼 강력하지는 못했지만, 외래 경전을 가장 많이 잘 번
역해 불교를 널리 전하는 데 적극적인 역할을 했다.

사실 현장 이전에 동진의 법현(法顯, 338~422)도 인도에 가서 유학
을 했다. 그들은 불교문화를 중국에 전파하는 데 걸출한 공헌을 했다.
하지만 현장의 획기적인 번역은 전무후무하다.

불교의 도입은 동서양 문명의 첫 번째 교류로 한나라 말부터 약
2,000년 동안 중국의 전통 사상과 문화에 깊은 영향을 미쳤다. 당나
라의 전성기에 불교가 중국에서 최고봉을 이루어 이 시기 화하문명
은 새로운 전성기로 들어선다.

당나라 초기의 변경 확장
: 실크로드의 장애를 없애고 왜를 격퇴하다

당나라 초기 천하가 피폐하고 국력이 허약해지자 사방의 오랑캐들
이 이 상황을 좌시하지 않았다. 이때 동북쪽에는 고구려가, 고비사막
의 북쪽 막북에는 동돌궐, 서역에는 서돌궐이 활약했다. 수나라 때와
마찬가지로 당의 북쪽 변방에는 수시로 돌궐의 습격을 받았기 때문
에 당나라 초기의 대외 전쟁은 돌궐 정복이 최우선 과제였다.

돌궐은 비록 수나라 초기에 이미 분열되었지만, 이때도 여전히 100만 명의 군사가 있었다. 당시 고조가 반란을 일으킬 때 손을 보았으나, 태종이 즉위하자 돌궐은 약속을 어기고 변경을 침략했다. 돌궐 힐리가한(頡利可汗, ?~634)이 20만 기병을 이끌고 위수 북쪽으로 쳐들어왔다. 당나라의 병력 부족으로 적에 대항하기가 어려워지자 태종은 심사숙고한 후 전군이 깃발을 들고 허세를 부리라고 명했다. 이어서 태종이 직접 여섯 명의 기병을 이끌고 위수 건너편에서 힐리가한이 약속을 위반한 것을 크게 꾸짖었다. 힐리가한은 당나라 군대의 근엄함을 보고 태종과 화친 조약을 맺고 물러났다.

당나라 조정은 정국이 안정되면 강력하게 보복할 것을 결정했다. 정관 3년(629년) 돌궐이 하서를 침략하자 태종은 때가 되었다고 여기고 같은 해 가을 이정(李靖), 이적(李勣)을 파견해 10만 군대를 이끌고 각각 출격하게 했다. 이 전쟁에서 힐리가한은 크게 패하고 동돌궐은 멸망한다. 돌궐이 패하자 막북 지역에는 권력의 공백이 생겼고 각 민족은 당태종을 '천가한(天可汗)'이라는 존칭으로 불렀다. 당태종의 위신은 크게 제고되었고 당의 패권을 확립하였다. 그날 태상황이 연회를 베풀어 축하하고 직접 비파를 연주하니 태종은 무리 앞에서 춤을 추며(당나라는 연회 때 모두가 춤을 추었다) 승리의 기쁨을 만끽했다.

돌궐을 물리친 승리는 수와 당의 공동 성과다. 당대 민족 동화는 상당한 성과를 거두었다. 실제로 강성한 국력과 무력이 뒷받침되고 거기에 강한 문화 응집력을 더해 화하와 오랑캐들이 장기간 평화를 유지할 수 있었다.

북쪽의 우환이 사라지자 당 왕조는 승리의 기세를 몰아 서역을 다스리려 했다.

한나라 말기에 서역 땅을 잃어버린 후 400~500년이 흘렀다. 정관 연간에 조공을 바치던 고창국이 당나라를 얕잡아 보는 마음이 생겨 서돌궐과 결탁하고 빈번히 실크로드에서 당나라 사신과 상인들을 약탈했다. 정관 14년(서기 640년) 당나라는 일거에 고창국을 평정하고 지명을 서주(西州)로 바꾸었다. 이후 서역의 각국이 두려워 복종하며 잇달아 사신을 파견해 우호관계를 맺으려 했다. 당 왕조는 안서도호부(安西都護府)를 설치하고 구자(龜玆), 우전(于闐), 소륵(疏勒), 쇄엽(碎葉) 네 곳을 통솔하고 변경 지역을 지금의 신장 천산산맥 이남까지 확대했다.

서북쪽이 정돈되자 태종은 시선을 동북의 고구려로 돌렸다. 하지만 동정사업은 순조롭지 못했다. 몇 년 후 태종이 병사하고 이치(李治, 628~683)가 왕위를 계승하니 이가 곧 고종(高宗)이다. 고종은 태종의 사업을 물려받아 변경 확장을 추진했다. 먼저 서돌궐을 공격해 함해(咸海)까지 잠식하고, 정주(庭州)에 북정도호부(北庭都護府)를 설치해 전체 서역을 모두 차지했다.

서돌궐은 패배한 후 군사 무리가 서쪽 아라비아 제국까지 이주해 용병이 되었다. 하지만 후에 아라비아를 멸하고 셀주크 제국을 세운다. 후세 몽골인들이 서쪽을 정벌할 때, 돌궐은 다시 서쪽으로 도망갔고, 1453년 콘스탄티노플을 함락하고 오스만 제국을 세웠다가 1922년 멸망했다. 지금의 터키와 돌궐은 관계가 깊다. 서천의 과정에 신앙의 변화가 동반되었다. 원래 살만교(薩滿敎, 샤머니즘 - 옮긴이)를 신봉한 돌궐인은 점차 이슬람교에 동화되어 결국 마지막 돌궐인까지 무슬림이 되었다. 돌궐세력의 퇴출 후 실크로드는 다시 번영하기 시작해 대당의 성세가 이 길을 따라 서쪽으로 전파되었다.

이와 동시에 한반도의 문제가 중일(中日)의 첫 번째 군사 충돌을 유발했다.

한나라부터 당나라에 이르는 시기에 한반도는 삼국시대였다. 즉 당나라 초기에 한반도는 고구려, 백제와 신라 삼국이 있었다. 그중 고구려는 명성이 가장 크고 군사력이 막강해 중앙 왕조에 대해 때때로 거만한 태도를 보였다. 수양제가 나라를 망하게 한 가장 주요한 원인 중 하나가 바로 고구려 원정이었다.

당시 고구려와 일본(왜국)과 결탁한 백제가 신라를 침략하자 신라는 당나라에 도움을 요청했다. 고종이 사절단을 파견해 중재에 나섰지만 실패하고 대군을 동원해 동정에 나섰다. 서기 663년 중국과 일본은 백강(白江, 지금의 백마강 - 옮긴이) 입구에서 전쟁을 벌였고, 이 전쟁에서 당나라군은 소수의 병력으로 일본을 크게 이겼다. 일본군의 사망자가 수만 명에 달했으며 일본군은 급히 본토로 돌아가 감히 외국을 넘보지 못했다. 덴지 천황(天智 天皇)은 당나라군이 본토를 침공할까 두려워 국내에 방어선을 세워 스스로 보호했다. 이후 일본은 중국의 막강함을 깨닫고 신하를 자청하며 스승으로 모시고 중화 문화를 배웠다. 이후 일본이 다시 중국에 도발한 것은 명나라 만력 연간의 일이니 백강 대해전(663년 중국, 한반도, 일본이 모두 관여한 동북아 최초 해전으로 백제의 운명을 결정지었다 - 옮긴이)이 1,000년 평화의 기초가 되었다고 볼 수 있다.

고종은 말년에 체력이 약해지고 병이 많아 업적이 많지 않다. 그의 사후 중종(中宗, 李顯, 656~710), 예종(睿宗, 李旦, 662~716)으로 황위가 이어졌으나 권력은 고종의 황후 측천무후가 장악했다. 서기 690년 측천무후가 국호를 주(周)로 고치고 스스로 황제가 되어 중국 역사상 유일한 여황제가 되었다.

그녀는 15년간 재위했다. 비록 악랄하고 잔혹한 사람이었지만, 공적 또한 매우 많았다. 측천무후가 자리에서 물러난 뒤 중종과 예종이 차례로 복위(復位)했고 궁정 내부는 위후(韋后), 태평공주(太平公主)의 황위 찬탈 사건이 일어나 제위를 빼앗는 과정에 이융기(李隆基)가 최종 승리를 거두었다. 그가 바로 당현종(玄宗, 685~762)이다. 이어 난국이 정리되고 당나라 역사는 새로운 장을 열었다.

역사의 아름다운 시기: 개원성세(開元盛世, 713~741)

서기 725년 12월의 어느 날, 한 무리의 대오가 장안성에서 위풍당당하게 출발해 동쪽으로 구불구불 이어진 머나먼 여정을 시작했다. 드넓은 장안성 거리에 음악 소리가 맴돌았다. 장안의 온 백성들이 거리로 나와 이 성대한 행렬을 구경했다. 황금색 비단우산 아래에 한 사람이 끊임없이 백성들에게 손을 흔들었다. 바로 현종이다. 이 화려하고 성대한 대오는 하늘과 땅에 제사를 올리기 위해 태산으로 향했다.

10여 년간의 평화는 국가의 풍요를 가져왔고 제국의 성세는 겸손한 황제도 자랑스러운 기분을 감출 수 없게 만들었다. 대오는 수개월이 걸려서야 태산에 도착했다. 현종은 산 정상에서 의식을 행하고 〈기태산명(紀泰山銘)〉을 지었다. 이 글은 지금까지도 산 정상의 봉우리에서 볼 수 있다.

측천무후가 쫓겨난 후 8년 동안 당나라 내부는 다섯 번의 정변을 겪었다. 강산의 주인이 다섯 번 바뀌고 사태를 예측하기 어려운 정치 투쟁은 여러 차례 정권을 위태롭게 만들었다. 현종은 이 모든 것을 직접 겪었기에 무엇보다 나라의 안정을 중시했다. 그렇기 때문에 제위에 오른 후 그는 '정관의 정치(貞觀之治)'를 회복하기 위해 뛰어난 신하를 채용하고 진언할 수 있는 길을 열고 간언을 독려해 진보적이고 진취적인 통치체제를 구축했다.

현종은 재정 개혁을 착수했다. 당시 장안은 관중에 위치해 인구가 100만 명이었으나 생산지에서 멀리 떨어져 있는 데다가 수나라 말기 운하가 막혀 식량 공급에 문제가 생겼다. 고종 이후 황제들은 낙양과 장안을 오가며 식량을 구하느라 바빴다. 이에 현종은 육로를 이용해 배를 끄는 방식으로 수로를 개조해 배로 양식을 조달하는 문제를 마침내 해결했다.

현종은 문학을 중시한 전통을 지속했다. 고서를 수집하고 학교를 세우고 문화와 교육을 부흥시켜 예악문화가 점점 더 융성해졌다. 체제의 개혁도 동시에 진행했다. 이때 삼성의 수뇌는 재상이 전담하지 않았으며 황제는 모든 일에 관여하지 않았다. 재상은 비교적 자유롭게 일할 수 있어 정책 결정이 더욱 진보적이고 효율적이었다. 현종은 중신들과 '사직 임명'제도를 만들었다(사직은 임시직으로 명을 완성하면 언제든 해산했다). 관리를 선발할 때 고시 외에 다른 절차를 추가했다(고시는 첫 번째 관문일 뿐 관리로 선발되기 위해서는 자격 심사를 통과해야 했다).

현종은 그 당시 가장 뛰어난 설계사였다. 그의 이상과 감성은 강한 나라를 만들겠다는 희망을 불러일으켰다. 현종의 10년 통치를 거쳐 당제국은 태평성세를 맞이했다. 이 당시 국내는 안정되고 풍족했다. 두보(杜甫, 712~770)는 자신의 시에서 "개원의 전성시대를 회상하니, 작은 읍에도 만호집이 차 있고, 입쌀은 기름지고 좁쌀은 실하니, 나라나 개인이나 곡식이 가득 찼네(憶昔開元全盛日, 小邑猶藏萬家室. 稻米流脂粟

米白, 公私倉廩俱豊實)"라고 노래했다. 당시 물가도 저렴해 쌀 한 말이 몇 푼 하지 않았다. 백성들은 길에서 남이 잃어버린 물건을 줍지 않고 밤에도 문을 걸어 닫지 않았다.

마을마다 한 곳씩 학교를 설립했으며, 국립 도서관에 수록된 장서가 54,915권에 달했다. 현종은 어의(御醫)에게 명해《개원광제방(開元廣濟方)》이라는 의학 서적을 편찬해서 각 주의 의약 학교에 보내게 했다.

이 시기는 자유분방하고 열정적인 시대였다. 해마다 정월 보름 원소절(元宵節)을 지낼 때면 5만 개의 등불이 수많은 꽃이 핀 거대한 나무처럼 빛났고, 수천 명의 사람들이 등불 아래에서 노래를 부르고 춤을 추며 3일 밤낮을 쉬지 않았다. 고대 중국에서 이런 축제는 보기 드물었다. 전체 개원 연간에 제국의 관리와 백성들이 모두 춤을 추며 평등하게 보냈다.

이 황금시대에 당제국은 중국 문화를 주류로 하고 외부 문화의 정수를 흡수해 개방적이고 융합적이며 생명력과 창의력이 가득한 문화를 만들었다.《당육전(唐六典)》의 기록에 따르면 당에 사절을 보낸 국가가 300여 국에 달했다. 일본은 당에 열다섯 차례 사절을 보냈고, 동로마 제국은 일곱 번 장안으로 사절을 보냈다. 아라비아 제국은 36차례 사절단을 파견했으며, 장안에 사는 서역 각국의 사람들이 1만 가구나 되었다. 불교의 고승이 장안의 절에서 거주했으며 경교(景敎, 그리스도교 종파 가운데 하나인 네스토리우스교-옮긴이)·마니교(Manichaeism)·조로아스터교(Zoroastrianism)는 장안에 자신들의 사원이 있었다. 당제국은 목판 인쇄술, 도시 계획, 의복 양식과 시가(詩歌)를 이웃 국가에 전파했다. 중세기의 동쪽 지역 특히 한반도, 일본, 투르판과 안남(安南, 베트남 지역-옮긴이)이 영향을 받았다.

당나라 시대의 복식 _ 주방(周昉)의 〈잠화사녀도(簪花仕女图)〉

　진기한 보물들이 바다를 건너고 산을 넘어 당나라로 들어왔다. 페르시아의 보석, 석국(石國, 중앙아시아 타슈켄트에 있던 도시국가 - 옮긴이)의 보석과 악기, 서역의 주점은 장안성 도처에서 쉽게 볼 수 있었다. 서방의 보검과 말, 향신 약재는 매일 장안으로 들어왔고 장안의 실크, 도자기, 기술과 찻잎도 서쪽으로 끊임없이 수출되었다. 국제적인 대도시 장안에 신기한 물건들이 운집했고, 사람과 문화가 한데 모였다. 《당신어(唐新語)》 중 장안성에 오랑캐가 한인의 모자를 쓰고 한인은 오랑캐의 옷을 입어 누가 오랑캐고 누가 한인인지 관부에서도 구분할 수 없다는 내용이 나온다. 외국인도 당나라에서 관직에 오를 수 있으며, 장기간 거주가 가능해 오랑캐들이 거의 도시 생활의 각 방면에 융화되었다. 중앙아시아의 무녀와 연주자들이 제국의 수도에서 열렬한 환영을 받았다.

　당나라 초기 사산조 페르시아의 왕자 페로즈(peroz)는 아랍 이슬람에 대항하기 위해 사절을 보내 구원병을 요청했다. 당 왕조는 그를 도와 페르시아 도독부를 세우고 힘을 비축하도록 했다. 후에 이들이 장안으로 이주해오자 당 정부는 예로 맞아들이고 마지막 왕자는 당에서 남은 생을 보냈다.

무후의 능 밖에는 61개의 석상이 서 있는데, 이 석상은 두 발로 서서 양손을 가슴 앞으로 모아 맞잡고 있다. 또한 대다수 석상이 머리를 산발하고 옷섶을 왼쪽으로 여미고 있었다(현재는 모두 훼손된 상태다). 이들은 서로 다른 국가에서 온 제후국의 번신(藩臣, 봉지를 하사받은 제후국의 왕친 혹은 군왕-옮긴이)이다. 1,000년의 세월이 흘러 뒷면의 문자는 흐릿해졌지만, 지금까지도 조용히 당나라의 개방적이고 우호적인 면모를 보여준다.

오대, 북송 초 호탄 국왕 이성천(李聖天)은 어려서부터 한족 문화의 영향을 받아 '당나라에 종속'되었다고 스스로 인정했다. 이씨를 성으로 삼고 한나라 의복을 입었으며 한나라 제도를 따랐다. 즉위 후 자진해서 귀순하고 복종했다. 그의 노력으로 무슬림의 침입을 막아냈고, 서역 천리에 한나라 노래가 울렸으며 한문화의 혈맥이 지속되었다. 당나라와 이민족 간의 진정한 우정의 모범이다.

총체적으로 말해 태평성세가 중화문명이 외부로 확산하는 데 가속도를 높였다. 경제 문화의 유대를 통해 중국의 제도와 문화가 당시 세계에 깊은 영향을 미쳤다. 당나라의 우세는 현종 후기까지 지속되다가 서역에서 동진한 아라비아 제국과 만난 후 끝난다.

탈라스전투: 영향력이 심원한 충돌

정교합일의 아라비아 제국은 서아시아에서 기원하며 건립 이후 끝없이 확장해 8세기 이후 이미 아시아·유럽·아프리카를 넘나드는 방대한 제국을 형성했다. 당의 전성기에 무슬림이 중앙아시아에 진입해 서역으로 시선을 돌렸다. 당시 세계 양대 문명이 마침내 힘겨루기를 벌였다.

서기 751년 7월, 현종의 제위 중반이었다. 중앙아시아 탈라스성 밖(지금의 카자흐스탄 국경 내) 깃발이 하늘을 가리고 전운이 가득했다. 대식국(大食國, 이슬람 제국 압바스 왕조-옮긴이)과 당나라의 교전이었다.

당나라군의 장군은 고구려인 고선지(高仙芝, ?~755)였다. 백전명장으로 일찍이 1,000기를 이끌고 서역의 소발률국(小勃律國, 파키스탄 북부의 길기트-옮긴이)을 물리쳐 산간 지대의 왕으로 불렸다. 이때 그는 이미 안서사진절도사(安西四鎭節度使)로 서역 군구의 총사령관에 해당했다.

전쟁 전에 당나라는 석국이 배반하자 정벌하여 크게 승리했다. 도망친 석국 왕자는 대식국에 도움을 요청해 무슬림에게 동진의 이유를 제공한 셈이 되었고, 이에 동정을 시작했다. 고선지는 먼저 제압을 하고 싶어 군을 이끌고 장거리를 달려가 양쪽 군은 탈라스에서 조우했다.

당시 고선지가 이끌고 간 군은 안서도호부의 2만 군과 동맹국의 군사를 연합하여 3만여 명의 병력이었다.[3] 아라비아 쪽은 주력 부대 14만 명에 복종한 나라의 10만 명을 합쳐 15~20만 명에 달해 당나라군보다 크게 우세했다.

---

3 당나라군의 구체적인 수치에 관해서는 두 가지 견해가 있다. 하나는 6~7만 명, 다른 하나는 2~3만 명이다. 국내외 학자들은 대부분 후자를 인정한다.

전쟁이 시작되자 북 소리가 울려 퍼지고 죽고 죽이는 소리가 진동했다.

당나라군은 장비, 소질, 사기와 통솔 능력이 모두 최고봉에 달했다. 당나라 보병은 손에 활을 들고 최소한 세 개의 무기를 지녔다. 진한 군대와 비교하면 무기의 위력이 몇 배 더 강력했다. 기병은 남북조 시기의 중장비를 개선해 갑옷을 줄였지만 더욱 안전했다. 모든 병사가 긴 창을 메고 방패와 활을 들고 각자 칼을 지녔다.

당나라군의 전술 또한 완벽했다. 전쟁을 시작할 때 1만 개의 화살을 쏘아 원거리에서 공격하고 적이 가까이 오면 거대한 석궁으로 살상했다. 마지막으로 적군이 진의 앞에 도달하면 '맥도진(陌刀陣)'을 펼쳤다. '맥도'란 긴 칼의 한 종류로 전한시대 말의 목을 베던 검에서 변형된 것으로 중량이 20, 30근이 나가고 대단히 날카로웠다. 이 작전은 기병을 상대로 한 전술로 오늘날 탱크에 대항하는 무기에 해당한다. 쌍방이 근거리에서 교전하는 동시에 기병을 보내 전군의 후방으로 우회해 협공하기도 했다.

탈라스전투에서 당나라군이 먼저 승리했다. 적군의 시체가 7만에 달했다. 하지만 당나라군이 수적으로 열세인 데다 멀리서 왔기에, 정보와 보급품의 부족으로 5일이 지나도 탈라스성을 함락하지 못했다.

5일째가 되자 승리의 저울이 점차 아라비아 쪽으로 기울었다. 정세가 순조롭지 못한 것을 보고 당의 동맹군이 먼저 도망치자 대혼란이 벌어졌다. 안팎으로 몰린 당군이 무너지자 고선지는 야밤을 틈타 도망갔다. 수천 명의 잔여병을 모은 고선지는 다시 돌아가 반격전을 펼치고자 했지만, 부하 장수의 설득으로 결국 포기했다. 아라비아 국내에도 반란이 발발해 그들은 중앙아시아를 지킨 것으로 만족하고 더는 확장하지 않았다.

탈라스전투는 당나라군의 참패로 끝났다. 이 전투는 중앙아시아 구조를 나누는 데 지대한 영향을 미쳤다. 전후 당나라 왕조는 안사의 난과 번진(藩鎭, 변방을 평정하기 위하여 절도사를 우두머리로 하여 군대를 주둔시키던 곳-옮긴이)의 할거로 서역을 돌볼 여력이 없었다. 결국 중앙 아시아 패권 쟁탈에서 한발 물러났다. 장건이 서역으로 건너간 이래 중국 판도에 변화가 생겼고, 중앙아시아는 점차 이슬람화되었다. 무측천 때 안서 사진(주로 지금의 신장 일대)을 스스로 포기했다. 중국 신장 일대(서역)는 원래 불교를 숭상했으나 탈라스전투 이후 이슬람이 점차 확산되었다. 북송 초기 화하문명을 신봉한 우전국(지금 신장 호탄)은 이슬람교를 신봉한 쿠차(Kucha, 庫車)에게 멸망한 후 점차 이슬람화되었다. 다시는 그 이전으로 돌아가지 않았다.

탈라스전투 중에 두환(杜環)이라는 사람이 포로로 잡혔다. 이후 아라비아군을 따라 중동, 아프리카 등지에서 10년을 보내며 《경행기(經行記)》(이미 소실되었다)를 저술해 처음으로 아프리카를 다녀와 저술을 남긴 중국인이 되었다. 이 당시 당나라의 기능공도 포로로 잡혀갔다. 그들은 제지술을 서아시아에 전수해 이후 유럽까지 전파되었다. 제지술과 이로 인해 전해지는 소식의 전파력은 유럽의 르네상스에 토대가 되었다.

당나라는 탈라스전투에서의 좌절로 태평성세에 그림자가 드리워졌다. 하지만 이는 작은 간주곡일 뿐 당나라가 앞으로 맞닥뜨릴 내정 위기야말로 세상을 뒤흔들었다.

동란 전야의 제국: 점차 나빠지는 형세

개원(당현종 통치 시기의 연호-옮긴이) 이후 당은 태평성세를 이루었다. 현종도 스스로 자신의 업적에 도취되어 노년에 접어들자 더는 통치에 적극적이지 않았다. 제국 전체의 분위기가 점차 가라앉기 시작했다.

현종은 며느리 양옥환(양귀비)을 억지로 취하여 총애했다. 그녀가 '여지'라는 과일을 좋아하자 현종은 명을 내려 영남에서 장안까지 직통하는 공급로를 만들어 말을 달려 운송하게 했다. 현종은 게을러지고 향락에 빠졌으며, 아침 조회에도 더는 참여하지 않았다.

조정에서는 정직한 재상 장구령(張九齡, 678~740)이 파면되고 이임보(李林甫, ?~752)와 양국충(楊國忠, ?~756)이 뒤를 이었다. 두 사람은 정적을 제거하며 권력을 쥐고 흔들었다. 양국충의 전권은 극에 달했다. 이 시기 변경의 장수들이 공을 탐하여 호전적이어서 여러 차례 전쟁이 일어나 변경에 피가 바닷물처럼 흘렀다. 당나라군은 세 차례 전투에 세 번 다 지고 20만 병력을 잃었다. 이후 가서한(哥舒翰, ?~758)이 토번(吐蕃, 티베트고원의 중앙에 설립된 고대왕국-옮긴이)을 치고, 안녹산(安禄山, 703?~757)이 거란족을 토벌할 때 10만여 명이 전사한다.

제국의 형세가 나날이 나빠졌다.

개원 이후 변경에는 열 명의 절도사(節度使)를 배치하고 병력 50만이 있었지만, 중앙 금군(禁軍)은 겨우 12만 명으로, 점차 줄기보다 가지가 더 강해지고, 외부를 지키느라 내부는 텅 비는 형국이었다. 이때 부병제에서 모병제로 바뀌었다. 이는 군사 역사상 커다란 변혁이었다. 이후 직업군이 주류가 되었다. 이 제도는 비록 징병 문제를 해결했지만, 재정 부담이 증가했다. 치명적인 문제점은 군인이 절도사에 종속되기 쉽다는 것이었다. 천보 연간 이후 변방에서 전투할 일이 많아서 절도사는 연임이나 겸임할 때가 많았다. 그 때문에 지방 군벌의 세력이 커졌다.

군벌 중에 안녹산이 가장 득세했다. 돌궐족의 후예인 안녹산은 여러 언어에 통달한 똑똑하고 지혜로운 사람이었다. 그는 조정에 뇌물을 바쳐 서서히 현종에게 접근했다. 황제에게 잘 보이기 위해 자신보다 어린 양귀비를 양어머니 삼고 매번 궁에 들어올 때면 양귀비에게 먼저 인사했다. 현종이 이상하게 여기자 그는 "신은 호인(胡人)입니다. 호인은 어머니를 최우선으로 여깁니다"라고 대답했다. 양귀비는 커다란 강포로 그를 싸서 놀렸다. 안녹산은 배가 무릎에 닿을 정도로 뚱뚱했다. 현종은 그런 그를 놀렸다. "자네 배가 그렇게 크니 속에 무엇을 담고 있나?" 그는 조금도 주저하지 않고 답했다. "안에는 폐하를 향한 충성심밖에 없습니다." 재치 있는 답변에 현종의 환심을 샀다.

안녹산의 관운이 형통해 권세가 극에 달했을 때는 범양, 평로, 하동 삼진의 절도사(대군의 총사령관에 해당)를 겸했다. 이 지역의 군정 대권을 독점했으며, 병력이 18만 명이나 되었다. 이렇게 커진 세력은 안녹산이 반란을 일으킬 기초가 되었다. 하지만 안녹산이 계획적으로 반란을 일으켰다고는 말하기 어렵다. 사실상 그가 군사를 일으켜 당나라를 배반한 마음에는 기나긴 곡절이 있었는데, 특히 정치의 부패와 밀접한 관련이 있었다. 이임보가 죽은 후 더는 안녹산을 제압할 인물이 없었기에 양귀비의 오빠 양국충이 재상에 올랐다. 양국충은 정권을 장악한 후 고의로 안녹산을 배척하고 사사건건 그와 맞섰다. 결국 현종 앞에서 안녹산이 반란을 일으키려 한다고 고했다. 상황이 이렇게 되자 안녹산은 실제로 반란을 일으켜 자신을 보호할 수밖에 없

안사의 난을 피해 촉으로 가는 현종 일행을 그린 〈명황행촉도〉 일부

었다. 안사의 난을 평정한 명장 복고회은(僕固懷恩, 당나라를 섬긴 투르크 계의 무장-옮긴이)도 후에 비슷한 결말을 맞았다.

천보(天寶, 당현종의 치세는 개원(712~741)과 천보(742~756) 두 시기로 나뉜다-옮긴이) 말년에 갈등은 결국 폭발하고 말았다.

안록산의 난과 체제 문제

서기 756년 6월 13일 하늘은 어두웠고 궁궐은 적막했다. 조정 대신들이 평소와 다름없이 삼삼오오 대명궁(大明宮)으로 입궐해 조회를 기다렸다. 마침내 조회 시간이 되었지만, 몇몇 대신이 보이지 않았고 황제도 나타나지 않았다. 대신들은 미궁에 빠진 듯했다. 나중에야 천자가 이미 장안에서 도망친 사실을 알았다. 안사의 반군이 이미 동관을 함락하고 장안으로 칼날을 향하자 깜짝 놀란 현종은 야밤에 성을 빠져나간 것이다.

사실 이 모든 일은 1년 전에 이미 시작되었다. 그해 11월 안녹산과 사사명(史思明, 703~761)은 간신 제거를 명분으로 수도로 진격했는데, 이를 '안사의 난'이라고 한다. 대당의 건국 이래 가장 힘겨운 겨울이었다. 당나라는 이미 오랜 세월 태평스러웠기에 관리와 백성 모두 전쟁을 몰랐고, 군대는 모두 변방을 수호했기에 반군이 들이닥쳤을 때 바람에 쓰러지듯 속수무책으로 무너졌다. 당나라 조정은 우매했기에 유능한 간부는 하나둘 물러나고 낙양과 동관 등 요새도 무너졌다. 장안의 문이 열리니 상술한 내용이 펼쳐졌다.

장안과 낙양이 함락된 후 숙종(肅宗, 李亨, 711~762), 대종(代宗, 李豫, 726~779)이 유랑하는 조정에서 뒤를 이으면서 당제국은 복국 운동을 전개해간다.

고통스러운 분투를 여덟 차례 겪은 뒤 전국은 마침내 평화를 맞이했다. 대종광덕 원년(서기 763년) 마지막 반군이 투항해 전쟁이 마침내 끝났다. 하지만 이 전쟁은 이미 승자가 없었다.

수년간 이어진 전란은 태평성세 때 쌓은 부를 수포로 만들었으며, 중원 지역은 인적이 끊기고 사방이 적막하게 되었고 "낙양 사방의 수백 리는 폐허가 되었다." 전국의 인구는 5,292만 명에서 1,699만 명으로 줄어들어 사회의 원기는 크게 쇠락했다. 중국 인구는 다시 한 번 대거 남쪽으로 이주했다. 진한 이래 부유했던 관중이 쇠락하기 시작했다. 한문화는 이때부터 남방으로 들어가 이민족이 침입하는 서막이 열리기 시작했다.

안사의 난이 일어난 원인을 종합해보면 체제 문제가 가장 중요했다. 더 깊은 화근은 '인치'에 있었다. 현종이 말년에 간신배를 중용하고 군벌을 방종하면서 국가가 점차 썩어 들어가 회복하기 어려웠다. 당대에도 율(律)이 있었지만, '법은 군주에게서 나온다'고 하여 법률이 단지 인치라는 테두리 안에서 법률일 뿐 사회는 크고 작은 각급 통치자의 개인 의지에 따라 운영되었다.

안사의 난 이후 전해지는 미담이 있다. 안사의 난을 평정한 장군 곽자의(郭子儀, 697~781)는 습관이 하나 있었다. 손님을 만날 때 반드시 첩을 대동했다. 한번은 병에 걸려 의사 노기(盧杞)가 진찰하러 왔는데 곽자의가 시종과 첩을 전부 물리고 혼자서 접대했다. 어째서 그랬을까? 노기는 매우 추하게 생긴데다 성격이 음흉했다. 곽자의는 여인들이 그를 보고 비웃어서 화를 불러올까 두려워 조심한 것이다.

나라의 중신이 일개 관리의 기분을 상하게 할까 조심한 것은 생존의 지혜로 후대에 전해지면서 찬양받았지만, 사실 이는 슬픈 일이다. 이를 찬양하는 사람들이 보지 못한 것은 법치가 부재한 비극이다. 인치 사회에서 설사 성당시기(盛唐時期)라도 법치의 보호가 없다면, 대신도 마찬가지로 공포 속에서 생활할 수밖에 없었던 것이다. 한 국가로 보면 법치는 안정된 질서와 국운을 확보할 수 있게 하며, 개인으로 보면 생존의 고통을 줄여준다. '흩어지면 모이고, 모이면 흩어지는 것'은 어쩔 수 없지만, 진정한 왕도는 사실 합쳐도 흩어지지 않음을 실현하는 것이다. '걸출한 인재가 늘 사람들의 주요 견제 대상이 되는 것'은 더욱 큰 비애다. 진정한 '왕도'는 사실 걸출한 인재가 청출어람(靑出於藍)하도록 독려하는 것이다.

곽자의는 하는 수 없이 충성하는 것 외에는 다른 방법이 없었다. 하지만 안사의 난을 평정한 다른 장군 복고회은은 달랐다. 그 가족이 안사의 난 때 46명이 목숨을 바칠 정도로 나라에 충성했다. 하지만 후에는 결국 배반당한다. 이렇게 보면 곽자의는 비록 온화하고 자족하는 것처럼 보이지만, 그의 생존은 힘겨운 투쟁이었음을 추측할 수 있다.

몰락의 시작

전란은 끝나고 강산은 다시 고개를 들고 일어났지만, 번성의 기운은 이미 사라졌다. 전후의 수도에는 잡초가 무성했고 적막한 기운이 감돌았다. 무너진 성벽만이 고요하게 제국의 되돌릴 수 없는 고통을 말해주었다. 서풍이 매섭게 불고 석양이 비스듬히 비추었다. 중당시기(中唐時期) 대란 이후 화하는 쇠약해지고 내우외환이 잇달아 왕조는 이미 앞으로 나아가기 어려웠다.

호시탐탐 기회를 노린 토번은 안사의 난 이후 기회를 틈타 한때 장안성까지 함락했다. 이후 서역까지 손을 뻗었다. 북쪽은 위구르족이 들고일어났다. 여러 차례 당을 도왔던 위구르족이지만 여전히 수시로 약탈해 백성들을 고통스럽게 했다.

이때 장안으로 돌아온 조정은 부득이하게 안녹산과 사사명의 부장들을 임명했다. 비록 뒷일은 생각지 못하고 급한 불을 끄는 모양새였다. 황제 대종(代宗)에게는 별다른 선택의 여지가 없어 정치적 타협을 한 것이다. 그의 유약한 정무 처리 방식은 결국 기울어가는 당나라를 어둠에서 걸어 나오게 하지 못했다. 그때부터 할거의 기세가 나날이 더 거세졌다.

중후기 당의 역사는 거의 모두가 번진을 중심으로 이루어졌다. 절도사들은 기고만장해 사병을 모집했고(이들은 반란을 일으키기 위한 자원이었다) 관원을 설치해 자치를 하고 조세를 올리지 않는 등 중앙에 대항했다.

덕종(德宗, 李适, 742~805) 시기의 '사진의 난(四鎭之亂)'이 대표적이다. 절도사 이보신(李寶臣)이 병사하자 그의 아들 이유악(李惟岳)이 직무를 이어받기를 청했다. 하지만 덕종은 번진을 억압하려 했고, 결국 사진(위박·소청·성덕·산남동도)이 연합해 반란을 일으켰다. 덕종은 서북방 진들이 반란군을 진압하기를 바랐지만, 제후 군벌들은 각자 생각이 있어 결국 병변이 일어났고 낭패한 덕종은 도망갈 수밖에 없었다.

헌종(憲宗, 778~820)이 번진을 억제했던 것처럼 간헐적으로 승리를 거두기도 했지만, 군벌은 겉으로만 순종했을 뿐이다.

번진의 제거는 지방 군벌과 중앙의 갈등을 반영한다. 갈등 국면의 장기화는 그들이 서로 견제하면서 폭력적 균형을 형성했기 때문이다. 균형이 깨지기만 하면 다시 한 번 통일될 수 있었다. 군벌을 억제하고 제거하는 일은 상당히 어려운 일이었다. 역대 왕조도 제대로 해결하지 못했다. 송 왕조는 문을 중시하고 무를 억압하며 잘못을 바로 잡으려다 오히려 도가 지나쳐 국가가 쇠약해지고 말았다.

대종 이후를 중당 시기라 하며 이 시기 덕종·순종(順宗, 李誦, 761~806)·헌종·목종(穆宗, 李恒, 795~824)·경종(敬宗, 李湛, 809~826)·문종(文宗, 809~840)이 황위를 계승했다. 제국의 병약한 몸은 더욱 쇠약해졌다. 덕종 시기 한 차례 재정 위기를 겪고 재상 양염(楊炎, 727~781)이 양세법(兩稅法) 개혁을 실행했다. 재산에 따라 나누어 납부하고 잡세를 취소했으며, 분납이 가능해 여름과 가을에 징수했다. 중국 고대 세제 사상 중요한 변화였지만, 소규모의 변화와 보완으로는 근본적인 변화를 가져오지 못했다.

덕종 이후 순종이 왕위에 올랐지만 1년도 채우지 못하고 쫓겨났으며 이후 헌종이 등장했다.

헌종 시기 붕당 전쟁이 일어나기 시작했다. 우승유(牛僧孺)와 이덕유(李德裕)가 각각 대표하는 양당은 작은 단체의 이익을 위해 수단과 방법을 가리지 않고 수십 년간 투쟁했다. 이런 알력 다툼은 원칙도 최소한의 기준도 없는 악성 경쟁으로 지극히 소모적이고 조정을 더욱 암흑으로 내몰았다

덕종과 헌종은 원래 개혁의 뜻을 품었으나 방자한 군벌과 조정 대신의 부패로 한계에 부딪쳤고 개혁의 의지가 꺾이고 말았다. 황제는 군벌과 대신을 믿을 수 없어 내시에게 의지해 환관의 세력이 점차 커졌다.

덕종 시기부터 환관이 금군을 장악하는 것이 제도화되었으며 이후 권세는 더욱 커졌다. 만당시기(晩唐時期) 환관이 황제를 독살하고 폐위시키는 일이 빈번하게 일어나 황제와 조정 대신의 불만을 불러일으켰다. 대신들은 환관에게 모진 고초를 당하며 투쟁했다. 문종 시기의 '감로의 변(甘露之變)'이 대표적인 예다.

대화(大和) 9년(서기 835년) 환관들의 억압을 받던 문종은 더는 대권의 상실을 참지 못하고 이훈(李訓)과 정주(鄭注)를 등용해 환관을 주살했다. 같은 해 11월 21일 이훈이 장군 한약(韓約)에게 상소를 올려 좌금오(左金吾) 정원에 있는 석류나무에 밤중에 감로(甘露)가 내렸다고 속여 환관의 우두머리 구사랑(仇士郎) 등을 불러들여 일망타진하려 했다. 하지만 환관들은 이를 눈치채고 급히 도망쳐 문종을 붙잡고 금군 5,000명을 이끌고 수색하며 만나는 사람들마다 죽이니 사망자가 1,000명을 넘었다. 이 도살로 환관들은 더욱 창궐하게 되었다. 문종은

자기 집안의 노예에게 제압당한 것을 탄식할 뿐이었다. 나라를 망친 주나라 난왕(赧王)과 한나라 헌제보다도 못하다 생각하며 이후 우울하게 생을 마감했다.

환관의 재앙은 당나라 말기까지 지속되었다. 소종(昭宗, 李曄, 867~904) 천부 연간에는 재상 최윤(崔胤)이 주온(朱溫, 주전충)을 끌어들여 주살했다. 하지만 주온이 후에 기세를 몰아 황위를 찬탈하니 환관과 당 왕조는 함께 몰락한다. 환관의 전횡은 특별하다고 볼 수 있다. 역대 귀족의 권세가 커 핵심 대권을 나누어 가질 때는 출현하지 않다가 중앙집권의 추세에 기회를 타고 일어나니 한·당·명 왕조 때가 그러했다.

문종 이후 당 왕조는 무종(武宗, 814~846)·선종(宣宗, 810~859)·의종(懿宗, 833~873)·희종(僖宗, 862~888)·소종(昭宗, 李曄, 867~904)·애제(哀帝, 892~908)가 뒤를 이었다. 만당시기 황제는 빈번하게 바뀌었으며 오래가면 10여 년, 짧으면 몇 년간 재위했다. 나라는 병든 말이 끄는 수레처럼 경사가 급한 산길을 가며 언제든지 전복될 위기에 처했다.

마침내 선종 대중 13년(859년) 절동 사람 구보(裘甫)를 시작으로 방훈(龐勳, ?~869), 왕선지(王仙芝), 황소(黃巢, ?~884)가 봉기를 일으켰다. 이 중 황소의 봉기가 가장 극렬했다. 황소가 장안을 점거한 후 그 군대가 "거리를 다니며 살인을 하니 황소도 말리지 못했다." 당나라 조정의 반격을 기다리며 수도의 백성들이 관군의 편에 서자 분노한 황소가 도살하니 피가 강처럼 흘러 성을 씻어 내렸다. 후에 황소의 군이 진주를 포위해 한꺼번에 살아 있는 백성, 포로를 남녀노소 불문하고 전부 거대한 수백 대의 방아에 몰아넣고 빻으니 순식간에 고기죽이 되었고 이를 군량으로 사용했다. 황소는 사방으로 약탈을 일삼아 전란으로 많은 인구의 감소를 초래했다.

전란 중 관군은 무력했고 각지 번진은 수수방관만 하니 당나라 조정은 사타(서돌궐의 한 지류, 만당시기 내륙으로 이주해 와 오대 시기 후당을 세웠다)의 군을 들여와 전란을 평정하니 이민족이 이 기회를 틈타 침입했다.

연합군의 진압으로 황소의 봉기는 낭호곡(狼虎谷)에서 끝났다. 하지만 당나라 조정도 불씨가 사그라져 유명무실해지고 만다. 애제 천우(天佑) 4년(서기 907년) 주온이 황제를 폐위하고 스스로 왕위에 오르며 당 왕조의 관에 마지막 못을 박는다.

당말의 마지막 형세는 계속 나빠져 중국은 새로운 대동란의 시대에 들어선다.

분란의 오대십국: 정해군의 독립과 전국옥새의 실종

당 왕조가 멸망한 후 세습된 절진(節鎭, 절도사가 있던 진용 또는 절도사 자체를 이르던 말-옮긴이)은 동남쪽에 퍼졌다. 907년부터 979년까지 중원의 각 번진은 끊임없는 합병과 전쟁을 거쳐 후량(後梁)·후당(後唐)·후진(後晉)·후한(後漢)·후주(後周) 다섯 개의 단명한 왕조가 세워졌다. 남쪽과 하동에서는 지방 군벌들이 오(吳)·남당(南唐)·민(閩)·남한(南漢) 같은 열 개의 작은 정부를 세웠다. 역사적으로는 이를 '오대십국(五代十國)'이라 부른다. 이는 중국 역사상 세 번째 분열시대다. 오대십국은 번진이 할거한 국면의 연장이다. 그사이 정난군(定難軍, 후의 서하)과 정해군(교지)이 뒤를 이어 독립해 정해군은 이때부터 중국에서 영원히 벗어난다.

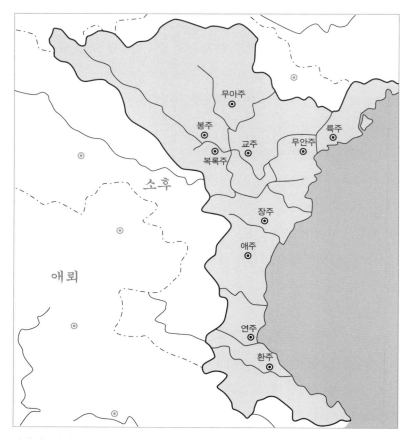

당대 인도차이나 반도에 설치되었던 정해군의 지도

　　정난군은 대략 지금의 섬서, 내몽골의 경계에 위치했다. 당말 희종 때 탕구트족(黨項人)이 황소의 난 진압을 도와서, 이씨 성을 하사받아 정난군 절도사로 봉해져 그 자손이 대대로 세습했다. 북송 초 이씨는 송을 배반했는데, 이원호(李元昊)가 서하(西夏)를 세우고 정식으로 독립했다.

　　베트남 지역에 있던 정해군은 대대로 중국의 관리를 받았다. 당말

남소(南詔)에게 합병되었다가 의종 때 안남 도호(都護) 고병(高駢)이 회수해 이름을 바꾸고 당 왕조의 번진이 되었다. 오대와 송초에 베트남인은 두 차례 반란을 일으켰고, 이때부터 중국에서 벗어났다. 이 밖에 유운 16주(幽雲十六州)는 이때 소유자가 바뀌어 송대에 영향을 미친다.

당말 거란이 혼란을 틈타 궐기해 916년에 야율아보기(耶律阿保機)가 요나라(大遼)를 세우고 중원을 노린다. 후당이 망할 때 거란은 석경당(石敬瑭, 후진 고조, 892~942)을 후진의 꼭두각시 황제로 세운다. 석경당은 요의 태종을 양부로 삼고 자칭 '아황제'라고 하며 유운 16주를 바치겠다고 아첨했다. 유운의 땅은 높은 곳에서 굽어보고 남쪽으로 평원이어서 북방 기병들이 돌진하기에 유리해 거란이 이 땅을 소유함으로써 중원 왕조의 국경이 넓어졌다. 이후 송과 요의 대전에서 송나라군의 참패는 이것이 원인이었다. 16주는 400여 년간 분열과 통치를 거듭하다 명나라 초 북벌 후에야 다시 통일제국에 포함됐다.

종합적으로 보면 이 시기 십국의 실력은 한계가 있어서 중원에 저항할 힘이 없었다. 그래서 오대를 정통으로 삼았다. 당시 중국 북방의 동란이 끊이지 않고 십국의 군벌은 자기 국경을 지켜서 방어해 적지 않은 북인이 남으로 이주해 남쪽 사회질서는 비교적 안정이 되었다. 오대 말 중원의 후주는 점차 강해져서 통일의 사명을 짊어진 송 왕조는 이 기초 위에서 탄생했다.

오대 때 또 다른 큰 사건은 전해져 내려오던 옥새가 실종된 일이다.

대를 이어 내려온 옥새는 황권과 통치의 합법성을 나타내는 중요한 상징이었다. 진시황 이래 역사의 물결 속에서 강산의 주인이 바뀔 때마다 따라다녔다. 유방·왕망·손견·유총·석륵·염민 등이 세운 정권은 모두 옥새를 점유했다. 수나라가 화하를 통일하면서 옥새를 수나라 궁에 보관했다. 수나라가 망하고 소후(蕭后) 등이 전국옥새[傳國玉璽, 중국 진나라의 진시황이 화씨지벽(和氏之璧)으로 만든 옥새-옮긴이]를 막북 돌궐로 가져갔다. 당나라 초 태종 이세민은 국새가 없어 '수명옥', '정명옥' 등 '옥새'를 새겨 위안 삼았다. 정관 4년(서기 630년) 이정이 군을 이끌고 돌궐을 토벌했는데, 이 해 소후 등이 돌궐을 배반하고 중원으로 들어오면서 옥새를 갖고 와 국새가 마침내 당제국으로 돌아왔다. 당 천우 4년(서기 907년) 주전충(朱全忠, 852~912)이 당애제를 폐하고 국새를 빼앗아 양나라(後梁)를 세웠다. 16년 후 이존욱(李存勖, 885~926)이 후량을 멸하고 후당을 세우면서 옥새는 후당으로 전해졌다. 다시 13년 후 석경당이 거란군을 이끌고 낙양으로 와 후당의 말제(末帝) 이종가(李從珂, 885~937)가 품에 전국옥새를 품고 현무루(玄武樓)에 올라 분신자살하는 바람에 전국옥새도 실종되었다. 아마 옥새도 같이 불에 타버렸을 것이다. 송 왕조 때 전국옥새가 다시 출토되었다고 하지만, 이 옥새가 전국옥새인지는 신뢰할 만하지 못하다.

송

: 문약한 시대

분열과 오랑캐의 침입: 북송 건국의 시대적 배경

300년의 위엄 있는 당조는 끝내 역사의 뒤안길로 사라졌다. 당조는 흥망성쇠를 거쳐 결국 황소 등의 봉기군의 질풍노도 속에서 사분오열 되어 붕괴되었다. 남긴 것이라고는 주마등같이 지나간 북방의 '오대' 와 남쪽의 '십국'뿐이었다.

이렇게 또 한 차례 중국은 통일에서 분열로 나아갔다.

북방의 오대는 주전충에서부터 시작되었다. 그는 원래 황소의 부하 였지만 변절해 당나라에 귀속해 봉기군을 진압하는 데 앞장섰다. 그 러나 당나라에 대한 충성심은 오래가지 못했다. 904년 조정의 관원들 을 살해한 '백마역의 화(白馬驛之禍)' 이후 907년 마침내 당나라 관복 을 벗어던지고 애제를 폐위시킨 뒤 스스로 양나라(후량)를 건립하고 수도를 개봉으로 정했다.

북쪽에 50여 년간 다섯 개 정권이 연달아 건립되었는데 이를 오대라고 칭한다. 남쪽에는 작은 나라가 열 개 있었으며, 대부분 북쪽의 다섯 개 정권을 종주국으로 삼았다.

후량 뒤로 건립된 당·진·한·주 같은 왕조들은 대부분 황하 동쪽에 있었던 군이나 장군들이 모반을 꾀하고 설립한 왕조들이다. 하동을 차지하고 태원을 통치했으며 북쪽과 기각지세(犄角之勢, 앞뒤에서 적과 맞서는 태세-옮긴이)를 이루어 수도를 방위하고 초원민족의 침입에 대처했기에 역사적으로 당나라 정부의 군사적 요충지에 해당했다. 분열되는 시대에 강력한 군권을 장악한 하동절도사가 돌아가면서 왕위를 차지했다. 오대의 황제들 중 후진(後晋)의 건국자 석경당에 대해 언급해야 할 듯하다. 석경당은 후진 이극용(李克用, 856~908)의 부장(部將)으로서 왕위를 향한 야망을 목적으로 유목민족인 거란의 병력을 이용해 후당을 멸망시켰다. 후당을 멸망시킬 때 석경당은 거란국의 요태종에게 구원병을 요청했고 자신을 진제(晋帝)로 옹립하고 도와주는 조건으로 요태종과 부자관계를 맺어 스스로를 '아들 황제'라고 칭하고 유운 16주를 거란에게 할양했다.

무심코 제시한 이런 조건이 오히려 송나라에게는 300여 년 동안 가슴 아픈 상처가 되고 말았다.

이런 약속은 나중에 송나라와 요나라, 송나라와 금나라 간 협약에서 관례가 되어버렸다. 거란의 '아들 황제'가 된다는 수치스러운 생각조차도 석경당만이 생각해낼 수 있는 방책이기도 하다.

송대 역사 나아가 전체 근고(近古)역사에서 가장 큰 영향을 미친 것은 바로 유운 16주를 거란에게 할양한 것이다(지금의 북경 일대).

사익을 위해 전반을 고려하지 않는 이런 우매한 행동은 장성(長城)

을 훼손하고 늑대를 집에 끌어들이는 행동과 같다.

유운 16주는 예로부터 초목민족과 농경민족이 접촉해왔던 지역으로, 양측이 전쟁을 할 때 전략적인 완충 역할을 했다. 유운 16주의 남쪽은 말이 맘껏 달릴 수 있는 드넓은 평지인 화북평야이기에 유목민족의 기마병들이 적진으로 돌격하기 좋은 곳이다. 석경당이 이 지역을 순순히 넘겨줌으로써 송나라가 요나라, 금나라와 대치 국면을 맞이하면 늘 열세에 처하게 되었다.

이때부터 송나라의 북쪽은 거란의 만도(彎刀, 휘어진 도), 여진의 정예기병, 몽골 기마병을 상대할 때마다 무방비 상태에 처하면서 전체 중원이 쇠발굽 아래 짓밟히게 되었다. 어떻게 보면 두 시대에 걸친 송나라 300여 년간의 외유내환은 모두 석경당의 경솔한 결정이 낳은 결과이기도 하다.

한때 두 사람 덕에 유운 16주를 되찾을 기회가 있었다. 한 사람은 시영(柴榮, 921~959, 훗날 후주의 세종 - 옮긴이)이고 다른 한 사람은 악비(岳飛, 1103~1141)였다. 그러나 그것 또한 잠깐이었다. 두 차례 모두 북벌전쟁 때였는데, 군주의 때 이른 사망과 정치적 원인으로 아무런 소득 없이 끝났다.

시영은 후주 태조 곽위(郭威, 904~954)의 양아들이며 능력 있는 군주로서 역사학자들은 '오대의 으뜸의 명군'이라고 칭했다. 그는 15세에 군에 입대해 24세에 장군이 되었고 33세에 황제가 되었다. 즉위 후 6년 동안 군을 통솔하고 병사를 훈련시켰으며 쓸모없는 자를 걸러내고 떠도는 사람을 징집했으며 조세를 감면했다. 후주는 정치적으로 깨끗하고 백성들은 부유해져 중원이 되살아나기 시작했다.

남쪽을 정벌하고 북쪽을 토벌해 서쪽의 후촉을 멸망시키고 진·봉·

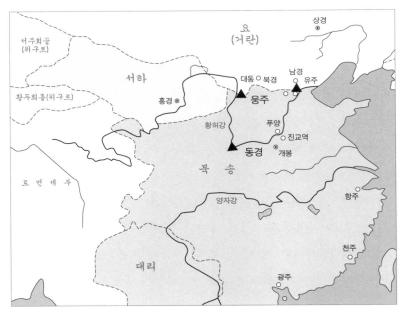

북송 주변 민족 형세도

성·계 등 네 개 주를 차지했고 남쪽의 남당을 멸망시키고 강북, 회남 열네 개 주를 차지했다. 북쪽의 거란을 물리치고 잇달아 두 개 주와 세 개의 관을 공격했다. 그러나 이 시기 위대한 황제는 병들어 누웠고, 얼마 지나지 않아 저세상으로 떠났다. 그해 그의 나이는 39세였다. 후주의 이런 번영은 후에 송나라가 계승한다.

우리가 이런 역사를 돌이켜볼 때 남조의 송·제·양·진은 비슷한 점을 많이 발견할 수 있다. 그것은 바로 짧고 혼란스러운 정권 교체와 많은 무능한 제왕, 남북 대치 국면, 아들이 부모와 형제를 죽이고, 부하가 모반을 꾀해 왕위를 찬탈하는 등의 부도덕함이다. 다만 그것이 북쪽과 남쪽에서 이루어진 것이다.

이 시기 오대와 대치 국면에 있는 남쪽의 십 개국, 즉 오·남당·오월·초·전촉·후촉·남한·남평·민·북한 등은 모두 각자의 길을 갔고, 서로 토벌하면서 흥망성쇠를 거듭했다. 약자가 강자에게 먹히는 것처럼 최종적으로 모두 북송이라는 큰 강자에게 먹혀버리고 만다.

오대가 바뀌고, 십 개국이 각각 건립할 즈음, 주변 소수 민족이 점점 강대해지기 시작했다.

북쪽에는 거란족의 요나라가 있었고, 서북쪽에는 탕구트족의 서하가 있었으며, 서남쪽에는 강대했던 토번, 대리국이 있었다. 그중 중원 지역에 큰 위협이 된 것은 거란족이다.

북송이 각국으로 원정을 나가 정권을 찬탈하고 남북을 통일할 때 북쪽 변경 지역에서 부는 찬바람이 사막의 모래바람을 일으켰다. 그 황사 사이로 많은 전투마가 햇빛에 반사되어 서슬 푸른 빛을 뿜는 칼날과 영토와 금전, 음식에 대한 욕망으로 가득 찬 눈빛으로 시기를 노리는 자들이 있었다.

북송은 이러한 복잡한 시기에 건립되었다. 민족 간의 다툼, 모래바람, 생존을 담보로 하는 전쟁은 그 누구도 피해갈 수 없었다.

권모술수의 내막: 송나라 초기의 3대 미스터리 사건

1. 진교의 변

현덕 6년(서기 959년) 11월 3일의 밤. 살을 에는 듯한 찬바람이 병사들의 파랗게 질린 얼굴에 불고 있었다. 출정한 병사들은 하룻밤 내내 토론해 금군 대장인 조광윤(趙匡胤, 927~976)을 황제로 세우기로 결정한다.

군심이 돌아선 것을 확인한 조광윤의 동생 조광의(趙匡義, 939~997)

는 부하 조보(趙普, 922~992)를 시켜 도성에 있던 전전도지휘사 석수신(石守信, 928~984)과 전전도우후 왕심기(王審琦, 925~974)에게 알려서 준비를 하게 했다. 한편으로는 각 장군에게 명해 날이 밝기를 기다려 조광윤에게 정식으로 등극을 권하도록 준비시켰다. 군인들이 황제를 교체하는 것은 오대십국에서 흔히 볼 수 있었던 일이다.

초초한 기다림 속에 기나긴 밤이 지나고 여명이 밝아올 때 병사들의 얼굴도 어렴풋이 보이기 시작했다. 조광윤이 잠에서 깨어나 기지개를 펼 때 조광의와 조보는 미리 준비해 두었던 황제의 곤룡포(袞龍袍)를 조광윤에게 걸쳐주었다.

"만세!" "만세!" 문밖에 있던 병사들은 일제히 큰 소리로 외쳤다.

바로 그때 경성의 모든 상황은 석수신이 장악했다. 성문이 열리고 대군들이 성에 들어온 다음 황제를 납치하고 선양을 받아 조광윤은 조금도 힘들지 않게 북송의 개국황제가 되었는데 그가 바로 송태조(太祖)다.

송나라의 역사 자료에 의하면 진교의 변(陳橋兵變)은 조광윤도 사전에 몰랐던 것으로 기록되어 있지만, 이것은 믿을 바가 못 된다. 사실은 조광윤이 요나라와 북한이 병력을 합쳐 남하한다는 소문을 냈다. 그때 후주는 촉박하게 그를 파견해 군사를 통솔하게 했고, 그 기회를 틈타 조광윤이 정변을 일으켰다.

역사를 고찰해보면 군주 권력의 근원은 계승·혁명·정복·찬위 네 가지가 있다.

조광윤은 조비(曹丕)와 사마의(司馬懿)처럼 군주의 권력을 찬탈한 것으로 집권의 합법성이 부족했다고 봐야 한다. 조광윤은 이것을 잘 알았기에 제2의 조광윤이 생길 것을 우려해 즉위한 후 '술 한잔에 권력을 회수하다'라는 상황을 연출해 개국공신들이 스스로 물러나 정권에 관여하지 않게 했다.

이러한 개국 배경 속에서 송나라는 점점 무력을 꺼리게 되어 억무정책(抑武政策)을 펴게 되었다. 그리고 문필을 숭상하는 가치관이 송나라에서 300년 동안 이어졌다.

더는 군사병력이 조정을 장악하게 해서는 안 된다는 것이 바로 송나라 황실의 포기할 수 없는 가훈이었다. 북방의 위협이 계속되었기 때문에 병력을 없앨 수는 없겠지만, 병력이 조정을 장악하게 할 수는 없었다. 그 때문에 송나라 황실에 역대로 전해오는 또 다른 하나의 가훈은 문인 사대부에게 특혜를 주어 그들이 무인을 지배하게 했다.

태조는 서약을 써서 황실의 종묘에 보관해 두었는데, 그 주요 내용은 "대신과 사관을 죽이지 아니한다"였다. 조광의가 직접 토로하기를 "문관이 아무리 부정부패를 저지른다 할지라도, 그 위험성은 무관의 10분의 1 정도일 뿐이다"라고 했다.

수당 초기 진사를 신설해 해마다 30~40명씩 모집했고, 많아도 100명을 초과하지 않았다. 태조 시기에는 황제가 직접 공사를 면접해 인재를 임명했다.

태평흥국 2년째 진사는 700여 명에 달했다.

진사시험에 응시한 사람은 태평흥국 8년에는 1만 260명에 달했고, 순화(淳化) 2년에는 1만 7,300명에 이르렀다.

송나라 때에 전제정치 제도는 더욱 강화되어 재상 등 대신의 지위는 점차 낮아졌다. 이전에는 세 정승이 앉아서 도를 논했다. 당과 오대 때에는 재상이 황제를 만나 정사를 논할 때, 황제가 자리를 권하고 차를 따라주기도 했다. 재상이 앉아서 이야기를 나누는 것은 송조에 이르러 점차 폐지되어 재상이 황제를 만나면 서서 업무를 보고해야 했다. 그리고 나중에 서 있는 것조차 부족해 무릎을 꿇어야 했다.

역사학자 첸무는 당나라와 송나라의 건국 차이를 비교하면서 다음과 같이 논평했다. "송조 때는 여자로 인한 재앙이 없었고 환관이 정권을 누리는 상황이 없었다." 보아하니 당나라는 송나라보다 못하지만, 당나라는 북조의 흥성하는 기를 이어받았고 송나라는 오대의 쇠퇴하는 기를 물려받은 것 같다.

당나라는 초기에 문화와 교육이 이미 흥성했지만, 송나라는 점점 사치와 향락에 젖어 몰락해갔다.

2. 태조의 죽음: 촛불 그림자와 도끼 소리

조광윤이 후주(後主)의 기반 하에서 남쪽을 정벌하고 북쪽을 토벌해 중국 대부분 지역을 통일했다.

남당(南唐)을 칠 때 후주 이욱(李煜, 937~978)이 사절을 파견해 태조에게 간청하기를 아들과 아버지처럼 송나라를 섬길 의향이 있으니 출병하지 말 것을 요청했다. 그러나 조광윤은 오히려 비록 아버지와 아들과 같다 할지라도 결국은 두 집안이라고 했다. 사절이 재차 논쟁하려고 하니 태조는 말문이 막혀 칼을 빼들고 호통쳤다. "더 이상 말해서 무슨 소용이 있냐? 강남(江南)은 무슨 죄가 있다더냐? 천하가 한 가족이라 하지만 침대 곁에 어찌 다른 사람이 코를 골며 자게 두겠는가?" 그러고는 출병해 남당을 토벌하고 이 후주를 포로로 잡았다. 무력을 기반으로 하지 않고는 어찌 평화가 있겠는가. 이 후주는 정직하고 순진한 문인이었다. 밝은 달 속에서 고국을 더는 바라볼 수 없음을 탄식할 수밖에 없었다.

이처럼 극악무도한 송태조가 의문의 죽음을 맞이할 줄은 그 누가 생각이나 했을까?

중국의 역대 황제의 죽음 중에서 그의 죽음이 가장 신비롭고 기이한 색채를 띤다.

개보 9년(976년) 10월 19일의 밤, 음산한 바람이 잦아들고 날씨가 갑자기 변하더니 진눈깨비가 내리기 시작했다. 멀리에서 천둥이 무겁게 울리고 궁전의 촛불이 바람에 이리저리 흔들렸다. 이날 밤, 태조는 동생 조광의를 대전에 불러들이고 환관과 궁녀를 전부 물러가게 했다. 그리고 두 형제가 술을 마시기 시작한다. 촛불 그림자 속에 광의가 자리를 물러나면서 인사를 고하는 듯싶었다. 삼경이 지나자 대전 밖에는 눈이 두껍게 쌓이고, 갑자기 태조가 손에 든 도끼로 땅을 치더니, 큰 소리로 "그렇게 하라! 그렇게 하라!" 하고 외쳤다. 그러고는 침실에 들어 코고는 소리가 크게 들리더니 사경이 되어서 급사했다.

이 역사는 전기적 색채를 띤 소설과도 같았다. 촛불 그림자 아래서 도끼 소리와 함께 죽은 태조는 그 내막이 어떠한지 그 누구도 분명히 알지 못하는 천고에 남을 미스터리가 되었다. 그러나 한 가지 단정할 수 있는 것은 태조는 의문의 죽임을 당했다는 사실이다. 어떤 이는 술을 너무 마셔서 급사했다고 하고, 어떤 이는 조광의의 심복 점성술사가 태조의 죽음을 예언하자 술에 독을 탔다고도 하고, 어떤 이는 송태후와 조광의가 모반을 꾀했다고도 한다.

태조가 죽기 직전에 지른 "그렇게 하라! 그렇게 하라!" 하는 소리에는 이런저런 추측이 난무하다. 우리는 왜 이 말을 했는지는 모르지만 다음과 같이 추측해볼 수 있다. 아마도 태조가 조광의의 행적을 알고 흥분해 숨이 넘어가기 직전에 한 소리일 것이다. 마치 율리우스 카이

사르가 칼을 맞고 쓰러지면서 그가 제일 총애하던 브루투스를 보고 죽기 직전 "브루투스 너마저"라고 신음을 내뱉었던 것과 같은 상황이 아닐까 싶다.

3. 왕위 계승과 '금궤지맹'

태조가 죽은 후 동생 조광의가 왕위를 계승했는데 그가 바로 태종(太宗)이다.

태평흥국 4년(979년), 태종이 북정을 단행해 거란에게 패해 화살을 맞고 도망쳤다. 송군이 밤에 소식을 듣고 놀라 태종의 생사를 모르는 상황에서 어떤 사람은 함께 북정에 참가했던 태조의 아들 조덕소(趙德昭)를 추대해 황위를 계승할 준비를 했다. 태종이 이 사실을 알고 두려움을 느껴 회군한 뒤 덕소를 죽음에 이르게 했다. 2년 뒤 태조의 또 다른 아들인 23세의 조덕방(趙德芳)이 의문의 죽음을 맞는다. 《송사(宋史)》에 따르면 잠을 자다가 죽었다.

덕소와 덕방이 죽자 진왕 조정미(趙廷美)의 황태자 직위도 태종의 고민거리가 되었다. 태종의 오랜 막료(幕僚)는 조정미가 모반을 꾀할 거라고 고했다. 태종이 조정미를 의심하고 경계한 것은 분명해 보인다. 바로 그때 태종은 자신이 파직했던 개국원로 조보를 떠올린다. 조보는 나라를 건립하고 다스릴 때 핵심 역할을 했던 개국원로로 재상직을 겸했다. "논어 반 권으로 천하를 다스린다"고 해 일을 처리할 때 침착하고 능숙했으며 지식 수준이 높지 않았지만 정치 고단수였다.

태종은 조보를 불러들여 독대했고, 이후 조보는 곧 비밀 상소를 올렸다. 아뢰기를 자신이 예전에 상주문에서 황위 계승 문제를 언급했고, 태조와 두태후(杜太后, 태조와 태종의 어머니-옮긴이)의 명을 받아 금궤지맹(金櫃之盟, 맹서를 새겨 후대에 전하다-옮긴이)을 작성해 궁에 보관했다.

이렇게 조보는 태종을 위해 후계자 문제를 해결해주었다. 오래전 앙숙이었던 두 사람은 공동의 권력을 목표로 뜻을 함께하게 되었다. 금궤지맹의 존재 여부와 그 내용에 대해서는 확인할 방법이 없다.

전교병변과 촛불 그림자 아래의 도끼 소리, 금궤지맹은 '송나라 초기의 3대 미스터리'라고 불린다. 시공간을 초월해 그때로 돌아가 볼 수 없기에 후대에 논란이 되면서 이런 미스터리가 송나라 초기에 신비로운 색채를 더해준다.

송나라의 허약한 국방

고대 역사에서 장성은 자연스럽게 생긴 일종의 국경선이다. 장성의 북쪽은 농경 땅으로 적절치 않아서 중원 화하의 사람들은 이 땅에 별 관심을 보이지 않았다. 그러나 유목민족은 원시적인 생활 습성과 강탈, 전투작전이 생활화되었고, 기후 변화에 따른 불안정한 경제까지 겹쳐 중원 일대에 내려와 말을 방목하면서 약탈을 일삼는 것이 그들의 꿈이기도 했다.

중국은 진·한·수·당의 통일과 함께 부강해졌다. 그러나 송조는 비록 통일되었지만, 시종일관 빈곤한 운명을 면치 못했다. 진나라, 한나라, 당나라 때에는 모두 승전했지만 송나라 때는 화친도 도모하기 힘들 만큼 무기력해져서 굴욕적인 조약과 뇌물로 침략을 막아 간신히 평화를 유지했을 뿐이다. 이런 송나라는 거란·여진·몽골이 남하해 약탈하는 먹잇감이 되었다.

979년, 송태종은 북한(北漢)을 공격해 차지한 다음 야심만만하게 거란에게 전쟁을 선포한다. 승전의 여세를 몰아 옛 유운 지역을 되찾으려고 했던 것이다.

요나라의 명장 야율휴가(耶律休哥)가 약한 병사 5,000명으로 적을 유인한 다음 정예병 3만 명이 송나라군의 남쪽 측면에 맹공격을 퍼부어 북쪽으로 몰아갔다. 양측은 고량하에서 격렬한 전투를 벌였는데, 송나라군은 요나라의 공격에 속수무책으로 당해 모든 전선이 붕괴되고 만다. 혼란 속에서 태종은 다리에 화살을 맞고 말을 타지 못해 나귀가 끄는 달구지를 얻어 타고 황급히 도망간다. 조광윤은 요나라 정벌을 준비하거나, 혹은 유운 지역을 요나라로부터 사들이기 위해 적지 않은 자산을 비축했지만, 이번 전쟁으로 그조차도 모두 날리게 된다.

송 왕조는 거란과의 첫 번째 대결에서 패하고 돌아왔는데, 이는 나중에 계속되는 전쟁에서 잇달아 패하게 될 징조를 암시한 듯싶다. 어찌 송나라가 오랑캐들에게 당할 수 있는가, 생각하니 태종은 도저히 승복할 수가 없었다.

마침내 기회는 또 찾아왔고 변경을 순찰하던 첩자가 "거란의 주인이 아직 어려서 모후가 정권을 장악해서 권세부리는 것을 좋아한다"라고 전했다. 태종은 이를 전해 듣고 뛸 듯이 기뻐했다. 마침내 복수할 기회가 온 것이다.

새로 왕위에 오른 요나라 성종(聖宗, 耶律隆緖, 971~1031)은 16세의 군주로 나이가 어려, 승천태후〔承天太后, 953~1009, 예지황후(睿智皇后)와 그녀의 성인 소씨를 따와 소태후(蕭太后)라고도 한다 - 옮긴이〕가 권력을 장악하여 독재정치를 펼쳤다. 그러나 정무를 주관했던 승천태후와 그의 파트너인 한덕양〔韓德讓, 941~1011, 요나라의 이름은 야율융운(耶律隆運) - 옮긴이)은 요나라의 역사상 사회경제, 군사 등 분야에서 새로운 시대를 열고 사회경제와 변방 군사장비 면에서 최고의 전성기를 누렸다. 태종이 제일 좋은 시기라 여긴 때가 오히려 가장 나쁜 시기였던 셈이다.

옹희 3년(986년), 오랜 준비를 거쳐 대군은 출정 길에 오른다. 병력은 동쪽, 정면, 서쪽 세 갈래로 나뉘어 맹렬한 공세로 요나라의 남경을 빼앗았다. 요나라는 병력을 증원해 야율휴가의 지휘하에 송나라군의 동쪽을 향해 반격해왔다. 송나라 군대는 군량과 마초의 부족으로 후퇴해 웅주에서 수비했다.

서로군의 빈번한 승전보에 자극받아 동로군의 장병들이 출전을 요청하게 된다. 그러나 송나라 장수 조빈(曹彬)이 지칠 대로 지친 병사들을 이끌고 탁주에 이르렀을 때, 승천태후가 거느린 대군이 이미 탁주 동북쪽에 주둔해 있었다. 철군하려고 할 때 야율휴가가 정예병을 거느리고 사력을 다해 송군을 추격하여 두 군대가 기구관(岐溝關)에서 격전을 벌이다 송군이 대패한 후 뿔뿔이 도망쳤다.

동로군이 패했다는 소식을 들은 태종은 급히 철군 명령을 내려 중로군의 군사는 무사히 돌아왔지만, 서로군은 환(寰)·삭(朔)·운(雲)·응(應) 등 네 개 주의 주민들을 안전하게 대피시키느라 적진에 남겨져 요나라군의 집중 공격을 받았다.

서로군의 부장 양업(楊業)을 두고 모두 '양무적'이라고 불렀다. 그가 바로 양가장(楊家將) 이야기(홍콩에서 〈천하칠검 양가장〉이라는 영화가 2013년에 제작되기도 했다-옮긴이)의 주인공이다. 양업은 병력을 이끌고 용감하게 싸웠다. 거의 모든 군사들이 전멸하다시피 했고, 선봉 주력 부대의 번미(藩美)가 협력을 약속했으나 늦도록 나타나지 않아 결국엔 싸우다 지쳐서 말에서 떨어져 포로가 되었다. 그는 단식 3일 만에 죽었다.

태종의 북벌이 실패한 후 요나라가 전쟁의 주도권을 장악했지만, 변경 지역의 팽팽한 승부 때문에 요나라 또한 절대적 우세를 차지하지 못했다. 경덕 원년, 요나라 대군이 남하했다. 송나라 조정은 전쟁의 두려움으로 섣불리 결단을 내리지 못했다. 그러나 송나라의 주전파 구준(寇準, 961~1023)의 지휘하에, 요나라의 군대의 진군도 순조롭지는 않았다. 지형을 시찰하던 도중 선봉 대장 소달린(蕭撻凛)이 송나라 군사의 활에 맞아 죽어 전쟁을 치르기도 전에 대장을 잃은 것이다. 처음 전쟁이 시작될 때만 해도 송나라 군사들은 열세에 처한 것처럼 보이지 않았다. 그러나 송나라는 요나라와 맞서 싸울 용기조차 내지 못하고 있었는데 요나라가 평화 담판의 신호를 보내자 태종의 후계자인 진종(眞宗, 968~1022)은 백성을 핑계로 황급히 응하게 된다.

이렇게 전연지맹(澶淵之盟)을 체결한 뒤 두 나라는 서로 형제로 칭하며 송나라는 요나라에 은과 비단을 변상했고 매년 조공을 바쳤다. 전연지맹은 송나라에 100여 년의 평화를 가져다주었다.

요나라가 거둔 큰 수확을 보고 송나라 서쪽에서 두 번째로 강했던 서하는 그냥 보고만 있을 수 없었다. 송나라가 오랜 시간 변방의 수비를 소홀히 하니 범중엄(范仲淹, 989~1052)은 변방을 튼튼하게 방어하고 적과 맞서 싸울 것을 주장한다. 송나라 관원들은 한기〔韓琦, 범중엄과 함께 오랫동안 병사의 일을 맡아 명성이 높아 한범(韓范)으로도 불렸다-옮긴이〕의 집중 공격 전술을 채택했으나 삼천구(三川口)에서 적의 매복 습격을 받아 송나라군은 서하에게 크게 패한다. 송나라가 하루가 다르게 패색이 짙어가는 상황에서 요나라의 중재로 서하도 송나라와 합의를 이룬다. 서하는 송나라에 신하의 예를 취하는 대신 서하의 황제는 하

송대의 지폐(왼쪽)와 인쇄모판

국왕에 봉해졌다. 그리고 송나라로부터 매년 비단과 은, 차를 지급받기로 하는 등 상당한 실익을 거두었다.

긴 전쟁 기간 북송은 줄곧 소극적이었다. 서쪽의 소수 민족에게도 패배했다. 하지만 일본의 눈에 송나라는 여전히 대국이었다. 송나라의 기록에 따르면[1] 일본의 한 선박이 20~30명의 일본인을 태우고 폭풍우에 표류하다가 송나라의 경내에 밀려왔다. 배 안에 탄 사람들은 아름다운 여성을 선발해 주동적으로 송나라에 시녀로 추천했다. 일종의 인종을 개량하는 방법이었다. 이 사료가 진실인지는 판단하기 어렵지만 메이지 유신 후 일본은 틀림없이 부녀자들로 하여금 유럽 백인들을 유혹해 '인종 개량'을 하려는 정책이 있었다. 이로부터 추측건대 송나라에서 '인종 개량'이 있었다는 것도 불가능한 일은 아닐 것이다.

일본의 역사학자 미야자키 이치사다(宮崎市定)는 "송나라는 중국 역사상에서 제일 매력 있는 시대"라고 평가했다. 싸움을 제외하고 송나라는 기타 분야에서 다른 왕조가 갖고 있지 않는 매력이 있다. 송나라는 세계적으로 제일 앞선 과학기술을 갖고 있었으며 4대 발명품

---

1 주혼(周煇), 《청파잡지(淸波杂志)》.

중 활자 인쇄술과 지남침 모두 송조 때 출현했다. 송대에 이르러서는 별처럼 빛나는 문운(文運) 문화를 갖고 있었으며 번영 발달한 경제 무역으로 당시 경성은 온통 창성한 모습 그 자체였다.

"화려한 기방, 드리워진 진주 커튼, 길을 누비고 있는 화려한 마차와 어로를 달리는 귀한 말들, 금과 비취로 눈이 부시고 비단옷이 풍기는 향. 아름다운 음악 소리와 웃음소리가 어우러지는 기방, 찻집과 술집에서 울리는 악기 소리. 전국 각지에서 모여든 상인과 물자들이 어우러져 있다."[2] 이런 번화함은 오늘날 〈청명상하도(清明上河圖)〉에서도 볼 수 있다. 수도 외에 전주 등의 도시는 국제무역의 중심이기도 하다. 송조는 세계 최초로 지폐를 사용했으며 최초로 축구를 했었고 세계 최초로 폭죽을 터뜨리고 세계 최초로 계산기(주판)를 사용했고 당시 세계 최초로 제일 큰 기선을 항행했고 세계 최초로 대포와 수류탄과 흡사한 화약 병기를 사용했고 세계 최초로 과일 나무의 접목을 한 나라다.

왕안석 변법: 북송의 자구책은 성공할 것인가?

송진종 후에 인종(仁宗, 1010~1063)이 즉위했다. 그는 반세기 동안(41년) 멍하게 그저 황제 자리에만 있다가 영종(英宗, 1032~1067)에게 자리를 내주었다. 5년 후 영종이 죽자 신종(神宗, 1048~1085)이 즉위했다. 신종은 황제로서 운명은 그에게 호의적인 것 같았지만, 그가 물려받은 것은 골칫덩어리뿐이었다.

첫 번째로 직면한 문제는 국가재정의 고갈이다.

---

2 맹원로(孟元老),《동경몽화록(東京夢華錄)》서문.

관원, 군사, 놀고먹는 사람들을 먹여 살려야 하다 보니 송조의 재정은 점점 지탱하기 힘들어졌다. 관원들의 부정부패를 뒤로하더라도 무인을 폄하하고 억압하기 위한 문신에 대한 과한 처우는 무거운 재정 부담으로 돌아왔다. 당나라는 과거시험에서 진사에 통과된 사람은 관원이 될 자격만 주었고, 이부(吏部)의 신(身)·언(言)·서(書)·판(判) 등 여러 차례 선발을 통해 조건에 맞는 사람만 관직을 맡을 수 있었다. 그러나 송대에는 시험에 통과되면 바로 관직을 하사했으며, 재정에서 일정 부분을 각출해 문신의 월급과 각종 수당을 지급했고 수시로 액수를 올리기도 했다. 당시에 "관리에게 가는 장점은 부족함이 있을까 걱정하고 백성들에게 갈취한 재물은 조금도 남김이 없어야 할 것"이라고 말하기도 했다. 송조에서 관리를 얼마나 우대했는가를 엿볼 수 있는 대목이다. 송나라의 장원급제는 군사 수십만 명이 변방 오랑캐를 물리치고 승전해 포로와 전리품을 종묘에 진상하는 공로에 못지않았다.

군사경비 지출은 또 다른 재정 부담이었다. 중앙집권을 강화하고 군벌 할거를 막고자 송조는 군권을 중앙에 집중해 갱수법(更戍法)을 실시했다. 정기적으로 군사를 유동 배치해 수비하게 함으로써 장군과 군사들이 서로를 파악하지 못하게 했다. 그로 인한 효율성과 전투력의 저하는 짐작이 갈 것이다. 또한 군사들이 말썽을 일으킬 것이 두려워 돈으로 질서를 유지하고자 했다. 군대는 백성들의 불만을 해결하고 어려운 사람들이 취업하는 자선기구로 전락했다. 송조 때는 상비군이 100만 병을 넘어 역대 어느 시대보다 군인은 많았지만, 막상 전쟁을 하면 매번 패배했다.

관원, 병사를 먹여 살리려면 많은 경비가 필요했다. 게다가 전쟁에서 패한 뒤 바쳐야 할 조공까지 겹쳐 북송의 재정은 바닥을 드러내기 시작했다. 그러나 북송은 토지제도를 정비하지 않고 불법 점거를 방치해 가난한 자는 더 가난해지고 가진 자는 갖은 방법을 동원해 부역을 피했다. 이는 당시 송나라 사회가 오랜 기간 가난이 누적되고 쇠약해지는 원인이 되었다.

군사적 실패와 재정 곤경에 처한 것은 사실상 송조의 부패하고 어두운 면을 반영한다. 전한은 건국한 지 100년 후인 무제 시기에 제일 강성했지만, 건국한 지 100년도 안 되는 북송은 이미 재정이 고갈되는 국면에 처했다. 만약 개혁하지 않는다면 국가는 백약이 무효한 상황이었다.

위기에 처하자 송대 사대부는 두 차례 개혁을 주도했다. 바로 범중엄이 주도한 '경력신정(慶曆新政)'과 왕안석(王安石, 1021~1086)이 주도한 '희녕신법(熙寧新法)'이다.

'경력'은 당시 인종의 연호다. 인종은 개혁에 목말라 있던 터라 범중엄의 방안을 보자마자 바로 시행을 명령했다. 경력신정은 정치개혁을 중심으로 관리의 승진제도를 엄격하게 시행할 것, 요행수를 억제할 것, 과거제도를 엄격하게 시행할 것, 지방장관을 잘 선택할 것 등 열 가지가 있었다. 그러나 반대파의 공격 때문에 실패로 돌아갔고 효과는 미미했다. 왕안석의 신법은 부국강병을 목적으로 '경력신정'보다 더욱 근본적이고 전면적이었다.

북송의 정계, 나아가 중국 역사상에서도 왕안석은 강직한 인물이었다. 과거시험 결과가 발표될 때 그는 침착했으며 성적을 보러 가지도 않았다. 아마 그는 하늘이 대업을 내릴 것이라 생각하고 과거시험에 크게 연연하지 않았을 것이다. 진사에 합격한 후 왕안석은 황제 신

왕안석의 초상

변에서 일하게 되었는데, 모두가 부러워하는 이 일을 그는 거절하고 자원해 하층 관리 업무를 맡았다. 그는 고위 관원들과 사사로운 정을 맺지 않았다. 한번은 포청천(包靑天, 999~1062, 한국에서는 1990년대 중반에 〈판관 포청천〉이 방영되어 인기를 끌었다-옮긴이)이 함께 술을 마시자고 했는데 왕안석은 술을 입에 대지 않는다는 이유로 거절해 포청천을 난처하게 했다(그 술자리에서 평소 술을 마시지 않는 사마광마저도 한잔을 마셨다). 재상에 올랐을 때도 그는 호화로운 생활과는 담을 쌓았으며, 계속해 검소한 생활을 했다. 검소하게 옷을 입고 소박하게 먹었다(반찬은 가까운 곳에 있는 것만 먹었으며 다른 반찬은 건드리지도 않았다). 그는 미신이나 경서를 믿지도 않았고 황제를 거역하는 것도 두려워하지 않았다.

왕안석이 이렇듯 독단적으로 행동할 수 있었던 것은 그가 큰 이상을 품었기 때문이다. 왕안석의 이상은 구체적인 정치책략을 넘어서 당대의 정치를 개혁할 뿐만 아니라 더 나아가 고금학술을 개혁해 사람들의 사상관념을 바꾸려는 데 있었다.

이 때문에 그는 자신의 저서에서 학설의 이론 체계를 세우고 고전 서적의 주석을 다시 달고 심지어 과거시험을 폐지하고 선진 시기의 학교제도를 부활시키려 했다.

송조는 유가학설의 영향을 받은 덕치시대다. 송조의 당파싸움은 도덕적 잣대로 평가하는 것을 좋아했다. 정책 논쟁도 최종적으로는 품성으로 귀결됐다. 학술사상과 정책 책략 면에서 서로 의견이 다르면 종종 타인을 배척해 '간사'한 사람으로 몰았다. 일류의 문인들과 벼슬과 거리가 멀었던 정객 소순(蘇洵, 1009~1066)과 소식(蘇軾, 蘇東坡, 1037~1101) 부자도 그러했다. 정이(程頤)는 낙학파(洛學派)에 의해 성인으로 추대되었지만, 소식은 "나는 정이 같은 간신배들을 증오한다"라고 말했다.

이런 생존 환경 속에서 왕안석에 대한 질책과 공격은 당연히 집중적으로 쏟아졌지만, 그는 세속에 구애되지 않아 상대방에게 약점을 잡히지 않았다.

소순은 〈간교함을 논함〉이라는 문장을 써서 왕안석을 빗대어 이야기했지만 유력한 증거는 대지 못한 채 "모든 일에서 인간의 도리를 다하지 않는 사람은 보기 드문 간사한 사람이다"라는 빈말만 늘어놓았다. 그러나 상대방에게 약점을 잡히지 않았다는 점이 다행일 수도 있겠지만 왕안석은 이러한 정쟁의 소용돌이 속에서 외롭게 싸우며 점점 힘을 소진해갔다.

20세의 신종은 혈기왕성했고 강국의 웅대한 포부를 품고 왕안석과 함께 신법을 실행했다. 왕안석은 당시 시대적 병폐에 초점을 맞추고, 재정관리(균수법, 청묘법, 농전수리법, 방전균세법, 시역법 등), 강병(보갑법, 보마법, 무기감법), 인재 육성(과거신법, 삼사법, 삼경신의) 등 세 분야를 개혁하고자 했다. 그러나 변화는 하루아침에 이루어지기 어렵듯이 고질병으로 얼룩진 사회에서 개혁은 실천 과정에서 많은 문제를 드러냈다. 희녕 6년 7월, 가뭄이 들자 백성들이 개봉성(開封城)으로 물밀듯이 밀려들었다. 가혹한 재난 앞에서 사람들은 너도나도 신법 대책의 번거로움과 실효성에 의문을 가졌다. 개봉의 안상문을 지키는 정협(鄭俠)

이 청묘와 시역 등의 병폐를 직언하고 고통 받는 농민들을 위해 신종에게 당시 상황을 손으로 그려 전달했다. 그리고 "신의 그림을 보시고 신의 말을 들어주시어 열흘 동안 비가 오지 않으면 제 목을 잘라 문밖에 걸어주십시오"라고 청했다. 신종은 이를 보고 탄식하며 잠을 이루지 못했다.

신종은 동요했지만, 어쩔 줄 몰라 그림이 그려진 두루마리를 왕안석에게 말없이 건넸다. 정치개혁의 연못에서 왕안석은 몇 번을 가라앉았다 떠오르고, 쫓겨났다가 복직되기를 반복했다. 하지만 결국 신법은 실패했다.

왕안석이 제시한 개혁정책은 현대인의 안목으로 보면 창의성이 있으며 가능성도 있다. 하지만 전국 시기의 오기, 제나라 위왕, 조나라 무령왕, 상앙의 변법은 성공을 거두었는데 왜 왕안석은 실패했을까? 진지하게 생각해볼 가치가 있는 문제다.

권력의 정점에 있는 신종은 기층의 일을 해본 적이 없어 실제 상황을 이해하지 못했기에 정책의 좋고 나쁨과 진정한 효과를 판단하지 못했다. 때문에 그는 늘 동요하고 주저하며 어떤 책략도 끝까지 관철하지 못했다. 권력이 황제에게 집중되는데, 정작 황제 본인의 견식, 능력은 갈수록 그의 직권에 걸맞지 못했다.

토론은 정치의 중요한 과정이며 합리적 규칙을 미리 설정해야 한다. 왕안석이 처한 북송의 정계에서 토론은 치열했지만, 최종적으로는 전부 인신공격으로 변해 과학적 방식으로 결론을 도출할 수 없었다. 송 왕조의 토론은 규칙이 없어 쉽게 도덕 문제로 변질되었고, 도덕 문제는 말로써 명확하게 설명할 수도 없는 것이었다.

신법의 실질적 효과는 어떠했는가? 데이터와 증명할 수 있는 측량 도구 없이 토론하는 양측은 각자 자신만의 논리만 주장했다. 토론의 중재인 역할을 맡은 신종은 시달리다가 몸과 마음이 지칠 대로 지쳤다. 만약 시대적 공간을 넘어 송조 사람에게 미국 육군 준장 출신 헨리 마틴 로버트(Henry M. Robert)가 쓴《로버트의 토의절차 규칙(Robert's Rules of Order)》을 읽게 했다면 상황은 더욱 나았을 것이다.

양측의 주장은 모두 뒷받침할 만한 근거가 부족해 토론의 혼란을 초래했다. 예를 들면 사회의 재산 총액이 고정적인가 아니면 증가하는가에 대한 기본 문제에서 양측 모두 합의를 도출할 수 없었다. 왕안석은 정책이 합당하면 사회적 재산은 안정적으로 증가할 것이라고 보았고, 사마광 등은 사회적 재산의 총액은 고정적 수치라서 관원들이 많이 가져가면 백성에게 적게 돌아가기 때문에 개혁은 백성들의 재산을 두고 벌이는 영합게임(zero-sum game)이라고 주장했다.

사실 경제학의 실증적 연구를 토대로 현대인은 재산 총액이 증가한다는 사실을 잘 안다. 그러나 옛날 사람들은 이 결론을 논증하기 힘들었다.

왕안석은 인치의 프레임 속에서 개혁을 진행하다 보니 소용돌이에 휩쓸렸고 그 결과는 예상했던 바다. 관료집단을 관리, 감독하는 법체계가 마련되어 있지 않은 상황에서 진행되는 개혁은 관료집단의 주머니만 채워주고, 하층민들은 더 많은 억압과 착취를 받게 될 것이다. 이것이 바로 왕안석의 적수들이 비판하는 이유이기도 하며, 그들의 이러한 비판 또한 근거가 없는 것도 아니다. 예를 들면 민병제인 보갑제도(保甲制度)는 본래 상앙을 본받아 만든 제도로 고도로 훈련된 민병들에게는 장점이 되었지만, 관료들에 의해 장악되면서 백성에 대한 억압으로 바뀌었다. 왕안석이 추진한 청묘법은 현대의 소액대출제도와 흡사하다. 이런 현재 은행제도와 비슷한 방안이 제대로 운영되려면 반드시 신용·법치·책임 같은 규칙이 서로 어우러져야 하지만 왕안석의 시대에서는 이러한 사회적 분위기와 보장이 전혀 없었다.

북송 정계에는 기본적인 가치관에 대한 공감대가 형성되어 있지 않았다. 유생의 복고 가치관은 송조에서 절대적인 통치적 지위를 차지하고 있었다. 사마광 같은 사람들은 강력한 군사력에 반대했는데 북송이 서하를 상대로 거둔 유일한 승리는 사실 왕안석 변법의 성과다. 하지만 사마광은 왕안석에게 "이민족을 침략"했다는 공격을 퍼부었다. 왕안석은 춘추·전국 시기의 법가의 개혁가와 인식을 같이한 부분이 있었는데, 이것 또한 유생들을 자극해 벌집을 쑤신 격이 되었다.

변법을 둘러싸고 치열한 당파싸움을 했다. 당파싸움은 예전부터 있었다. 당조 시기 우이당쟁은 십수 년간 진행되었는데, 이것은 규칙도 없고 무질서한 헐뜯기 식 싸움이었다. 희녕변법 후에 신법당(新法黨)과 구법당(舊法黨)은 인사권을 둘러싸고 당쟁을 벌여 송 왕조의 원기를 크게 손상시켰다.

왕안석 신법의 실패로 대송은 자체적인 혁신 능력을 잃어 점점 몰락의 길을 걷는다. 유가학파의 의식 형태가 사회 전반에 퍼진 제국에서 국가를 정비하는 새로운 방법을 제기하는 사람은 거의 없었다. 설사 방법을 제시했을지라도 모두에게 집중 공격을 받았다. 천재임과 동시에 현자이기도 한 왕안석은 당시 극소수의 깨어 있는 정책 입안자이기도 하다. 그러나 그가 거대한 수렁에서 사회를 건져내지 못했으니 북송의 운명은 빤한 것이 아닌가.

굴욕적인 패배: 정강의 변과 송의 남도

정강 2년 4월, 송나라 휘종(徽宗, 1082~1135)과 흠종(欽宗, 1100~1161)
은 하얀색의 죄수복을 입고 머리가 산발이 된 채로 북쪽을 향해 가
고 있었다. 해가 지고 바람이 불자 하늘 저편에 핏빛의 노을이 보이고
석양이 이 두 부자의 무거운 그림자를 깊게 드리웠다. 그들 뒤로는 황
후, 비빈, 태자 그리고 대신과 공예가와 광대 등 형형색색의 사람들이
뒤따랐다. 십여만 명이나 되는 포로들의 울음소리는 세차게 흐르는
황하처럼 그칠 줄 몰랐다. 그들 뒤로 보이는 개봉성은 이미 인간 지옥
이 되어 있었다. 북송은 이로써 역사의 저편으로 사라진다.

운명은 이렇듯 예측할 수 없다. 어제까지만 해도 휘종은 황실의 화
원에서 자신이 만든 독특한 서체인 수금체(瘦金體)를 쓰면서 소주에
서 보내온 화석을 감상했다. 이 화석을 강탈하고자 강남 부호들은 거
의 파산 직전에 이르렀으며, 집과 정원의 담벼락은 강제적으로 부서
지고 화석은 배에 실려져 머나먼 여정을 거쳐 황제가 있는 수도로 옮
겨졌다. 이런 민간 약탈 상황을 휘종은 알 수도 있고 모를 수도 있었
겠지만 개의치 않았다. 모든 것이 어제 있었던 일들 같은데, 눈 깜짝
할 사이에 그는 망국의 황제가 되어 금나라군의 포로가 되었다.

북송의 자체적 개혁이 실패로 돌아갈 무렵 외부의 상황도 급변했
다. 거란의 세력이 약해지고 북쪽의 패왕 지위도 점차 흔들리기 시작
했다. 동북쪽의 여진족들은 요나라의 압박에 못 이겨 항쟁에 나섰는
데, 의외로 요나라 군대들은 연달아 패배해 여진족들은 나라를 건립
하고 '금'이라고 칭했다.

송나라는 요나라와 전연지맹을 맺은 후 100여 년의 약세와 평화를
유지했다. 여진족이 군대를 일으켜 요나라에 대적하면서 송나라 조정

의 사절은 바다 위에서 그들과 밀약을 체결해 남북으로 협공하기로 했다. 이는 분명히 유운 일대의 영토를 되찾을 수 있는 기회이기도 했다. 그러나 송나라 군사들은 행동이 느리고 허약해 적의 공격을 견디기에 역부족이었다. 북방의 여진족은 파죽지세였지만, 남쪽의 송나라 군사들은 요나라 군사들에게 호되게 당했다. 요나라를 협공하려던 송나라 군사들은 병약함이 그대로 드러났고 왕안석이 모아두었던 재정도 거의 소진했다.

요나라가 위태해질 때 요나라 사신이 송나라 병영에 가서 화친을 요구했다. 그는 세 가지를 이야기했다.

첫째는 금나라가 더욱 횡포해졌는데, 만약 요나라가 망한다면 송나라에 득이 될 것이 없다는 것이었다. 둘째는, 이미 금나라가 강성하고 요나라가 쇠약해져 있는 상황에서 송나라와 요나라는 연합해 금나라에 대적해야 한다는 것이었다. 셋째는 실질적 이해관계를 떠나 도의적으로 볼 때 금나라는 본래 요나라에 종속되었는데 병사를 일으킨 것은 모반으로 보아야 할 것이며, 요나라는 응당 진압해야 한다는 것이었다. 즉 송나라가 금나라를 돕는 것은 도의상으로 볼 때 말이 안 되는 일이라는 주장이었다.

도의상 어찌 되는지 세세히 따질 필요는 없지만, 요나라 사절이 형세를 정확히 분석했다. 송나라는 요나라와 금나라 사이에서 줄다리기 게임을 잘해야 했다. 어느 편이 약하면 약자의 편을 들어 요나라와 금나라가 서로 병력을 소모하게 만들어야 했다. 그러나 송나라 조정의 정책 결정 수준은 송나라 군사들의 전투력과 마찬가지로 보잘것없었다. 송나라 조정 측은 요나라 사절을 내쳤다. 요나라 사절은 슬피 울면서 "송과 요 두 나라는 100년 화합을 약속하고, 서약의 글로 명

명백백 적혀 있는데 어찌 국가를 기만하고 하늘을 기만하려 드십니까?"하고 말했다.

두 나라 간의 협약은 쉽게 파기될 수 있었다. 왜냐하면 국익은 항상 상황에 따라 변하기 때문이다. 예전 중원 황제들은 자발적으로 서약을 파기하는 경우는 드물었고, 대부분 북쪽의 유목민족이 변덕을 부려서 파기되었다. 그러나 이번에 송나라는 하늘이 내린 벌을 받을지언정, 신용을 지키려고 하지 않았다. 하지만 이 또한 어리석은 행동이었다.

여진족은 빠른 속도로 강대국이 되어갔다. 병사를 일으켜 요나라를 멸망시키기까지 10년의 시간밖에 걸리지 않았다. 상상할 수 없을 만큼 그들의 기세는 날카롭고 예리했으며 대단했다. 나중에 몽골과 남송의 협공으로 왕조는 소멸되었지만 역사에서는 사라지지 않다가 400년 후 재차 군사를 일으켜 중원으로 남하해 중화권을 정복해 청 왕조를 건립했다.

요나라는 모두 아홉 명의 군주를 거쳐, 209년 만에 막을 내렸다(요나라가 멸망한 뒤 잔류 세력이 폐허에 서요국을 건립하고 88년간을 이어서 통치했다). 북송 군주와 대신들이 바다에서 연맹을 맺고 유운 지역을 되찾을 꿈에 부풀어 금나라가 유운 지역을 인도해주기를 기다릴 무렵 그들은 정치는 실력으로 말해야 한다는 기본적 진리를 잊고 있었다. 금나라는 당연히 유운 지역을 송나라에 돌려줄 리 없었다.

유운 지역의 일로 송, 금 두 나라는 모두 불만이 가득했다. 실력이 뒤지는 북송으로서는 생각은 가득하지만 힘이 따라주지 않는 상황이었다. 한편으로는 최대한 교섭에 공들이면서 또 다른 한편으로는 굴욕을 참을 수밖에 없었다. 그러나 송조라는 고깃덩어리에 눈독을 들여온 금나라는 점점 과분한 요구를 해왔고 전쟁을 도발해왔다. 이렇게 되어 요나라와 송나라의 굴욕적 역사와 함께 금나라와 송나라의 굴욕적 역사도 끝을 맺고 북송은 멸망한다.

금태종(太宗, 完顔晟, 1075~1135)이 송나라를 토벌하기로 선포하자 43세의 휘종은 장자 조환에게 황위를 물려주었는데, 그가 바로 흠종이다. 흠종은 조서를 내리며 정사를 보기 시작했고, 새로 위임한 병부시랑 이강(李剛)에게 동경을 지키게 했으며 개봉을 수호하는 전쟁을 이끌게 했다.

그러나 휘종이 강남으로 피난 갔다는 소식을 전해들은 흠종은 산서로 도망가기로 계획했지만, 이강의 권고로 그 계획을 포기한다. 이강은 위기를 앞두고 명령을 받들어 사나흘에 거쳐 동경의 방위를 공고히 했으며, 송나라 군사는 방위를 철저히 해 많은 금나라 군사들이 죽거나 다쳐서 공략하지 못하게 했다.

금나라 군사는 사태가 여의치 않자 사람을 보내 화친을 요구했다. 흠종은 화친을 제안받고 감격했다. 재상 이방언(李邦彦)도 금나라의 요구 조건을 들어주는 대가로 화를 면하고자 했다. 오직 이강만이 결사적으로 반대 입장을 고수했다. 흠종은 화친의 문제는 천천히 의논하기로 했다. 하지만 이강이 성을 수호할 목적으로 대전을 떠나자, 흠종은 바로 사절을 금나라 진영에 파견해 돈을 바치고 땅을 할양해주는 등의 모든 조건을 들어주면서 화친을 요구했다. 사실 이때 각 지역 병사들이 속속 도착했으며 명장 종사도(種師道)도 그 안에 있었다. 종사도는 그 시대 이름난 군신이었다. 《수호전(水滸傳)》에 등장하는 노지심(魯智深)의 상급 지휘관 '안무사(安撫使)'가 바로 그를 가리킨다. 전횡을 일삼은 노지심이지만 그의 지휘관을 언급하면 존경심을 나타내곤

했다. 《수호전》은 민간에서 전해오는 이야기지만, 이러한 스승에 대한 도리는 송조의 사람들 마음속에 위엄 있게 자리 잡았다.

이강의 방어 능력과 종사도의 재략을 놓고 보면, 이때 동경의 군왕과 신하는 두려워하지 말았어야 했다. 또 다른 명장 요평중(姚平仲)은 공을 세우기에만 급급해 흠종을 설득해 기병을 보내어 상대방의 진영을 치라고 했지만, 정보가 흘러나가 오히려 기습을 당했다. 사실 송나라 군사의 이번 손실은 크지 않았지만, 이 실패 때문에 원래 사소한 일에도 겁을 내며 위축되는 흠종은 '금나라를 두려워하는 증상'이 재발되었다. 금나라 완안종망(完顔宗望)은 기회를 틈타 압력을 가했고 놀란 흠종은 황망히 출정을 철회한 뒤 금나라에 사절을 파견해 사죄하고 세 개의 진을 바쳤다.

사절로 파견된 자는 누구인가? 바로 훗날 남송을 세워 황제가 되었던 송고종(高宗) 조구(趙構, 1107~1187)다.

사절로 파견된 그는 두려움에 매우 떨었으며, 이런 영향을 받아 평생 금나라에 대적하려는 용기가 좀처럼 회복되지 않았다.

금나라 군사가 퇴각하자 송조의 대신들은 다시 암투를 시작했다. 종사도가 연로하다며 관직을 그만둘 것을 종용했다. 종사도는 관중, 양하의 병사들을 합쳐 퇴각하는 금나라 군사를 황하 요지에서 일망타진해야 한다고 건의했지만 묵살됐고 흠종은 그를 파면했다. 금나라가 태원을 공격하자 흠종은 종사도를 대신해 이강에게 태원의 상황을 해결하게 하자 조정에서 그를 배척했다. 그런데 조정에서 직접 군을 지휘하는 탓에 장수들도 이강을 따르지 않았다. 이강은 군을 통솔하지 못하게 되자 격분해 사직한다. 이렇게 전쟁과 방어에 출중했던 두 사람이 모두 조정을 떠나게 되었으니 북송은 무엇으로 금나라 군사를 대적할 수 있겠는가. 같은 시기에 흠종과 휘종 두 부자도 권력을 놓고 다투었다. 이처럼 북송에서는 마지막까지 단결해 적에 대항하는 모습을 찾아볼 수 없었다.

철군하던 금나라 군사들은 북송의 부패와 무능을 파악하고, 그해 8월 동서로 나뉘어 재차 공격해 온다. 태원을 정복하고 황하를 건너 개봉까지 쳐들어왔다. 그 무렵 동경성 안에서는 무릎 꿇어 화친을 주장하는 오합지졸들만 남았을 뿐이다. 흠종은 이때서야 이강이 생각나서 급히 불렀지만, 이강은 응하지 않았고 동경은 함락되었다.

금나라 군사는 성 안의 말들과 무기들을 압수했고, 송나라는 대항할 능력을 상실했다. 금군은 맘껏 송나라를 짓밟고 유린했다. 개봉성은 인간 지옥으로 변했다. 《개봉부장(開封府狀)》에 따르면 금나라 병사들은 변경을 둘러싸고 공격해 양민을 학살하고 포로를 잡아들이거나 부녀자를 겁탈하는 등 만행을 서슴지 않았다. 이 기간 6,000여 명의 여자를 포로로 삼았는데 궁녀와 후궁 3,000여 명, 민간 미녀 3,000여 명이었다. 그중 공주만 해도 21명이었다. 이 치욕스런 사건을 '정강(靖康)의 변(變)'이라고 한다.

다행스러운 일은 동경성 어떤 이의 제안으로 정강 원년에 재상직에 2개월 있었던 장방창(張邦昌)이 황제로 책립되어 도성이 몰락하는 화는 면하게 된 것이다. 그러나 휘종과 흠종 두 황제는 인질로 잡혀 금나라에 압송되는, 본 장의 시작 부분에서 묘사한 상황이 벌어진다.

북으로 향하는 길에 몇 명의 황실 여자가 말에서 낙마해 유산을 하게 되었는데, 그중에는 조구의 아내 형병의(邢秉懿)도 있었다. 도착 후 조구의 생모 위현비와 황후 형병의, 후궁 강취미와 두 딸 조불우, 조신우 등 300여 명의 황실 여자들은 기방에 보내졌다. 흠종의 주황후는 모욕을 참지 못해 물속에 몸을 던져 죽었다. 형병의는 몇 년이 지난 후 병으로 죽었다. 조구의 생모 위현비는 나중에 남송으로 송환되어 항주에서 80세까지 살다가 세상을 떠났다.

금군이 북으로 돌아간 다음 날(4월 2일) 장방창은 원호문의 건의에 따라 사람을 파견해 강왕 조구를 방문하여 그를 황제로 받아들였다. 그리고 9일 철종(哲宗)의 폐후 맹씨를 입궁하게 해 원우황후로 삼고 수렴청정을 하게 한 뒤 자신은 직위에서 물러났다.

금나라는 당연히 고종이 사태를 안정시키는 것을 좌시할 수 없었다. 건염 3년 2월 완안종망이 재차 양주를 공격했다. 송나라 군사들은 대패했고 고종은 남쪽으로 도망갔다. 금나라 군사는 항주·월주·명주·정해·창국·태주를 거쳐 뒤를 끈질기게 쫓아다녔고, 고종은 절강성 경내에서 이리저리 숨어 다녔다. 김올술(金兀術)이 명주를 공략하고 모든 곳을 다 뒤져서라도 조구를 잡으려고 할 때 폭풍을 만나 송나라 군사들에게 패했다. 금나라 군사는 또한 황천탕(黃天湯)에서 송나라 명장 한세충(韓世忠, 1089~1151)에게 패하고 더는 싸울 여력이 없어 북쪽으로 퇴각한다. 고종은 이후 조정을 임안으로 옮김으로써 송나라 황실 남도는 마침내 완성되었다. 역사는 이와 함께 남송 시기로 들어선다.

송나라 무인의 운명

송대의 특수한 시대에 무장이 되는 것도 어렵거니와 충성과 의리를 지키는 무장이 되는 것은 더더욱 어렵다.

군권과 정권의 관계는 줄곧 해결하기 어려운 난제여서 이런 상황에서 능력 있는 무장으로 생존하는 것은 어려운 일이다. 충성을 바쳤던 무장들이 갑옷을 벗고 귀농하는 괜찮은 결말을 맞은 경우가 있는가 하면 원한을 품고 억울하게 죽음을 맞이하게 되는 불행한 경우도 있다.

송태조 조광윤은 권력을 찬탈한 후 군권이 정권을 움직일 수 있다는 것을 깨닫고 무인에 대해 항상 경계해왔다. 송나라 시대에 문신들은 많은 기회가 주어져 중용되거나 승진했지만, 무장들은 반대로 억압을 받고 제도적으로 병사 통솔권과 병력 이동권이 분리되었다. '갱수법(更戌法)은 또한 무장과 병사들을 서로 분리해놓았다. 이로 인해 무장들이 할거와 정권을 찬탈하는 내부적 우려는 없어졌지만, 외환은 더 심각해졌다. 이처럼 숨 막히는 체제는 나중에 중원 제국이 유목민족에 점령당하는 생존의 위기를 초래한다.

송대의 무장들은 이런 사회적 배경에서 살아갔다. 외부의 침략을 막아야 하지만, 동시에 군주의 의심을 받아 사지가 묶인 나무 인형처럼 실의 한쪽은 황제가 쥐고 있어 그들은 자유롭게 팔다리를 쓰지 못하는 형상이었다. 외부 침략과 군주의 의심, 소인배들의 모함 속에서 무인들의 비장한 운명의 교향곡이 울려 퍼졌다.

중국 역사상에는 천재(天才)가 많았다. 송나라도 마찬가지다. 군사 영역에서 많은 천재가 나타났는데, 남송의 엽적(葉适)은 이렇게 말한 적이 있다. "적청과 악비 등과 같은 명장들이 수백 년에 한 번 나올까 말까 하는데 그 뒤를 이을 사람은 극히 드물다. 이는 그들의 생사존망과 관련된 원인이기도 하다."

그렇다면 이 사직이 소개하는 두 무장의 운명은 어떻게 된 것인가?

적청(狄靑, 1008~1057)은 북송시대의 서하(西河) 사람이다. 얼굴에 문신을 새겼기 때문에 사람들이 '검은 얼굴의 장군'이라 불렀다. 미천한 출신으로 말을 잘 타고 화살을 잘 쏘았다. 용감하고 지략에 능했으나 준수하게 생겨 적에게 위엄 있어 보이지 않았다. 그리하여 매번 전쟁 때면 머리를 풀어헤치고 동으로 된 가면을 썼다.

송나라와 하나라(서하, 西夏)의 전쟁에서 앞장서 적진에 뛰어들었으며 큰 부상을 입었지만 뒤로 물러서지 않았다. 20여 차례 치른 전쟁에서 서하군이 소문만 들어도 겁에 질릴 정도로 송나라를 위해 큰 공을 세웠다. 이 때문에 중용되어 특별 영예직 추밀부사(樞密副使)직을 맡게 되었는데 현재의 부사령급에 해당한다. 장족 수령농지고를 평정하는 과정에 실패는 있었지만, 적청은 뛰어난 군사적 재능과 지휘능력으로 위험 앞에서도 당황하지 않고 침착하고 냉정하게 대응했다.

적청의 군대 생활이 점점 순조롭게 되어갈 무렵 '무관에 대한 공포증'을 갖고 있는 송나라 문인들은 날조된 유언비어를 퍼트렸다. 적청의 개가 뿔 두 개를 가지고 태어났고 수시로 빛을 뿜는다든지, 경사에 홍수가 나자 적청이 물을 피해 상국사 불당에 거주한다는 등의 소문을 낸 것이다. 결국 적청은 진주지주(陳州知州)로 좌천되었다. 송나라의 《청파잡지(清波雜志)》에 따르면 적청은 떠나기 직전 침통한 마음으로 친구에게 "이번 행차에 필히 죽음을 맞게 될 것이다"라고 했다. 친구가 그 이유를 물으니 그는 "진주는 유명한 배 생산지인데 '청사란 (青沙爛)'이라고 한다. 이번에 진주에 가면 '나'라는 '청'은 그곳에서 썩게 될 것이다"라고 대답했다. 얼마나 오싹한 예언인가.

조정에서는 이 무장에 대해 안심할 수 없었다. 그래서 달마다 두 번 사람을 보내 위문했다. 말이 위문이지 사실은 감시였다. 그가 어느 곳에서 무엇을 하든 그를 지켜보는 한 쌍의 눈이 그림자처럼 따라 다녔다.

수많은 적을 물리치고 혁혁한 공을 세운 인재 적청이지만 멀리 변방으로 유배를 오게 되니 죄수와 다를 바 없었다. 진주에서 지내는 나날 동안 그는 밤새 탄식을 하며 괴로워하다 마음의 안정을 찾을 수 없었고, 그 이듬해 진주에서 부스럼 병으로 죽었다.

사실 이런 국가적 명장은 민간에서 떠도는 작은 유언비어에 휘둘려 진주로 좌천시킬 필요는 없었다. 조정에서 적청을 어떻게 처리하면 좋을지 의논할 때, 그는 재상 문언박(文彦博)을 찾아가 자신의 충심을 토로하고 조정에서 어찌해 이렇게 자신을 대하는지 캐물었다. 문언박은 냉랭하게 "조정에서 당신을 의심하는 것이오"라고 답했다. 적청이 죽고 위협이 없어지자 조정에서는 그의 죽음을 애석해하는 마음이 일어 그에게 중서령(中書令)의 직위를 내리고 시호를 '무양(武襄)'이라 했다.

남송 시기의 가장 유명한 무장은 악비다. 악비는 평생 군을 지휘해 금나라에 대항했다. 패배한 적이 거의 없었고(군사상에서 기적이라 불린다) 잃었던 북방의 대부분 영토를 되찾았다. 하지만 나중에는 정치적 수령에 빠져 죽었다.

악비는 상주 탕음 사람이다. 그는 태어날 때부터 힘이 장사라 성인이 되기 전에 300근의 활을 쏘았으며(송금 시기에 이런 힘을 가진 사람은 두 명뿐인데, 다른 한 사람은 여진족의 대장이다. 하지만 그는 성인이었다) 악비는 같은 곳에 사는 무예인 주동(周侗)에게서 무술을 배웠다. 나중에 그 지역에서 그에게 대적할 자가 없었다. 악비는 전투를 좋아해 혼자 앞장서 적진을 향해 나아가 적군의 간담을 서늘케 하고 적군의 마음과 의지를 흐트러뜨렸다. 악비의 작전 스타일은 정면 돌파였다. 또한 소수로 많은 적을 상대하는 데 뛰어나 군사를 통솔해 크고 작은 전쟁

100여 회를 치러 어떠한 어려운 전쟁도 감당해냈다.

송나라 군사들은 심각한 '금나라 공포증'이 있었지만, 오랜 세월 전쟁을 통해 전세가 역전되어 금군은 악비군의 소문만 들어도 무서워하곤 했다. 그때 북방의 의병들이 합심해 황하 남북의 잃었던 땅을 수복했다는 소식이 잇달아 날아왔다. 악비는 부하에게 이렇게 선언했다. "이번엔 금나라 적을 물리치고 황룡부에 이르면 여러분과 마음껏 마실 것이다."

북쪽의 함락이 다가오고 형세는 아주 좋아 보였다.

악비는 주전파(主戰派)의 대표 인물이었지만, 최고 정책 결정 기관의 핵심 관건은 자신들이 국내에서 정권을 보전하는 데 있었다. 고종 조구의 전반적인 정책 노선은 금나라에 화친을 청해 현재 국면을 유지해 자신의 통치적 지위를 보전하는 것이다. 재상 진회(秦檜, 1090~1155)는 그 뜻을 잘 따랐다. 조정에서는 잇달아 악비에게 군대를 철수시키도록 명령했다. 그때 장준(張俊)·한세충(韓世忠)·유기(劉琦) 등은 명령을 받들어 철수했지만, 악비의 군대만 고립되었다. 그는 하늘을 향해 탄식하면서 "10년간 들인 공이 하루 만에 무너지는구나. 얻었던 지방이 모두 수포로 돌아가고 종묘사직이 이로써 부흥하기는 어렵도다. 이 세상 다시 회복할 방법이 없도다."

중원 백성들은 군대가 철수한다는 소식을 듣고 너도나도 울음을 터뜨렸다. 악비는 백성들의 도피를 돕고자 군사들에게 5일간 머물 것을 명했다. 철군한 후 악비를 탄핵하라는 명이 내려졌고, 악비는 살아남고자 모든 군사 요직에서 사임했다. 하지만 악비는 죽음을 면하지 못했다. 고종은 진회와 함께 전체적인 방향을 화친으로 잡았고, 악비는 주전파의 대표로 서로 상극이었다. 이 밖에도 악비는 국가의 대부분 군사력을 장악해 송 황실의 금기를 범했기에 고종은 점차 그를 기피하게 되었다. 오래전에 악비가 유명해졌을 때, 고종은 담소를 나누다가 악비가 충신이라고 감격했다. 진회가 옆에서 듣고 있다가 태조 황제도 북주의 충신이었다고 말하니 고종은 아무 말도 하지 않았다.

조구와 진회, 장군 장준의 계획하에 음모가 꾸며졌고, 곧바로 한 사람이 악비를 고발했다. 그 죄명은 참으로 식상하지만 가장 효과 있는 '반역을 꾀한다'는 것이었다. 송나라 조정은 금위병을 파견해 악비를 잡아다 감옥에 가두었다. 두 달 동안 심문했지만 당연히 아무런 결과도 없었고, 심문을 하던 한 사람은 악비의 등에 새겨진 '정충보국(精忠報國)'의 글귀를 보고 마음의 가책을 느껴 사직까지 한다.

심리 과정에서 악비는 온갖 고초를 다 겪었다. 역사의 사소한 부분은 사람들에게 침통함을 금치 못하게 한다. 고문을 당한 후 그냥 서 있으니 간수가 큰 소리로 호통 치며 똑바로 서라고 했다. 100만 대군을 거느렸던 악비는 바로 명령에 복종했다.

악비가 투옥되었을 당시는 이미 겨울이었다. 하루하루가 지나고 섣달 그믐날이 되자 악비의 옛 장병들이 술을 들고 옥중에 와서 악비를 만났다. 도소주(屠蘇酒, 설날에 마시는 중국 전통의 술)를 보고 악비는 눈물을 흘렸다. 그는 술을 끊은 지 오래되었다며 마지막으로 술을 마신 것이 중원을 수복할 때였다고 말하면서 장병들에게 금나라 수도 황룡부를 공략하게 되면 실컷 마시자고 약속했다. 새로운 한 해, 앞에 놓인 도소주가 그의 인생에서 마지막 한 잔의 술이 되었다.

결정권자인 고종과 하수인 진회는 더는 기다릴 수 없었다. 악비는 분명 죄가 없었다. '만약 있다면'—마땅히 죄가 있어야 했다. 며칠이 지나 진회가 감방으로 쪽지를 써서 보냈다. 곧이어 악비가 죽었다는 소식이 전해졌다. 구체적으로 악비가 어떻게 죽었는지는 사서에서 밝히지 않았다. 민간에 전해오는 말에 의하면 악비는 두 명의 옥졸에 의해 양 옆구리에 강한 타격을 받고 죽었다고 한다. 그때 그의 나이는 39세였다.

악비는 죽은 뒤 가산을 몰수당했는데 재산은 얼마 없었고, 몇천 권의 책만 남아 있을 뿐이었다.

한 가지 사실을 더 밝힌다면 오늘 항주의 악비 묘지 앞에 진회 부부가 무릎 꿇고 앉아 있는 조각상이 있다. 그러나 정의는 진정 실현되지 않았다. 진정 책임을 져야 할 사람은 고종 조구이며 진회는 그다음으로 책임져야 할 사람이다. 진정 역사에 용서를 받아야 할 죄인은 조구이기에 그가 무릎 꿇린 조각상이 있어야 할 것이다.

송나라는 무장을 용납할 수 없었다. 국가가 쇠퇴할지언정 자신의 통치 지위만 유지하기 위해 상무정신을 용납할 수 없었던 대송의 운명은 이미 결정된 것이나 다름없다.

국가기구는 기본적으로 두 가지 기능을 겸비해야 한다. 대외적으로 경쟁력과 민족의 생존을 유지할 수 있어야 하고, 대내적으로 사회를 관리해 민족의 발전을 촉진해야 한다. 그 시기 남송 조정은 백성들을 억압하는 기계가 되어 국가의 기본적인 기능을 수행할 수 없었다.

공권력이 하나의 개인에 의해 철저히 농락당하는 국가, 사회 전반적인 나약함, 부녀자들의 전족을 아름다움으로 여기는 변태적인 미의식을 가진 민족, 도덕을 표방하지만 심성에 대해 공허한 인식을 갖고 있는 사상 체계 등으로 남송은 몰락의 길로 갈 수밖에 없다. 하늘이 내려준 화하는 3,000여 년이 지난 뒤 문화와 제도가 다시금 나라의 운명을 결정했고, 그 결과는 하늘이 무너지고 땅이 갈라지고 신주의 국토가 함락되고 파멸로 가는 생존의 위기를 맞이하게 된다.

애산의 전투에서 패배, 남송 멸망

돌이켜보면 금나라는 북방에 정권을 수립하고 중국의 문화를 적극적으로 받아들여서 어느 정도 성과를 거두었다. 세종(世宗, 完顔雍, 1123~1189)은 북국의 요순이라고 불리며, 국방력뿐만 아니라 문화, 경제를 발전시켰으며 여진족의 상무정신을 강조했다. 그가 죽을 때 국력은 강성해졌고 국고는 재물로 가득했다.

장종(章宗, 完顔璟, 1168~1208) 때는 점점 두 번째의 북송이 되어갔다. 장종은 송휘종의 서예를 숭배했고(수금체로 오인할 만큼 잘 썼다), 종실 대신 중에 어떤 이는 사마광을 숭배하고 어떤 이는 소동파를 숭배했다. 내정에서는 외척들이 총애를 받았으며 권신들이 정치에 간여했고 국내에서는 권모술수의 투쟁이 끊이질 않았다. 금나라 때의 군사·행정제도인 맹안모극(猛安謀克)은 번영기를 누리다가 여진 귀족들이 불로소득을 올리는 등 폐단이 드러나고 부패하면서 변질되어갔다.

북방에서는 몽골인들이 점차 세력을 키워 테무진이 초원의 각 부족을 통일하고 호를 '칭기스 칸'이라 했다. 테무진은 군사를 일으켜 남쪽을 침략했다. 송나라와 금나라가 협공해 요나라를 멸망시키려는 역사가 다시금 재연된 셈인데 다만 주인공이 송나라와 몽골이 협공해 금나라를 멸망시키려는 것으로 바뀌었을 뿐이다.

몽골인들의 공격에 금나라는 수도를 남쪽의 변량으로 옮기고 다시 도망을 쳤다. 흡사 북송 때 '정강의 난'의 복사판이었다. 금애종(哀宗, 完顔守緒, 1198~1234)은 채주로 도망갔다. 몽골과 남송 연합군에 포위된 성 안은 극심한 기근이 들어 사망한 군사들이 모두 군량이 되는 등 참혹함이 이루 말할 수 없었다. 그 후 아홉 명의 군주가 120년간 통치한 금나라는 멸망했다.

요나라와 금나라가 연달아 멸망한 것에 대해 쿠빌라이(忽必烈, 1215~1294, 몽골 제국 제5대 칸이자 중국 원나라의 시조. 칭기스 칸의 손자이다-옮긴이)는 요나라는 불교 때문이고, 금나라는 유교로 인해 상무정신을 잃었기 때문이라고 보았다. 중원에 남아 있던 여진족은 한민족에 융합되었고, 300년 후에 동북에 남아 있던 여진족들은 재차 남하해 중국을 정복하고 청 왕조를 수립했다. 그들은 중원에 두 차례 진출한 소수 민족이었다.

남송을 놓고 보면 금나라의 멸망은 순망치한(脣亡齒寒), 즉 이가 시린 정도가 아니라 이가 완전히 사라져 버린 상황이었다.

1234년 남송이 하남 일대를 진격한 '단평입락(端平入洛)' 사건은 몽골이 송나라를 침범하는 구실을 제공했다. 송나라는 몽골과 전쟁을 벌였는데, 그때 몽골군은 사천까지 깊숙이 쳐들어왔다. 송나라 군사의 조어성(釣魚城) 수호 작전에서 몽골군의 총사령관인 몽케가 전사하자 몽골군의 사기가 꺾였다. 기울기 시작하는 건물을 나무 한 그루로 지탱할 수 없듯이, 지금의 남송은 악비가 있을 때의 전투력을 갖고 있지 않았다. 쿠빌라이는 정권을 찬탈하고 권토중래했다. 악주에서 쿠빌라이가 보낸 사절인 학경(郝經)을 억류한 사건은 남송 군주와 정승이 나라의 대사를 얼마나 어수룩하게 처리했는지 보여준다. 이는 남송이 곧 멸망하게 될 것임을 설명해준다. 양반(襄礬, 현재 중국 중앙부 호북성 지역-옮긴이) 또한 나라를 망치는 무능한 대신들에 의해 적들에게 빼앗기게 된다. 남송은 이미 공격에 쉽게 무너지는 상황에 직면했다.

원나라군의 병력이 수도 임안에 도착하자 익왕(益王) 조하(趙昰)와 광왕(廣王) 조병(趙昺)은 또다시 피난의 길에 올랐다.

남송의 행조(行朝, 피란 중인 조정-옮긴이)는 여러 차례의 곡절을 거쳐 애산(崖山, 오늘날 광동성 신회현 남쪽 바다 가운데 산)으로 옮겼고, 원나라 군사들은 화근을 뿌리째 뽑겠다는 일념으로 끈질기게 추격해왔다. 상흥 2년(1279년), 원나라의 도원수 장홍범(張弘範, 1238~1280)이 남송 추밀사 장세걸(張世傑)의 부대를 포위했다. 양측은 최후의 결전을 준비했다. 장세걸은 노장이지만 병사를 잘 알지 못했다. 그는 쇠사슬로 배 1,000척을 한곳에 묶었다. 결전은 그해 2월 6일에 시작되었다. 그날은 검은 구름이 짙게 깔리고 바람이 많이 불어 모든 것이 불행을 암시하는 듯했다. 원나라군은 세 갈래로 나뉘어 애산을 향해 총공격을 해왔다. 송나라군은 남과 북쪽에서 공격을 받았다. 전쟁은 날이 밝을 무렵에 시작해 저녁까지 지속되었다. 원나라군은 송나라군의 방어벽을 뚫었다. 장세걸의 수군은 크게 당황했다. 그러나 모든 배들이 쇠사슬로 묶여 있어 오도가도 못 하게 되었다. 그제야 밧줄을 풀어 태후를 호위하라고 명했다. 이때는 어둠이 주위를 덮었고 검은 구름이 하늘을 뒤덮더니 갑자기 비가 오고 바람이 불기 시작했다. 차가운 비가 바람과 함께 내리고 사위가 캄캄해 사람의 얼굴조차 알아볼 수 없었다.

그러나 송소제(少帝, 趙昺, 帝昺, 1272~1279)가 탄 배는 적함에 의해 중간에 고립되었고, 장세걸은 가까이 접근할 수 없어 작은 배 한 척을 보내 돕게 했다.

송소제가 탄 배에는 승상 육수부(陸秀夫)의 아내와 아들도 타고 있었다. 비바람 속에서 육수부는 어렴풋이 가까이 오는 작은 배를 보았다. 도망갈 수 있는 유일한 기회를 앞에 두고 그는 주저했다. 만약

저 배가 원군이 사칭한 것이라면, 원나라 진영에 포로로 잡혀가 온 갖 수모를 당할 것이니 차라리 죽어버리는 것이 나을 것이다. 그는 허리에서 칼을 빼들고 미친 듯이 아내와 아들을 쫓아냈다. 아내는 뱃전을 잡고 바다에 뛰어들려고 하지 않았다. 그는 큰 소리로 외쳤다. "모두 가는 거야! 모두 가는 거야! 내가 오지 않을까 걱정하는 건가." 그제야 아내는 뱃전을 잡았던 손을 놓고 바다 속으로 사라졌다. 배에는 육수부와 송소제만 남았다. 비바람 속에서 눈물로 얼룩진 육수부의 얼굴은 볼 수 없었지만, 8세의 송소제는 자신의 승상이 다음과 같이 말하는 것을 들었다. "나라의 운명이 여기까지이니 폐하께서는 국가를 위해서 죽어야만 합니다. 덕우(德祐) 황제(남송 공제) 심한 수모를 당했는데 폐하께서는 더는 수모를 당할 수는 없사옵니다." 어린 왕은 미처 영예와 치욕, 생사의 개념을 이해할 수 없었을 것이고, 그것을 비교해볼 시간도 없었고 선택할 기회도 없었다. 말을 마치자마자 육수부는 송소제를 업고 바다로 뛰어들었다.

망망한 바다 위에 비바람이 세차게 불고 작은 배만 떠 있을 뿐이다. 육수부와 송소제가 '풍덩' 소리와 함께 바다에 가라앉음으로써 남송의 마지막을 알렸다.

송대는 비록 무력 면에서는 뒤처졌지만 경제와 문화에서는 비교적 번영했다. 이학(理學)의 흥행과 발전은 사상사 면에서도 중요한 시대였다. 이런 사상의 영향을 받아 문인 사대부들은 군신과 부자의 도리를 지켰고, 때로는 생명을 깃털처럼 가볍게, 충성과 의리는 태산보다 중히 여겼다. 송대에 이르러서 민족적 대의와 정의를 위해 목숨을 바치는 것은 문벌사족의 경계선을 넘어섰다. 배우고 익히면 관료로 나가야 한다던 관료들은 대의를 위해서라면 목숨을 내놓는 것도 아까워하지 않았다. 송나라와 명나라 시기의 지식인들은 오늘날까지도 우리가 칭찬할 만한 사람들이다.

남송시대가 저물어갈 때 천하는 이미 몽골인들이 차지했다. 한 사람만이 꿋꿋이 버텼는데, 그가 바로 문천상(文天祥, 1236~1282)이다. 포로가 된 후 몽골의 군신들은 다음과 같이 아뢰었다. "북인들은 야율초재와 같은 사람이 없고, 남인들은 문천상만 한 사람이 없다." 원세조(世祖) 쿠빌라이는 한때 문천상을 적극적으로 설득하기도 했다. 그가 직접 문천상을 찾아가 설득하기도 했고 대신들, 심지어 문천상의 아내와 아들딸도 찾아가 설득했다. 전향하기만 한다면 높은 관직에 부귀영화를 누릴 수 있다고 했지만, 문천상은 한 치도 흔들림 없이 "관중(管仲)이 죽지 않는다면 그 공적은 천하에 알려질 것이고, 천상(天祥)이 죽지 않는다면 천고의 죄인이 될 것이다"라고 답했다. 쿠빌라이도 온갖 방법을 동원했지만, 죽음을 내리기만 바란다는 그의 뜻을 굽힐 수 없었다.

지원 19년(1282년) 12월 9일 겨울바람이 매섭게 부는 날 병마사 감옥 안팎에 무장한 군사들이 지키고 있고 문천상은 침착한 발걸음으로 감옥에서 형장까지 걸어갔다. 그는 어느 쪽이 남쪽인지 묻더니 남쪽을 향해 경건하게 인사하고 아무 말 없이 죽음을 맞이했다. 자신의 신념에 대해 그는 다음과 같이 이야기한 적이 있다.

힘들게 공부해 입신양명의 첫발을 내딛었건만
전란 속에 어느덧 4년이 훌쩍 지났구나.
나라 강산 처참히 짓밟히니
내 힘 다한들 별 수가 없음이니

황공탄 패배가 황공하기 짝이 없고

영정양에서 고립되어 싸우다 포로 됨을 한탄하네.

인간이라면 언젠가는 한 줌의 재가 되는 법

내 이 충심 청사에 남겠지.

시에서 언급한 황공탄(惶恐灘)은 감강의 급류가 있는 한 모래사장이다. 오늘날 강서성 만안현이다. 400년 후 역사는 비슷한 상황을 연출하는데, 청나라가 명나라를 멸망시키는 것이다. 명조의 위대한 철학자, 과학자, 정치가인 방이지(方以智)는 청나라에 포로로 잡혀 황공탄을 경유할 때 문천상을 떠올린다. 그는 하늘을 바라보며 한숨을 쉬다가 황공탄에서 자결한다.

돌이켜보면 북송의 마지막은 북으로 돌아가는 길이었고 태조·태종·진종·인종·영종·신종·철종·휘종·흠종 등 아홉 명의 군주를 거쳐 167년을 지탱해왔다. 남송의 마지막은 애산의 바다 위에서 고종·효종·광종·영종·이종·도종·공제·단종·소제(제병) 등 아홉 명의 군주에 153년을 이어왔다. 두 송조를 합치면 모두 300여 년이 된다.

세계 제국 원의
간략한 역사

몽골 전사: 곤경에서 일어나 철혈로 이룬 통일

몽골은 오래된 민족이다. 처음에는 몽골고원에서 생활하지 않았다. 그들의 조상은 실위인(室韋人)에서 분가한 것으로 선비족과 거란족과 같은 어족에 속한다. 수당 시기 그들은 대체로 대흥안령의 북쪽과 아르군강 일대에 분포했다. 이 시기 그들은 세력이 약해 돌궐족에게 타타르족(韃靼)으로 불렸으며 돌궐족의 통치를 받았다.

어떤 의미에서 실위인의 궐기는 당나라의 강성이나 확장과 일정 부분 관련이 있다. 7세기쯤 될 때 당조는 북쪽에 병사를 보냈다. 돌궐족은 이로 인해 잦은 타격을 받았고, 세력은 점점 쇠약해져갔다. 실위인은 이 기회를 틈타 돌궐족의 통치에서 벗어나 당나라에 머리를 조아리며 신하로 자청했다. 또한 이 시기에 실위인들은 끊임없이 서쪽으로 이동해 몽골고원에 널리 분포되었다.

당조세력의 확장에 따라 돌궐족의 풍습과 체제를 계승했던 위구르족 정권이 몽골고원과 서역에서 통치를 위협받자 그 세력 범위가 급속히 위축된다. 실위인이 서쪽으로 이동하는 규모는 점점 커져갔다. 10세기에 이르러 실위인은 몽골고원과 서역의 각 지역에 분포했다. 그중 몽골계는 주로 몽골고원 동쪽의 알난하(斡難河), 토납하(土拉河), 극노륜하(克魯伦河)의 발원지인 긍특산(肯特山) 일대에서 살았다.

12세기에 이르러서 몽골에는 대략 40여 개의 비교적 안정적인 씨족부락이 있었고, 그것은 노로온몽골(尼魯温蒙古)과 옹기라드몽골(迭列斤蒙古) 두 개로 나뉘었다. 그때 몽골부족은 사분오열되어 많은 모순들이 있었고, 내부적으로 분쟁이 끊이질 않았을 뿐만 아니라 같은 몽골고원에서 생활하던 메르키트(篾儿乞), 타타르(塔塔儿), 케레이트(克列), 나이만(乃蠻) 등 기타 부족들과도 충돌이 잦았다. 몽골과 기타 부족들은 요(거란)와 금의 통치를 받았다.

시대가 영웅을 만든다고 했다. 몽골의 궐기는 보르지긴(패아지근, 孛儿只斤) 씨족의 강성함과 밀접한 관련이 있다.

보르지긴 씨족은 몽골의 '황금 씨족'이었다. 이 영예는 그냥 주어진 것이 아니라 생존 경쟁의 싸움 속에서 쟁취한 것이다. 보르지긴 씨족 내부 또한 몇 갈래 지맥으로 나뉜다. 그중 보르지긴 테무진의 증조부 카불 칸(葛不勒汗, 1086?~1149?)이 창건한 걸안부(乞顏部)와 그의 사촌 남동생 암바가이(俺巴孩, 1077?~1156)가 창건한 태적오부(泰赤烏部)는 제일 강대한 부족이어서 몽골 궐기의 사명을 짊어진다.

당시 요나라는 이미 부패해 곧 궁지에 빠지게 될 상황이었다. 카불 칸은 군주가 된 후 타 민족의 통치에서 벗어나려고 시도한다. 그러나 이것은 신흥 제국인 금나라가 용인할 수 없는 일이다. 금나라는 몽골에 대한 통치권을 계승하려고 협상을 통해 굴복시키고자 했지만, 점점 강대해져가는 몽골인은 억압을 받으려고 하지 않아 협상은 결렬되었다. 금나라는 같은 실위인인 타타르족을 부추겨서 몽골을 치게 한다. 이 때문에 몽골 초원에서는 전쟁이 끊임없이 일어난다.

카불 칸, 암바가이 등이 잇달아 죽자 카불 칸의 아들 호툴라(홀도자, 忽图剌, 1104?~1160?)가 왕위에 올라 계속해 금나라와 타타르족과 전쟁을 하게 된다. 바로 그때 역사의 무대에 영웅이 등장한다. 호툴라의 조카 예수게이(야속해, 也速该, 1135~1171)가 전쟁에서 용맹을 떨치며 명성이 점점 높아져 초원의 빛나는 새로운 인물이 되어 나중에 초원을 통일하는 아들에게 기반을 마련해준다.

약탈은 유목민족의 오래된 습성이다. 예수게이는 사냥하던 도중 우연히 실위인인 메르키트족의 결혼 행렬과 맞닥뜨린다. 아름다운 신부 호엘룬을 보고 첫눈에 반해 그녀를 빼앗아 집으로 데려온다. 이 여자가 바로 테무진(철목진, 鐵木眞, 1167?~1227)의 생모다.

사실 '테무진'이라는 이름도 다른 사람의 이름을 빼앗아 온 것이었다. 1162년, 호툴라는 몽골군을 이끌고 타타르인들과 싸웠는데, 예수게이도 군과 함께 출정했다. 한 차례의 전쟁에서 예수게이는 테무진 올격이라는 용사를 포로로 잡아들였다. 호엘룬이 마침 아들을 낳자 예수게이는 크게 기뻐하면서 아들에게 '테무진'이라는 이름을 지어주면서 아들이 강철처럼 강인하고 무예에 뜻을 품기를 바랐다.

테무진이 9세 되던 때 예수게이는 그를 데리고 호엘룬의 친정에 가서 결혼 상대를 찾아주려다가 길에서 몽골 홍길사부의 현자 데이세첸(特薛禪)을 만나 그와 사돈을 맺는다. 몽골부족의 관례에 따라 혼인을 허락받은 남자는 여자의 집에서 일정 기간 머물러야 했다. 예수게

이는 테무진을 장인 집에 두고 혼자 집으로 돌아오다가 뜻밖에 타타르족을 만나 독살 당한다.

테무진은 아버지를 잃고 힘든 청소년 시기를 보낸다. 헐벗고 굶주린 환경은 상벌과 옳고 그름을 분명히 하고 말한 대로 행하는 테무진의 성격을 형성하는 데 영향을 미쳤다.

그에게 원칙은 형제보다 더 중요하고 질서는 혈육의 정보다 더 중요했다. 한번은 동생 벡테르(別克帖)가 그의 물고기 한 마리와 참새 한 마리를 훔치자 그는 동생을 직접 쏘아 죽였다. 그때 테무진의 나이는 열 살도 안 되었다.

예수게이의 죽음으로 부족 수령의 자리도 물거품으로 돌아갔지만, 여전히 테무진에 충성하는 전사들은 그의 주변을 맴돌았다. 테무진이 18세 되던 해에 지난날의 적이었던 메르키트족이 그의 아내를 빼앗아 갔다. 테무진은 전쟁을 선포하고 그들을 물리쳐 이름을 날렸다. 1184년 테무진은 몽골 걸안부의 칸으로 추대되었다.

테무진은 군을 통솔하는 데 재능이 있고 전투력이 매우 강했다. 그는 후에 탈알린(脫斡鄰)과 자무카(찰목합, 扎木合, 1158?~1206)의 군사력을 지원받아 메르키트족의 소굴을 소탕한다. 이것으로 테무진은 명성을 점차 알리게 되고 군사들의 사기 또한 높였다. 테무진의 궐기로 초원에서 같이 자라온 소꿉친구들은 두려움을 느끼게 된다. 특히 테무진이 작별인사도 없이 떠나간 것에 대해 그들은 더는 보고만 있을 수 없었다. 1191년 테무진과 몽골족의 유력자이자 의형제를 맺었던 자무카는 극노륜하의 상류 지역인 늪지대에서 전투를 치른다. 양측의 군마가 13개의 부분으로 나뉘어졌기에 이 전쟁을 '십삼익전투(十三翼之戰)'라고 부른다. 치열한 전쟁 끝에 테무진은 대패한다.

승리한 자무카는 적에게 타격을 주고 정적을 숙청하고자 차카얀 오르아(察合安兀洼思)의 머리를 잘라 말꼬리에 달아놓았고, 적나사(赤那思)부의 여러 씨족 중에서 테무진과 가까운 족장을 잡아들여 산 채로 솥에 넣고 끓이게 했다. 이러한 인간성을 상실한 살인 행위로 인해 그는 민심을 잃었고 모두에게 버림받게 된다. 결국 후일에 테무진과의 싸움에서 패하게 된다.

이익 앞에서는 초원에서 영원한 동맹도 없다. 자무카는 테무진의 동맹이자 의부였던 옹 칸(王汗, ?~1203)을 찾아가 의지하게 된다. 소인배의 감언이설과 의심이 합쳐 의부의자인 두 사람의 관계는 점차 멀어진다.

옹 칸 수하인 간신배들이 준비했던 '홍문연(鴻門宴, 항우와 유방의 홍문 회동에서 유래한 말로 상대를 죽이기 위해 여는 연회를 의미함-옮긴이)'이 수포로 돌아가자 전쟁을 직접 선포하기에 이른다.

남송 가태(嘉泰) 3년(1203년) 옹 칸의 아들과 자무카 등은 옹 칸이 두 집안의 혼사에 동의한다는 핑계로 테무진을 초대해 '허혼주(許婚主)'를 마시게 하면서 그를 잡아 죽이려고 계획했다.

솔직한 테무진은 별 생각 없이 10여 명의 군사를 데리고 말을 타고 왔다. 절반쯤 왔을 무렵 멍리크(蒙力克)라는 수행원이 갑자기 말을 세우더니 테무진에게 불안감이 든다고 고했다. 테무진은 그의 말에 일리가 있다고 생각하고 말을 돌려 되돌아갔다. 이로써 피바람을 면할 수 있었다.

그 후, 적군 내부의 분열과 테무진의 급습으로 토라하(土拉河) 지역의 오랜 맹주 옹 칸은 역사 속으로 사라졌다. 테무진은 일련의 정벌을 거쳐 잇달아 남부 나이만(乃蠻)과 북부 나이만을 손에 넣음으로써 초원을 제패했다. 서기 1206년 44세의 테무진은 각 부족에 의해 '칭기스

몽골 기병

칸(成吉思汗)'으로 추대되었다.

칭기스 칸의 인생은 무엇을 추구했는가? 역사에는 그와 관련된 이야기가 하나 있다.

칭기스 칸은 모든 사람에게 남아 대장부로서 제일 기쁜 일이 무엇이냐고 물었다.

보오르추(孛斡儿)가 나서서 대답하기를 "남자라면 털갈이하는 회색 매와 함께 살찐 명마를 타고, 좋은 옷을 입고, 초봄에 나가 새를 사냥하는 것이 제일 큰 즐거움인 줄 아옵니다"라고 하니, 보로쿨(孛羅忽勒)이 말하기를 "매를 날려 보내어 그것이 하늘에서 검은 목 두루미를 발로 타격해 떨어뜨리는 것을 보는 것이 가장 큰 즐거움인 줄 아뢰옵니다"라고 했다. 칭기스 칸은 또 쿠빌라이(忽必來, '칭기스 칸의 네 마리 개'로 불리던 장수 중 한 명-옮긴이)의 아들들에게 물었다. 그들은 "사냥할 때 매를 놓아주는 것이 인생의 낙입니다"라고 답했다. 칭기스 칸은 "너희들은 대답을 잘하지 못했어. 반란을 일으킨 사람을 진압하고, 적을 이긴 후 화근을 잘라버리고, 그들이 갖고 있는 모든 것을 빼앗아, 그들의 부녀자들이 울부짖으며 눈물을 흘리게 하고, 그들의 명마를 타고, 그들의 아름다운 후궁의 배를 잠옷과 잠자리로 삼아 그녀들의 얼굴과 입에 입맞춤하는 것이 남자로서 최대의 낙이라!"라고 했다.[1]

1 라시드 앗 딘(Rashid ad-Din), 《집사(集史)》 2권, 상무인서관, 1985년 판, 361.

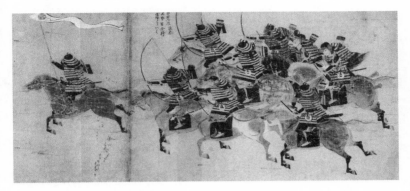

일본 가마쿠라 시대의 그림 〈몽고습래회사(蒙古襲來繪詞)〉의 일부

　분명한 것은 매를 날려 사냥하고 여우를 잡거나 세상을 정벌하는 것은 몽골 야만족 수령의 주된 가치관이다. 당시의 남송 사대부들의 주요 생활은 봄날의 외로움과 괴로움 속에 두견새의 울음소리를 들으며 시와 문장을 읊고 술을 즐기는 것이다. 비단옷을 입고 사랑하는 사람을 그리워하며 점점 수척해져간다. 이른바 야만적이라는 단어가 완전히 폄하하는 말은 아니다. 동전의 한쪽 면은 강인하고 왕성한 생명력을 나타낸다. 이른바 교양이 있다는 단어도 좋은 의미만 있는 것은 아니며 동전의 다른 한 면은 생명력의 쇠함을 나타내기 때문이다.

　테무진 자신은 1,300년 전 몽골 초원에 흉노의 선우 모돈(冒頓)이 자신과 같은 경력을 갖고 있었다는 것을 알지 못했다. 다만 이 시기에 초원 유목민족의 정예 기병이 여전히 강했으나, 중원은 예전의 중원이 아니었다. 당시의 한나라군은 모돈이 남하하려는 것을 막아낼 수 있었고, 나중에 대역공을 펼 수 있었으나 연약한 송나라의 운명은 정복될 수밖에 없었다.

　역사의 발전에는 많은 우연의 일치가 존재한다. 칭기스 칸의 힘이 예전에 비해 크다 할 수 없는 것이 그의 군사는 흉노의 절반밖에 안 되었다. 다만 그의 적수가 예전의 적수들보다 많이 쇠약했을 뿐이다.

내륙 아시아의 역사를 연구했던 선구자 중 한 명인 오웬 래티모어 (Owen Lattimore, 1900~1989)가 말하길 마침 당시 환경에서 태어나지 않았고, 그런 지리적 환경에서 활동하지 않았다면 칭기스 칸의 타고난 자질만 놓고 볼 때 그는 본래 크게 될 인물은 아니었다.

20만 대군이 유라시아를 정복하다

민족은 본래 생명이 있는 유기체로서 생존을 도모하고 강대함을 추구하는 것은 당연한 본능이다.

몽골인의 확장 노선은 다음과 같은 세 갈래였다. 한 갈래는 서쪽을 향하고, 한 갈래는 동쪽을 향하며, 또 다른 한 갈래는 남쪽을 향해 확장해갔다.

몽골인이 서쪽을 향해 정복해갈 때 서역 일대의 많은 부족과 나라들은 싸우지도 않고 항복했다. 이때 몽골인의 서쪽을 향한 정복은 막 시작된 지 얼마 되지 않았을 때였다.

1218년 몽골 대군은 요나라 잔당들을 없애고 야율대석(耶律大石, 1087~1143)이 건립한 서요(西遼)를 함락했다. 이렇게 몽골인들의 세력 확장은 중앙아시아의 호레즘 제국(Khwarezm, 花剌子模)을 위협하기에 이른다.

1219년 칭기스 칸은 상단(商隊)이 살해당했다는 이유로 직접 10만 대군을 거느리고 토벌에 나섰다. 몇 년에 걸친 전쟁으로 호레즘 제국을 무너뜨리고 백성들을 도탄에 빠뜨렸다. 그 후로 칭기스 칸은 도교의 분파인 전진교(全眞道) 도사 구처기(丘處机, 1148~1227)의 "천하를 얻으려는 자는 살육을 좋아하면 안 된다"라는 간언을 받아들여 병사들을 철수해 동쪽으로 돌아가면서 큰아들 주치(술적, 術赤, 1181?~ 1227)를 남겨 성을 지키게 했다. 그리고 제베(철별, 哲別, 1137~1225)에게 신속히 서쪽을 침탈하라고 명령했다. 제베는 러시아 킵차크인 지역을 파죽지세로 점령해갔다.

툴루이는 호라산 에라자비주 지역을 소탕하고 암스텔 강북 쪽의 광활한 대지를 불모지로 만들어버렸다.

몽골 대군이 동쪽으로 귀환함에 따라 서쪽 정벌에 참여하는 몽골 군사의 수는 크게 줄어들었다.

유럽과 아시아의 접경 지역에 도착했을 때는 힘이 쇠약해져서 전쟁에서 패할 때가 종종 있었다.

몽골인들은 주요 목표를 중국의 신강 영토를 개척하는 것에서 이미 점령한 지역의 통치를 공고히 하는 것으로 바꾸었다.

몽골의 동쪽 정벌의 목표는 여진족이 전에 살던 땅과 고려였다. 일찍이 칭기스 칸이 초원을 통일하는 전쟁에서 금나라의 발원지인 동북 지역의 통치가 계속해서 흔들렸다.

몽케 칸(蒙哥汗, 1209~1259) 때는 계속해 동쪽으로 진격해 고려도 몽골의 영역 안으로 들어왔다.

만약 하느님이 돌봐주어 동쪽 일본을 정벌한 원군이 '바다의 태풍〔가미카제(神風) - 옮긴이〕'을 만나지 않았다면 아마 일본의 국토도 원조의 지도에 편입되었을 것이다.

몽골이 남쪽으로 확장해가는 노선은 처음에는 서하로부터 시작되었고, 이어서 금나라 그리고 대리국(大理國), 그 뒤로 남송이었다. 몽골이 남하하는 과정에서 몽골, 서하, 금나라, 남송 등은 때로는 동맹을 맺기도 하고 때로는 적수가 되어 싸우기도 했지만 운명을 바꾸지는 못했다.

1205년 몽골군은 나이만부의 잔여 세력을 추격해 처음 서하를 침략해 많은 백성, 가축, 군량과 마초를 약탈하고 몽골 초원으로 퇴각했다. 1207년과 1209년에 두 차례 침범해 마침내 서하가 조공을 바치고 신하가 될 것을 약속받았다. 그 뒤로 십수 년 몽골, 서하, 금나라는 동맹을 맺기도 하다가 적수로 돌변하기도 했다. 칭기스 칸은 나중에 서하를 멸하기로 결심한다. 1227년 그가 병으로 죽은 후 후계자는 그의 유언에 따라 서하를 멸망시킨다.

1229년 우구데이(와활태, 窩闊台, 1185~1241)가 황제의 직위에 오르게 되고 금나라 정벌을 제일 큰 대사로 정했다. 사실상 오래전인 1208년에 칭기스 칸은 위소왕(衛紹王, ?~1213)이 금나라 황제가 되었을 때 금나라를 멸망시킬 결심을 세웠다. 이 때문에 칭기스 칸은 오래전부터 준비해왔고 20여 년의 전쟁 끝에 1234년 마침내 금나라는 멸망했다.

오랜 전쟁으로 몽골인들은 유라시아 대륙을 수복하고 네 개의 칸국(汗國)을 건립했다(후에 동쪽에 원나라를 건립해 네 개의 칸국과 함께 이어지게 했다). 네 개의 칸국은 킵착 칸국, 차가다이 칸국, 일 칸국, 우구데이 칸국 등이 있다.

우구데이 칸국(1225~1309)은 칭기스 칸의 세 번째 아들 우구데이가 창건했고 통치 지역은 지금의 신장, 중앙아시아 지역이었다.

차가다이 칸국(1227~1369)은 칭기스 칸이 둘째 아들 차가다이(察合台, 1183~1242)에게 분배해 그가 분배받은 (쿤룬산) 남북 지역과 시르다리야강을 통치하게 했다.

킵착 칸국(1219~1502)은 금장 칸국이라고도 부른다. 칭기스 칸의 손자이며 주치의 아들 바투(拔都)가 창건했고, 그 통치 지역은 오늘날의 동유럽, 남러시아 일대, 북캅카스 지역이다.

일 칸국(1256~1388)은 칭기스 칸의 손자이며 툴루이(탁뢰, 拖雷, 1192~1232)의 아들인 홀레구(욱열올 旭烈兀, 1218~1265)가 창건한 것이며 통치 지역은 이란과 이라크 일대의 지역이다.

일본 학자[예를 들면 스기야마 마사아키(杉山正明)]는 몽골인이 건립한 제국을 평가할 때 세계사의 관점에서 본다. 원나라는 세계적 성격을 띤 제국이므로 단지 중국의 한 시대가 아니라고 본다. 실제로 '원나라'는 몽골 제국의 하나의 측면이자 부분이다. 그 지도자의 첫 번째 지위는 세계적인 칸이며 그다음으로 중원 왕조의 황제로 보아야 한다고 한다.

보통 사람들이 상상하는 것과 달리 당시 몽골 병사들은 많지 않았는데, 몽골이 통일될 때 군사는 13만 명밖에 안 되었다. 칭기스 칸이 서쪽을 토벌할 때도 20만 명이 넘지 않았다. 서쪽 정벌 과정에서 군사가 몽골의 두 배 정도(약 40만 명) 되는 호레즘 제국도 쉽게 멸망시켰다. 2만 명의 몽골군이 북쪽으로 침략해서 킵차크인과 아란족을 물리치고 러시아군 10만여 명을 격파했다. 불가사의한 것은 남송이다. 남송 인구는 전성기 때 5,000만 명이 넘었는데 몽골에게 철저하게 대패한 것이다.

몽골은 성을 함락하는 방식으로 정벌했다. 스웨덴 역사학자 콘스탄틴 도손(Constantin d'Ohsson)의 《몽골골제국사》에 서술된 바에 따르면, 몽골 병사들은 대개 기만술수를 많이 쓴다. 온갖 맹세와 약속을 함으로써 상대방이 성문을 열게 하는데, 막상 상대가 성문을 열면 투항해도 온갖 살인을 저질렀다. 책에도 훌레구가 서쪽을 정벌할 때 한 몽골 기병이 아라비아의 마을에 뛰어들어 마을 사람들을 두 줄로 서게 하고 밧줄로 맞은편에 있는 사람의 손과 자신의 손을 함께 묶게 했다. 그러고 나서 이 몽골인은 칼을 들어 모두를 죽여버렸다. 헤라트(赫拉特)성을 공략할 때는 더욱 참혹했는데, 성 안의 몇십만 백성들이 모두 죽임을 당해 40명만 겨우 살아남았다.

야만 부족의 침입: 몽골의 남송 정복 전쟁

서하와 금나라가 멸망하자 그다음 목표는 남송이 되었다.

송나라와 금나라는 대대로 원수지간이었지만, 두 나라는 입술과 이처럼 상호의존적인 밀접한 관계이기도 했다. 남송의 정책 결정 집단은 매우 어리석어 금나라가 멸망한 후 이것은 두 번 다시 오지 않는 '광복'의 기회라고 여겼다. 그리하여 몽골인이 퇴각할 때 군대를 이끌고 북쪽으로 진출해 금나라가 찬탈해갔던 땅을 되찾아왔지만 몽골인들에게는 남송이 약속을 어겼다는 구실을 남기게 되었다.

몽골은 송을 멸망시키고자 심혈을 기울여 계획했다. 세 곳에 중요한 전쟁터를 마련했다. 동쪽에서 서쪽까지 순서대로 사천, 형양, 양회 전쟁터다.

몽골이 송나라를 멸망시킨 전쟁의 관건은 서쪽 전선이었다. 몽케칸의 동생 쿠빌라이의 책략은 토번을 돌아서 대리국을 먼저 공격한 다음, 다시 돌아오는 방식으로 남송의 서남쪽을 포위 공격한 후 북쪽 전선과 함께 공격해 남송을 포위하는 태세를 취하자고 했다. 몇 년간의 준비 끝에 몽골군은 끝내 대리국을 정복하고, 남송의 서남쪽 변경 지역을 위협한다. 쿠빌라이의 전략 구성은 기본적으로 마무리된 것이다.

남송의 통치자들은 대외 평화정책이 위협을 받는 데도 아무 생각 없이 부패를 저지르고 사치스러운 생활을 누리면서 향락에 젖어 있었다. 어떤 의미에서 보면 남송 한인들에게 13세기에 있었던 생존 위기는 그들 지도집단의 책임이 제일 컸다. 남송의 음란하고 화려한 시가들을 보면 알 수 있듯이, 그 당시 지도집단은 한 무리의 부패한 사람들에 불과하다.

그 당시는 이미 송이종(理宗, 1205~1264) 단평(端平) 2년(1235년)이었다. 조구가 송실(宋室)을 데리고 남하한 지 100여 년이 지난 때다. 악비와 같은 전쟁에 능한 무장들이 대부분 조가(趙家)의 군신들에 의해 그 뿌리마저 깨끗이 사라진 뒤였다. 동남쪽 변두리에 있던 남송 조정에는 현실에 안주하는 황제와 무능한 대신들만 남아 있었다. 밖의 전쟁터에서는 두고(杜杲), 왕견(王堅)처럼 적에 대항해 싸우는 몇몇 장성들이 있었지만, 강대한 몽골 정예병 앞에서는 약소해 보였다. 게다가 가사도(賈似道, 1213~1275), 정청지(鄭淸之) 같은 국가를 좀먹는 벌레들이 존재하니 남송은 겨우 숨이 붙어 있는 44년을 보냈다.

재상 가사도는 권력이 하늘을 찔렀으며 황제를 안중에 두지 않았다. 양양(襄陽)이 고립되었다는 파발이 잇달아 도착해도 그는 첩을 들이고 주색에 빠져 정사를 돌보지 않았다. 《송사》에 따르면, "양양이 포위되어 위급한 상황이나 사도는 날마다 갈령(葛岭) 누대(樓台)의 정자에 앉아 미모가 뛰어난 여자를 첩으로 맞아 날마다 주색에 빠져 있었다. 종일 노름에 빠져 있어도 누구 하나 엿볼 엄두를 내지 못했다. 그의 첩의 형제가 찾아와 대문에 서 있다가 들어오니 사도가 그를 보고 묶어서 불 속으로 던져 넣었다. 한 무리의 첩들과 자리에 앉아 귀뚜라미 싸움을 구경하니 그와 가까운 손님이 놀리면서 이것이 나라의 대사인가?"라고 했다.

가사도가 위로는 임금을 속이고 아래로는 대신을 속이니 조정 안팎에서 그의 공을 치하했고 그에 반대하는 사람은 탄압 당했다. 황제도 그에게 많이 의지해 그에게만 특별히 다른 대신처럼 날마다 찾아와 인사하거나 큰절을 하지 않아도 된다고 허락했다.

어느 해인가 송도종(度宗, 1240~1274) 때, 기일 날 비가 많이 내리자 호귀비의 부친이 도종에게 궁으로 돌아가기를 건의했는데, 이 일이 가사도의 심기를 건드렸다. 가사도는 직위를 내려놓고 고향에 돌아갈 것처럼 하면서 황제의 의중을 떠보았다. 가사도가 '천고에 길이 남을 재상', '군사기인'이라는 명성으로 자신을 잘 미화했기에 도종은 애걸복걸 간청하면서 그의 요구를 전부 들어주었다. 그의 비위를 맞추고자 호귀비를 절에 보내 출가하게 했다. 더욱 황당한 일은 가사도가 조정에 돌아올 때 귀뚜라미를 갖고 온 것이다(귀뚜라미 싸움이 가사도의 취미 중 하나였다-옮긴이). 조정에는 귀뚜라미 소리가 계속해 울렸고 한번은 귀뚜라미가 황제의 수염에까지 뛰어올랐으나 황제는 개의치 않았다.

한쪽은 날이 선 칼날이요, 다른 한쪽은 술에 취해 흐리멍덩하니 두 나라 군사는 싸우지 않아도 승부가 이미 갈린 것이다. 몽골인이 침략해오지 않았더라도 남송은 얼마가지 못했을 것이다.

1256년 몽케 칸이 총공격을 명령한다. 한 갈래의 군사들은 하남을 치고 올라가 양회와 형양의 전쟁터를 고려해 테무진의 어린 손자가 통솔하고(나중에 정세가 여의치 않으니 쿠빌라이가 통솔한다), 또 다른 한 갈래의 군사들은 운남에서 형호로 회군해 대리국 옛 땅을 수호하던 올량합태가 통솔한다. 다른 한 갈래 군사들은 파촉(巴蜀)으로 출정해 몽케 칸이 직접 통솔했다.

몽케 칸이 직접 이끈 군사는 몽골 정예군사로 사천에서 전쟁을 치른 뉴린부(紐璘部)와 합류해 성을 공격하고 땅을 점령하려 했으나 조어성에서 발목을 잡혔다. 이 조어성을 수호하는 관리 왕견은 군대를 부리는 책략이 있어 군사와 백성들을 이끌고 단독으로 장기전을 대비했다. 몽골군은 여러 방법을 동원해 5개월 동안 포위 공격했지만, 막대한 손실만 입고 조어성을 함락하지 못했다.

때는 무더운 여름이고 사기가 저하된 몽골 병사들은 사천 지역의 습하고 더운 날씨에 적응하지 못했다. 온갖 질병과 콜레라가 돌기 시작하자 몽케 칸이 술로 급성전염병과 습기를 막게 했다. 그 당시 조어성은 여전히 군량과 마초가 넉넉했기에 군사들의 사기도 높아졌다. 몽케 칸이 이해할 수 없었던 것은 작은 성 하나가 어떻게 그 많은 물자를 공급할 수 있는가였다. 성을 수호하던 군사들은 몽골군에게 치욕을 주고자 성 밖을 향해 100여 장의 밀가루로 만든 전과 두 마리 큰 생선과 함께 종이쪽지에 "조어성은 오래전부터 물자를 비축해 전쟁에 대비했으니 당신들 북쪽 병사들은 생선과 전이나 조리해서 먹어라. 우리는 10년을 버텨도 문제없다"라는 내용을 적어 던졌다.

얼마 되지 않아 몽케 칸은 부대에서 급사했다. 몽케 칸의 죽음은 역사상 미해결 사건이다. 《원사(元史)》에 따르면 몽케 칸은 사천의 환경에 적응하지 못해 6월에 병에 걸렸고 7월까지 앓다가 죽었다. 남송의 관청의 의견과 《합주지(合州志)》 같은 자료에 따르면 성을 수호하던 송나라군의 화살에 맞아 죽었다. 7월 마음이 급했던 몽케 칸은 웃통을 벗어던지고 전쟁터에 나가 직접 군사를 이끌고 공격했다. 왕견은 군사들을 이끌고 맹렬한 포화와 돌로 반격했다. 몽케 칸은 작전 도중 부상을 입고 27일까지 버티다가 군영에서 죽었다고도 한다. 나중에 《동방견문록(東方見聞錄)》을 쓴 마르코 폴로(Marco Polo, 1254~1324)가 원나라에 머물 때, 조정과 민간에서는 몽케 칸이 조어성을 지키던 병사가 쏜 화살에 맞아 죽었다는 소문이 돌았다.

몽케 칸이 죽자 그 자리를 놓고 쟁탈전이 벌어져 몽골 대군이 전 세계를 향했던 진격의 기운이 점차 사그라졌다. 몽골인의 칸 직위 계승은 예로부터 명문화된 규정이 없었다. 웃어른이 있으면 모두들 부족회의를 열고 토론해 거수로 표결했다. 하지만 웃어른이 없으면 그들은 자신들의 장기를 발휘해 그 자리를 찬탈했다.

전방의 쿠빌라이는 급히 철군해 칸의 직위 쟁탈전에 참여했다. 쿠빌라이를 제외하고 네 명의 경쟁자가 더 있으니 쿠빌라이의 친동생 아릭 부케(阿里不哥, 不哥는 사관이 그를 폄하하려는 목적으로 의도적으로 이렇게 번역한 것이다. 不哥는 형이 아니라는 의미이다), 몽케 칸의 네 번째 아들 쉬레기(昔里吉), 칭기스 칸의 막내동생의 현손(玄孫) 나얀, 칭기스 칸의 두 번째 아들 우구데이의 손자 카이두(海都)였다. 맨 마지막에 아릭 부케는 패했고, 쉬레기는 유배되었으며, 나얀은 살해되고, 제일 강경했던 카이두는 붙잡지 못했다. 카이두는 쿠빌라이에 맞서 서쪽을 근거지로 삼아 쿠빌라이가 죽을 때까지 끊임없이 군사적 도발을 해왔다.

1206년 쿠빌라이는 칸에 추대되고 건원 '중통', 1271년 그는 국호를 대원(大元)이라 고친 후 수도를 대도(大都, 오늘날의 북경)로 정해 '원조'를 건립했다.

쿠빌라이는 몽골의 역사에서 칭기스 칸 못지않게 중요한 인물이다.

당시 그를 직접 만났던 사람이 약간의 자료를 남겼는데, 그들은 모두 쿠빌라이의 뛰어난 무용과 지략에 탄복했다. 쿠빌라이 본인도 자신의 역사적 지위에 관심을 보였다. 사막 이북(외몽골)에 있을 때 그는 주변 대신들에게 역사적으로 어떤 위대한 황제들이 있었으며, 그들의 역사적 공이 무엇인지 여러 차례 물었다. 듣기로 그는 당태종 이세민에 대해 탄복했다고 한다.

바로 쿠빌라이가 되돌아가 칸 직위 쟁탈전을 벌일 때 광대와 같은 가사도(賈似道)가 나타난다. 쿠빌라이는 주력 부대를 철군하고, 적은 군단들만 악주(鄂州)에 머물게 하면서 동쪽을 치는 모양새를 갖추었다. 그런데 뜻하지 않게 호북 황주에 주둔했던 가사도를 놀라게 한다. 전군사령원(우승상과 수밀사를 겸직함)인 그는 황제 몰래 사사로이 투항 조서를 보내 화친을 청하며 신하로 칭하고 은자를 바치겠다고 함으로써 철군을 하려던 쿠빌라이의 체면을 살려주고 자신은 황제에게 전쟁에서 승리해 호족들을 초원으로 격퇴시켰다고 거짓 보고를 올렸다. 그뿐만 아니라 호남의 우량하타이(兀良哈台)도 철군 명령을 받아 전체 군사가 거의 대부분 장강을 건넜을 무렵 지루해 심심했던 가사도가 돌연 급습해 100여 명을 죽였다. 당시 화친을 받아들였던 쿠빌라이는 '신국 사절'을 파견해 '공물'을 받으러 갔지만, 초조하던 가사도는 사람을 시켜 '신국 사절'을 감금시켜 쿠빌라이의 남송 출정에 빌미를 제공했다. 이렇게 남송 재상은 '두 가지 큰 사명'을 이루었다. 하나는 몽골군을 안전하게 철군하게 하는 것과 다른 하나는 몽골군에게 송나라 침략의 빌미를 제공해준 것이다.

칸 자리를 빼앗은 쿠빌라이는 정권을 견고히 하고 송나라를 멸망시킬 계획을 세운다. 일부 장수들은 공을 세우고자 그에게 남송을 공격

사냥에 나선 쿠빌라이 _ 유관도(劉貫道)의 〈원세조출렵도(元世祖出獵圖)〉 일부

할 것을 부추긴다. 몽케가 송나라를 공격하는 데 실패했기에 쿠빌라이는 승산이 없는 전쟁을 하지 않기 위해 심사숙고해서 작전을 세우고자 했다. 바로 그때 남송의 내막을 잘 아는 남송의 장군 유정(劉整)이 투항했다. 유정은 쿠빌라이에게 "자고로 황제는 천하를 통일하지 않는다면 황제라 할 수 없거늘, 전하께서는 거의 천하를 얻게 되었는데 변방 쪽을 가만히 놔둔다면 스스로 황제 됨을 포기하는 것이 아니옵니까?"라고 했다. 이 말은 쿠빌라이의 생각과 맞아떨어진 것이라 그는 남송을 재차 공격하기로 결심을 굳혔다.

1267년 쿠빌라이는 남송에 억류되었던 몽골 사절을 핑계로 송나라에 대한 대규모 토벌을 감행한다. 몽케 칸이 사천을 주로 공격했던 것과는 달리 쿠빌라이는 쉬운 곳부터 공격하고, 나중에 어려운 곳을 공격하는 전략을 썼다. 적은 병력으로 사전에 송나라군을 견제한 다음 주력 부대는 형양을 공격하고 그다음 동남쪽으로 진격하게 한다. 이런 책략은 원나라군이 승리하는 데 기반을 마련했지만, 형양을 함락할 때 온갖 우여곡절을 겪었다. 양양(襄陽), 반성(攀城) 지역은 한수(漢水) 남북 양안에 위치해 장강 범람을 막는 지세여서 수비는 수월하지만 공격은 쉽지 않은 곳이었다. "양양을 갖고 있으면 동남쪽의 등에 올라탄 것과 같고 양양이 없으면 나라를 세울 수 없다"라는 말이 있을 정도로 전략적 요충지였다. 양양, 반성은 정예병이 있고 군량이 많을 뿐만 아니라 군인과 백성이 한마음으로 적을 상대해 사기도 높았다. 현실에서는 김용(金庸, 1924~, 중국의 언론인이자 무협소설 작가. 우리에게는 《영웅문(英雄門)》, 《의천도룡기(倚天屠龍記)》 등의 작가로 잘 알려져 있다-옮긴이) 소설의 곽정(郭靖) 같은 절세무예를 갖고 있는 협객이 도와주거나, 양과(楊過)가 칼을 뽑아들어 돌을 부수고, 몽케 칸이 죽임을 당하는 드라마틱한 이야기는 없었지만, 여문환(呂文煥)과 범천순(范天順)이 합심해 저항하여 원나라군이 온갖 방법을 다 동원해도 번번이 실패했다.

그 뒤 원나라군은 끊임없이 병력을 증가시켰고 항복한 장수 장홍범의 계략을 이용해 양양, 반성의 수상 연락을 끊어버린 후 회회포(回回炮)로 성벽을 공격했다. 양양과 반성이 위태해질 무렵에 가사도의 입장은 '전쟁도 평화도 아니었던' 터라 게으름을 피우며 지원을 늦췄고, 지원병도 극히 적게 보내어 원나라군이 양양과 반성을 함락하는 데 간접적인 도움을 주었다. 성이 함락된 후 송나라 군사는 원나라 군사와 시가전을 벌였으나 워낙 송나라 군사가 수적으로 부족해 도저히 당해낼 수가 없었다.

양양과 반성에서의 전쟁 후에 원나라 군사는 파죽지세로 쳐들어갔다. 송나라 장군 범문호, 여문환 등이 병사를 거느리고 투항하자 남송 조정은 더욱 위태위태했다.

그 당시 남송 황제는 네 살 난 어린이 공제였으며, 사태후(謝太后)가 수렴청정을 했다. 전반적 형세가 원나라에 매우 유리했으나, 신중한 성격의 쿠빌라이는 적을 얕잡아 보지 않고 함부로 사람을 죽이지 않았으며 투항한 장군들을 다독여가며 점차 전쟁의 결실을 확고히 했다.

1275년 남송의 권신 가사도가 정예병 13만 명을 거느리고 부호(芙湖)에서 원나라 군사들을 습격했으나 원나라군의 기세는 당당하고 송나라군은 손만 대도 무너져 내려 태산이 무너지듯 한순간에 패했다. 원나라 군사들이 뒤를 쫓아 건강(建康, 오늘의 남경)·양주·진강·상주·평강(오늘의 소주) 등을 점령하고 남송의 도성 임안(오늘의 항주)에 이르렀다.

남송이 멸망을 앞두자 여러 조정 대신들은 직위를 버리고 뿔뿔이 살길을 찾아 도망갔다. 정무를 보는 사람은 노인 한 명과 아이 한 명만 남았을 뿐이었다. 사태후는 어쩔 수 없이 좌우 재상 오견과 문천상을 파견해 원나라군 주요 지휘관 바얀(伯顔, 1236~1295)에게 화친을 구걸했다. 바얀은 협상할 것처럼 남송을 안심시키면서, 다른 한편으로 군사를 집결했다. 시기가 무르익자 원나라는 송나라를 멸망시키려고 결심을 굳혔고 당연히 협상은 결렬되었다. 바얀은 송나라 사절을 풍자하면서 "당신의 송나라 조상은 어린이 손에서 천하를 빼앗았고, 지금은 어린이 손에서 천하를 잃게 되는구려"라고 말했다. 사태후는 대신들이 얼마 없는 대전에서 왕좌에 앉아 슬픔도 없이 긴장해 있는 아이를 보고 마음에 원망과 수치심이 가득 찼다. 그는 떨리는 손으로 무거운 옥새를 두 손에 받쳐 들었다.

원나라 군사들은 칼에 피를 묻히지 않고 임안성에 진입했고 남송은 멸망했다.

바얀은 평화롭게 임안성을 점령한 뒤 득의양양해 "명을 받들어 강남을 얻다(奉使收江南)"라는 시 한 수를 지었다.

"칼이 청산을 가리키니 청산이 무너지려 하고, 말이 장강 물을 마

시니 물이 마른다. 정예병 백만이 강남에 내려가니 창과 방패에 피를
묻히지 않았노라."

몽골인들이 습관적으로 하던 것처럼 성을 함락한 후에 살인을 저
지르던 것과 비교해볼 때 이번엔 그렇게 참혹하지 않았다. 그러나 정
복된 자는 마음속의 고통을 하소연할 데가 없었고, 슬픔은 역류해
강을 이루었다. 남송은 이렇게 멸망했다. 당시 중원 화하 천하를 이렇
게 잃고 말았는데 역사 이래 처음이었다.

이는 전체 백성을 위협하는 생사존망의 재난이었고, 중원 화하 전
체가 멸종되는 재난이었다. 칭기스 칸의 가까운 대신들은 한인들이
쓸모가 없다고 여겨 모두 죽이고 중원을 초목이 무성한 목장으로 만
들 것을 건의했다. 칭기스 칸은 일리 있는 건의라고 생각했다. 그때 다
행히 한인과 친한 중신 야율초재(耶律楚材, 1190~1244)가 반대하면서
이렇게 말한다. "한인들을 일하게 해 세금을 내게 하면 매년 많은 재
물을 거두어들일 수 있는데, 이것이 더 좋지 않겠는지요?"[2] 민족의 존
망은 매우 중요하면서 마치 일어나지 않을 먼 이야기로 들린다. 하지
만 역사를 보면 한순간에 실제로 이런 엄청난 일이 발생할 수 있다.
만약 야율초재가 칭기스 칸에게 조언하지 않았더라면 아마 역사는
달리 쓰였을 것이다.

남송 조정이 수도 임안을 두 손으로 원나라군에게 내어주어 한 차
례의 피바람은 피할 수 있었지만, 원나라에 대항해 싸운 군사와 백성
에게는 전략상에서나 심적 측면에서나 모두 실패한 것이다.

임안이 투항한 뒤 원군은 그 기세를 몰아 끝까지 저항하는 남송의

---

2 《원사(元史)》〈야율초재전(耶律楚材傳)〉 제146권.

군사와 백성들을 토벌했다. 애산의 전투(崖山之戰)는 원나라 군사들과 송나라 군사들의 마지막 대규모 전쟁이었다. 이 전쟁으로 남송 수군과 육군은 모두 타격을 입고 더는 대항하지 못했다. 애산에서 전투를 벌이기 한 달 전 사천 조어성을 수호하던 장군은 성을 침공하지 않겠는다는 원나라군의 약속을 받고 투항했다. 파촉도 원군의 땅에 귀속되었다.

애산의 전투는 중국 역사에서 전환점이다. 이 전투로 남송 한인들의 저항세력은 전부 소멸되었으며, 원나라는 결국 중국을 통일한다. 중국이 처음으로 북방 유목민족에 의해 통일된 것이다. 주요 민족인 한족이 소수 민족의 통치를 받고 고전적 의미에서 화하문명의 발전 과정은 야만적인 민족의 침략으로 중단됨으로써 전반적으로 대가 끊기고 멸종할 위기를 맞이한다.

본래 각 문명의 역사 발전과 운행 궤도를 살펴볼 때 화하문명이 더 높은 수준으로 진화하려면 두 가지 전제 조건이 필요하다. 하나는 강렬하게 진취적인 지도집단이 있어야 하고 다른 하나는 기술의 발전과 완벽한 제도가 존재해야 한다. 남송 말기에 이르러 집권자들의 집단 내부는 부정부패가 만연했으며, 향락을 누리고 현실에만 안주했다. 게다가 많은 포부를 품은 뛰어난 청년 인재는 재야에 묻혀 지내야 했고 정직하고 능력 있는 대신들은 배척당하거나 공격당했다. 국가는 정상적으로 인재를 선발할 수 없기 때문에, 국가기관에는 부패와 연약함이 만연했다. 그런 상황에서 외적의 위기를 대처할 능력이 없었으니, 이 전투에서 패배한 것은 당연한 일이다.

몽골이 송나라를 토벌하는 과정에서 선봉에 서서 결정적 역할을 한 것은 몽골에 투항한 한족 군사와 잡혀온 한족이었다. 한족 장홍범이 원나라의 장수가 되어 애산의 기념비에 '송나라가 이곳에서 멸망했음'을 새겼다. 역사의 이 장면은 얼마나 풍자적인가?

원나라에 투항하거나 혹은 송나라를 위해 순직하거나 고통받거나, 이 두 상황에서 방황하고 선택해야 하는 것이 당시 사람들이 당면한 상황이었다.

양양을 수호했던 여문환 같은 장군은 전쟁을 시작하자마자 투항하지는 않았다. 1267년 몽골의 장군 아술(阿術), 유정(劉整) 등은 양양과 반성을 포위 공격해왔다. 여문환은 사력을 다해 양양을 수호했으나 조정의 충분한 지원도 받지 못한 채 외롭게 6년간 버티다가 함락당한 뒤 죽음에 이르러서야 살길을 선택했다. 나중에 문천상이 그를 반역 대신이라고 욕할 때 부끄러움을 느꼈다. 그가 천고의 오명을 썼을 때 누가 그의 슬픔과 고생이 어쩔 수 없었음을 느낄 수 있을까!

문천상이 죽음을 선택한 것도 어쩔 수 없는 면이 있다. 그는 원나라에 포로로 잡혔을 때 동생 문벽(文璧)은 이미 혜주에서 원나라에 투항했고 임강로(臨江路)가 총책임자로 임명되었다. 전하는 바에 따르면 문천상은 셋째 동생에게 서신을 보내어 "나는 충정을 위해 죽을 것이니, 둘째는 효심을 다하며 살고, 셋째는 피하라"라고 말했다. 삼형제가 해야 할 일을 정해놓았으니 하나는 죽고, 하나는 관리가 되어 집안 식구를 먹여 살리고, 또 하나는 협조하지 않는 것이었다. 사실상 문씨 가족은 문벽이 부양했다. 문천상이 죽은 뒤 그의 부인은 문벽이 돌봐주었으며 문천상의 향을 피워준 사람도, 뒤를 이은 사람도 문벽의 아들이었다. 이것은 문천상이 국가 멸망과 가족의 생존을 앞에 두고 어쩔 수 없이 선택한 방법이었다.

어떤 사람은 막다른 곤경에 처했을 때 죽음을 택하면 안 된다고 말한다. 강서초유사(江西招諭史)를 역임한 사방득(謝枋得, 1226~1289)은 다섯 차례나 원나라의 관직 임용을 거절했다. 사방득은 임용을 담당하는 관리에게 분명히 말해두었다. "대원이 새 세상을 열었으니 모두가 새롭도다. 송나라 황실의 외로운 대신은 죽음을 빚지고 있는데, 제가 죽지 않는 것은 93세의 노모가 계시기 때문이라.""제공에게 묻노니, 저를 거두어 원나라의 한가한 백성으로 여긴다 해도 대원에게 손해가 없는 법, 저를 죽인다면 그것이 대송을 위해서 순절한 것이니, 원에 무슨 이득이 있겠사옵니까?" 그는 송나라가 이미 멸망하고 원나라가 건립된 것을 인정하면서 원나라가 그에게 관직을 강요하지 않는다면 저항하지 않고 그냥 평범한 백성으로 살아가겠다고 했다. 그러나 원의 복건행성참정(福建行省參政) 위천우(魏天祐)가 그에게 북행을 강요하자 그는 대도(大都)에서 단식을 하다 죽었다.

산동 지방관이었던 이단(李璮)의 부친 이전(李全)은 끝까지 저항했던 인물이다. 그러나 이전은 결국 원나라에 투항해 송나라와 싸우다가 송나라 군사의 칼에 찔려 죽었다.

산동 세후(世侯) 이단은 아버지를 죽인 원수에 대한 복수도 중요했지만, 일단은 아버지의 직위를 물려받고 병사를 신중하게 움직이면서 원나라에 붙어 지냈다. 나중에 이단은 원나라에 저항했다.

이단은 자신과 손잡은 군벌들에 희망을 걸었지만, 그들은 이단의 용맹한 저항에 영향을 받지 않고 성벽에서 구경만 했다. 이단은 성에 고립되어 포로가 되어 죽임을 당한다. 집안의 원한, 국가 재난, 항쟁, 냉담한 눈빛, 뜨거운 피, 속셈 등은 몽골의 철기병 앞에서 그 시대의 진실한 심경이다.

일본 학자 에마쓰 다다시(植松正)는 《원나라 강남지방관원임용(元代

江南地方官之任用)》에서 남송의 진사들이 원나라 이후에 어떤 정치적 동향을 보였는지 분석했다. 현존하는 역사 자료에 따르면 남송 진사 151명 중 관직에서 물러난 사람은 84명(55.6퍼센트), 원나라 관직에 임한 사람은 57명(37.8퍼센트), 행적이 불분명한 사람은 10명(6.6퍼센트)이었다. 원나라의 송진사 관직에 오른 사람 57명 중에서 22명이 학문 연구직과 관련이 있었다. 천더즈(陳得芝)는 〈송원 무렵 강남인사들의 사상과 정치 동향을 논함〉에서 송원 무렵 두 왕조 진사들의 동향에 대해 통계를 냈다. 순국한 사람은 71명(21.65퍼센트), 관직에 나가지 않고 은둔했던 사람 174명(53.05퍼센트), 투항해 원나라 관직을 맡은 사람은 83명(25.3퍼센트)이었다.

억압 통치: 4등인 제도와 다루가치

예로부터 왕조를 정복하고 건립한 북방민족 중에서 몽골은 한과 문화 차이가 제일 크다. 원나라 시기에는 중원의 전통에 대한 존경과 숭배가 가장 약했다. 원나라가 정권을 수립한 뒤에도 야만적이고 우매한 사상과 습관이 여전히 존재했다.

송대에는 이전보다 인권이 많이 향상되었으나, 원나라 때 다시 후퇴했다. 원나라 때에는 사람을 네 등급으로 나누었다. 1등급은 몽골인이고, 2등급은 색목인(色目人, 원나라 때 유럽이나 서아시아, 중앙아시아 등지에서 온 외국인을 통틀어 이르던 말-옮긴이)이고, 3등급은 한인(漢人, 발해인·여진족·거란족·한족 등 금의 지배하에 있던 사람들-옮긴이), 4등급은 남인(南人, 남송의 유민들-옮긴이)이다. 이 제도는 비록 공식적인 조정 문건은 없지만 정치와 사회생활에서 엄연히 존재했다.

원나라의 법률에는 이런 종족 억압이 분명히 반영되었다. 몽골인이나 색목인이 한인이나 남인들을 폭행하면 상대방은 저항해서는 안 되고 관아에 신고(신고 결과는 뻔하다)해야 한다. 한인이 맞아 죽었다 할지라도 살인자는 장례비용을 조금 내거나 곤장 57대를 맞거나 군역을 하면 되었다. 그러나 한인이 몽골인이나 색목인에게 해를 끼치면 그 결과는 엄중했다. 가해자는 사형에 처해지고 가족들도 연루되어 재산을 몰수당했다. 설령 작은 범죄를 저질렀다 할지라도 엄한 처벌을 받았다. 칭기스 칸의 법령에 따르면 무슬림 한 명을 죽이면 황금 40파리실(巴里失, 몽골의 화폐 단위)을 내야 하고 한인 한 명을 죽이면 나귀 한 마리에 해당하는 돈을 내야 한다. 일부 '구구(驅口)'(전쟁하면서 붙잡혀온 노예들)라고 불리는 사람들은 처우가 가축과 같아서 말시장이나 소시장 같은 '사람시장'에서 가격을 책정해 매매됐는데, 어떤 사람들은 해외에 팔려가 노예로 살았다.

원나라 때 다음과 같은 규정이 있었다. 한인들은 밭을 부칠 수 없으며, 무예를 배워서도 안 되고, 사람을 모아놓고 신을 모시고 복을 기원해서도 안 되며, 장사하거나 밤중에 돌아다녀서도 안 되고, 민간 무기(요, 금도 민간 병기를 금지했다)를 소지하는 것도 금지했다. 관리를 임용할 때 중서성, 서미원, 어사대 등 주요 관리직에 몽골인이 아니면 임용하지 않았다. 그다음으로 중요한 관직 또한 지방 관직도 몽골인과 색목인이 대부분이고 한인과 남인들은 보좌직을 맡을 수 있는 게 유일했다.

원나라는 몽골과 한인을 이원화하면서 함께 쓰는 제도로 다스렸다. 예를 들면 다루가치(達魯花赤)제도가 있다. 다루가치는 지방행정과 군사 실권을 장악하는 지방 각급의 '일인자'였다. 당(黨)의 서기(書記)

처럼 한인이 보좌해 구체적인 행정사무를 보았다.

원나라 통치자들은 비록 문화 수준이 낮았지만 타고난 정치 감각이 있어 유가학설이 통치도구로 쓰기에는 아주 편리하다고 느꼈다. 원 인종(仁宗, 아유르바르와다(愛育黎拔力八達), 1285~1320)은 "유생은 여전히 삼강오륜의 도리를 지키고 유지한다"라고 말했다. 그리하여 원나라는 과거제도를 계속 실시했다.

그러나 원나라에서 과거시험의 효과는 미미해 유명무실했다. 전체 원나라에서 진행된 과거시험은 모두 20회가 되지 않았고, 과거에 합격한 사람이 관직에 임용되는 경우도 적었다. "한 살 된 어린이만 해도 서른 명이 과거시험에 통과했다." 시험에 통과된 인원 대부분은 몽골인과 색목인이었다. 시험장에서는 부정행위가 끊이지 않았다. 부패가 만연해 과거시험이 혼란하기 그지없어 인재를 가려서 채용하려는 본래의 취지가 무색해졌다. 원나라의 민족 차별 정책 때문에 진짜 재능 있는 한인과 남인들은 과거시험에 응시하지 않고 실의에 빠져 지내면서 잡곡(청극이라고도 부르며 원나라 때 들어서며 유행하기 시작한 시가-옮긴이)이나 희극인 산곡을 창작했다.

원나라 때 경제는 상당히 후퇴했다. 경제사 전문가이며, 경제학자인 앵거스 매디슨(Angus Maddison, 1926~2010)의 〈중국 경제의 장기적 성과〉라는 보고서에 따르면 서기 원년 중국의 한나라와 유럽의 로마 제국은 동일한 발전 수준이었다. 12, 13세기 말, 중국의 1인당 GDP는 서유럽보다 많이 앞섰다.

송조 때 중국의 과학기술은 세계적으로 앞선다. 13세기에 이르러 중국은 이미 근대 사회에 근접했으며 많은 면에서 산업혁명 전의 영국을 능가해 과학혁명과 산업혁명의 문턱에 도달했다(유명한 사회과학자 조지프 니덤(Joseph Needham, 1900~1995)의 견해다). 그러나 결국 진입하지 못했다. 원인은 무엇일까?

학계에서는 여러 가지 해석을 내놓았다. 우리도 정체와 후퇴 상황이 바로 원조의 통치 시기에 있었던 것임을 발견할 수 있다.

원나라에서 공식적으로 사용하는 언어문자는 몽골어다. 칸이 서유럽 교황에게 보낸 국서, 서유럽과 동남아와의 외교통상 등은 모두 몽골어(일본에 보내는 국서는 한자를 사용해 우호적 관계를 나타냈다)를 사용했다.

옛 원나라 때에는 황제들 대부분이 한문에 익숙하지 않고 심지어 관리, 때로는 전체 성의 관원 전부가 문맹이라 글을 아는 사람이 없었다. 원나라 때 한인 지역에 보내는 공문은 매우 우스꽝스러웠다. 그 공문은 '경역체(硬譯體)'로 단어는 중국어 백화체(白話體, 구어체-옮긴이)를 사용했고, 어법은 한·몽골 두 가지 언어를 섞어 사용했다. 이를테면 성지(聖旨, 황제의 명령-옮긴이)를 인용할 때 뒷부분에서는 표지어 "……가 말하길"을 추가한 것 외에 "성지가 도착하다", "성지가 있다", "조서가 도착하다" 등을 자주 사용해 성지에서 인용되었음을 강조했다. 그 격식은 "……가 말하길, 성지가 도착하다"라는 식이다.

모든 정권은 양면성이 있다. 통치에서 억압적인 면이 있는가 하면 백성을 잘 다스리는 면도 있다. 《원사》에는 종종 "이 달 서화주(西和州), 휘주(徽州)에 우박이 내려 백성들이 굶주리기에 구휼미를 내준다", "기아로 구휼미 삼천석", "사절을 제남에 파견해 기아로 힘든 백성 9만 호를 구제한다" 등이 기록되어 있다. 이러한 선의의 통치 또한 그들이 통치를 확고히 하려는 데 목적을 두었기에 역사를 읽는 사람은 보이는 대로 믿어서는 안 된다.

정치의 혼란: 40년간 거쳐간 아홉 황제

원나라 황위 계승은 무질서했다. 황제의 등극은 종종 여러 세력이 서로 겨루다가 타협한 결과였다.

쿠빌라이가 죽자 그 뒤의 성종[成宗, 테무르(鐵穆耳), 1265~1307]·무종[武宗, 카이산(海山), 1281~1311]으로 이어지는 황위 계승은 혼란스럽고 무질서했다. 두 사람 모두 34세에 죽었다. 그 뒤의 인종과 영종[英宗, 시데발라(碩德八剌), 1303~1323]은 유가의 소양을 어느 정도 갖추었다. 인종이 재위할 때 과거시험제를 회복하기도 했다. 그러나 이러한 조치는 몽골인과 색목인들의 신경을 건드렸다. 인종은 과음으로 건강이 나빠져 30대에 죽었다. 영종은 적을 많이 만들어 20세가 조금 넘었을 때 남쪽 언덕에서 칼에 맞아 죽었다. 그 후의 황제는 권력 다툼에서 패했고 어떤 황제는 요절했고, 어떤 황제는 재위 시절 온갖 추태를 보였다.

원나라 중기 40년 동안 아홉 명의 황제가 바뀌었는데 평균 재위 기간이 5년도 채 되지 않았다. 이 아홉 명의 군주들 중에는 개국 군주를 제외하고 능력 있는 황제를 찾아볼 수 없다.

《원사》에 따르면 합마(哈麻)가 일찍이 순제(順帝, 1320~1370)에게 '맥을 짚는' 방중술을 가르쳤다. 순제는 피곤한 줄 몰랐다. 순제는 또 서번(西蕃, 서역, 즉 중국 서쪽의 중앙아시아 지역-옮긴이)의 승려를 국사로 모셨다. 그리고 "부녀를 널리 취해 음란하게 노는 것을 낙으로 여겼다." 더욱 변태스러운 것은 순제가 "재주가 있는 여자를 선발해 16일간 춤을 추게 하고 총애하는 대신들을 불러 무녀와 대전에서 집단 성교를 하게 했다"라는 것이다. 군주와 신하가 공공연히 음란 행위를 하고 승려들이 떼를 지어 금지구역에 출입하는 등 거침이 없었으니, 나쁜 명

성과 지저분한 행위는 멀리까지 퍼지고, 사람이 모여 사는 곳이면 그의 악행에 관한 소문을 들을 수 있었다.

추문과 지저분한 행위에 태자가 혐오하니 순제가 태자에게 충고하기를 "비밀에 부쳐야 할 불법(佛法)이며 이를 통해 장수할 수 있다"라고 하면서 함께 부패해지자고 한다. 그리하여 태자에게도 방중술을 배우게 한다. 태자는 그 기술을 익힌 후 놀랍고 기뻐하면서 말했다. "이 스승은 저에게 유가사상 책을 오랫동안 가르쳤는데, 나는 책에 적힌 글의 뜻을 이해하지 못했지만 서번 스님이 저에게 불법을 가르치니 하루아침에 이해가 되었다."

이때 몽골인이 건설한 아시아와 유럽을 잇는 대제국의 전성기는 기울어지고 몽골인들의 절대적 통치가 쇠퇴하면서 네 개 칸국의 권세도 약화되어 멸망하거나 변질됐다. 킵착 칸국은 15세기 전반까지 지속되었는데, 분열된 후 이반 4세가 세운 러시아에 의해 멸망했다. 차가다이 칸국은 예순 티무르 통치 시기에는 강압으로 천산이북에 있는 16만 몽골인이 이슬람교를 믿게 하고, 우구데이 칸이 황위 쟁탈전에서 패한 뒤 일부는 킵차크인 칸을 따르고 일부는 원나라에 귀속된다. 일 칸국의 합찬 칸시는 이름을 마호메트로 짓고 호는 소단(素丹)이라 한 뒤 이슬람교로 개종해 무슬림화하는 개혁을 단행했다. 몽골 귀족과 이란 귀족들은 날로 융합해 하나의 이슬람 국가가 되었다.

맨 동쪽에서는 원나라의 시작부터 끝까지 한인의 봉기와 저항도 중단된 적이 없었다.

중국의 원나라는 몽골 철기병을 앞세워 용맹한 말과 만도로 변방 지역을 예전에 없었던 넓이로 확장했다. 그러나 야만적이고 폭압적인 통치는 이 왕조의 통치 기간을 줄어들게 했다. 오만한 거대 제국이 송나라를 멸망시킨 후 100년도 안 되어 그 종말을 맞이한다.

해가 서산에 지다: 원나라의 종말

원나라 중기 정치적 분쟁을 겪은 후 순제 시기에 원나라는 겨우 중원의 통치에 적응해 안정을 찾는다. 그러나 이미 정권은 말기에 들어섰다.

순제가 즉위한 후, 정국은 여전히 불안했다. 엘 테무르(연철목아, 燕鐵木兒, 1285~1333)가 죽은 후 그의 오른팔이었던 바얀(伯顔,?~1340)이 그 자리를 대신해 정국을 좌지우지하면서 황제는 들러리로 전락했다. 사서에 따르면 "천하의 사람들은 바얀만 있는 줄로 알고 있다"고 했다.

몽골 귀족들의 비위에 맞춰 더 강력한 지지를 얻고자 바얀은 한인 대신들의 세력을 강하게 억압했다.

그는 네 등급으로 나눈 신분제를 다시 심의해 몽골인과 한족 사이의 거리를 강조했고 과거제도를 취소했다. 그는 순제에게 간언하기를 "폐하께서는 태자가 있으시니 한인들의 책을 읽게 하지 말아야 합니다. 한인들의 책을 읽으면 사람을 괴롭히는 것을 즐기게 됩니다. 예전에 제가 걷다가 말을 가진 사람이 오랫동안 보이지 않아 물으니 말하길 '과거시험에 응시하러 가서 돌아오지 않았다'라고 합니다. 저는 과거시험에 이런 사람들이 통과되는 것을 원치 않습니다." 그뿐만 아니라 한인들이 몽골어와 색목문자를 배우는 것을 금했다.

문학 분야뿐만 아니라 무예 분야에서도 마찬가지였다. 그는 한인·남인·고려인은 병기를 소지하지 못하게 명했는데, 철작살 같은 농기구도 사용하지 못하게 했고 말들도 몰수해 관청에 보냈다(순제의 천력 원년(天曆元年) 민간에서 말 11만 마리를 약탈했고, 원나라 십수 년 동안 민간에서 약탈한 말은 70여만 마리다). 더 심각한 것은 바얀이 순제에게 건의하기를 장씨·왕씨·이씨·조씨·유씨 등 다섯 개 성씨의 한인들을 전부 죽이라고 해 종족을 멸하려고 했지만 순제가 이에 응하지 않았다.

바얀의 권력이 하늘을 찌르고 황제를 대신하려는 조짐이 보이자 순제는 마침내 불안해지기 시작한다.

바로 그때 바얀의 조카 타구타(탁극탁, 托克托)가 역사의 무대에 등장한다. 타구타는 바얀이 스스로 무덤을 판다고 생각했으며 언젠가는 보복을 당할 것이라고 예측했다. 그는 자신이 바얀과 혈연관계로 연루될 것을 걱정해 적극적으로 순제에 호의를 나타내면서 정의를 위해서라면 혈육도 봐주지 않겠다고 말했다. 그는 순제와 공모해 바얀이 밖에서 사냥하는 틈을 타서 바얀을 하남행성의 좌승상으로 임명하고 광동양춘으로 갈 것을 명한다. 바얀은 그곳으로 가던 길에 병으로 죽고 만다.

바얀이 죽자 타구타는 중서성 우재상이 되었다. 그는 새로운 관리가 부임하면 낡은 폐단을 없애기 위해 개혁의 횃불을 높이 들어야 한다며 일련의 '경화(更化)' 조치를 실시한다. 연호를 '지원'에서 '지정'으로 바꾸고 과거시험을 회복해 인재를 불러들였다. 특히 한인을 자기편으로 끌어들이는 것을 중요시했다. 또한 《송사(宋史)》, 《요사(遼史)》, 《금사(金史)》를 편찬 수정했다. 이러한 조치는 확실히 원나라를 안정시켰고 사회적 모순을 완화했다. 그때 당시 이미 "말이라 함은 프랑스 말이 최고이고, 사람은 타구타이다"라는 말이 있었다. 타구타는 확실히 현명한 재상이었다.

그러나 역사의 발전은 현명한 사람 한두 명의 힘으로 이루어지지 않는다. 순제 시기의 새로운 정치적 기상은 원나라가 중원을 통치할 때의 회광반조(回光返照, 해가 지기 전에 잠깐 하늘이 밝아진다는 뜻 – 옮긴이)일 뿐 결국엔 멸망의 운명을 벗어날 수 없었다.

수로를 열고, 화폐를 개혁한 것은 그가 몰락하는 두 가지 요인이 되고 만다.

1344년 타구타는 조정 대신들로부터 배척당해 재상의 자리에서 물러난다. 마침 황하 하류 지역에 큰 비가 내리고 하남 구간의 제방이 두 차례 터져 홍수가 나 농지와 가축들을 휩쓸어간다. 기아에 시달리던 백성들이 황야에 널려 있고 '강도에 의한 폐해가' 빈번했다. 권력을 잡은 자는 할 수 없이 타구타에게 도움을 요청했다.

위급한 시기 중책을 맡은 타구타는 강을 다스리려면 충분한 재력이 있어야 한다는 것을 인식하게 된다. 그러나 어떻게 자금을 모을 것인가? 그때 대담한 생각이 떠올랐다. 화폐법을 바꾸는 것이었다. 1350년 그는 조정 대신의 반대를 무릅쓰고 새로 화폐를 발행해 기존에 유통하는 화폐의 가치를 낮추려고 했다. 목적은 민간의 재물을 모아 부족한 재정을 메우기 위해서였다. 그러나 결과는 악성 통화팽창을 초래하면서 백성들은 더 빈곤해졌다. 이 같은 임기응변식 대책은 사실상 공공연하게 백성의 재산을 약탈하는 것이었다. 통화팽창까지 초래했으니 당시로서는 설상가상의 상황이었다.

1351년 조정에서는 가로(賈盧)에게 명해 강을 다스리라고 했다. 백성 20만 명을 동원해 반년간의 시간을 들여 마침내 황하는 그 수로를 남쪽으로 바꿔 회하(淮河)를 통해 바다로 흘러가게 했다.

타구타는 비록 경제 문제는 잠시나마 넘어갔지만, 상황은 목이 말라 급한 김에 독이 든 술을 마신 격이 되었다.

사실 당시 원나라는 곧 무너질 빌딩이었다. 내외적으로 민중 봉기, 무장혁명, 투쟁, 부패 등에 직면해 곧 관 속에 들어갈 상황이었다. 타구타는 무너져가는 건물에서 휘어져버린 마지막 볏짚을 움켜쥐었지만, 수로를 열고 화폐를 개혁했던 일이 도화선이 되어 불을 지피니 잡고 있던 볏짚마저 타버려 재가 되어버린 셈이다.

원나라의 통치는 기존 화하문명의 발전 과정을 저지하는 좋지 않은 선례를 남겼다. 즉 낙후된 문명이 진보된 문명을 통치하는 것이다. 그 근본 원인은 선진문명의 상무정신의 쇠퇴와 지도집단의 부패와 쇠락이다. 원나라 세력은 중화 역사상 처음으로 중원문명을 멸망시키려는 시도를 했다.

초기에는 물리적으로 반대하는 모든 사람과 잠재적인 반대자들을 파괴했고, 더 나아가 정신적으로는 중원의 전통문화를 없애버림으로써 중원문명을 철저히 지워버리고자 했다. 그러나 통치 수준이 너무 낮아 몇십 년이 지나지 않아 중원문화를 완전히 없애는 것은 불가능하다는 사실을 알았다. 중원문화를 없애려는 노력은 오히려 자신들의 통치를 어렵게 했다. 곧 멸망에 직면한 원나라는 통치를 이어가기 위해 어쩔 수 없이 중원의 문화 전통에 대한 억압을 느슨하게 해 통치 압력을 줄이고 원나라도 중원문명의 계승자인 것처럼 미화하려 했다. 그러나 역사는 쉽게 바꿀 수도 기만할 수도 없다. 각 지방의 의병들이 벌 떼처럼 일어나 신속히 원세력의 중원 통치를 종결시켰다.

원말 대반란과 원왕조의 종식
《원사》의 기록에는 도둑이 끊임없이 나타난다.

일찍이 쿠빌라이시대인 지원(至元) 25년, 어사대부(御史大夫)는 보고서에서 다음과 같이 말했다. "강남에 도둑이 든 곳이 400여 곳에 달한다." 강남은 바로 송나라의 옛 국토이며 도둑이 창궐하는 곳이다. 도둑은 어떤 사람들일까? 사실은 노예의 삶을 살지 않으려는 의인들이었다.

원나라 말기에 이르러 민간에서는 '취태평(醉太平)'이 유행했다. "당당한 대원 제국이 간사하게 권력을 독점해, 수로를 열고 화폐를 바꾸니 화근이 되어 천만의 홍건(농민)을 건드렸다. 법치가 무너지고 형벌이 중해 백성들이 원망한다. 사람이 사람을 먹고, 돈이 돈을 사니 이런 일은 처음 보는 것이다. 도둑이 관리가 되고 관리가 도둑이 되니 우매함과 현명함이 혼탁해지고 가련하도다." 그 당시 모든 사회적 병폐를 묘사한 소령[小令, 중국의 사(詞) 양식 가운데 50자 이내의 짧은 시형을 통틀어 이르는 말 – 옮긴이]은 널리 전해져 수로를 열고 화폐를 바꾸는 것으로 인해 거센 농민 봉기가 일어났음을 분명하게 드러냈다.

원나라 말 각지에서 반란이 일어났다. 의병들은 먼저 여론전을 펼쳤다. 당시 '점술시'가 널리 퍼졌다. "하늘이 벌해 악마의 군이 거슬리는 것을 없앤다. 불만이 있는 사람이 불만이 있는 사람을 죽이고, 불만이 있는 사람이 불평등을 조장하는 사람을 죽이니, 불평자를 모두 죽여야만 천하가 태평하다." 이 시는 원나라 말기의 세도가 불평등해 살기(殺氣)가 가득했음을 명백히 보여준다.

예술적 가치가 더 높은 것은 홍건적의 깃발에 적힌 문구다. "용사 삼천, 유연(幽燕) 지역에 도착하니, 황제가 등극하고 대송 천하를 다시 시작한다." 이것은 이민족 왕조인 원나라를 뒤엎고 송나라를 재건하려는 깃발의 문구로 백성들에게 동참할 것을 호소하는 것이다.

황하 치수 공사가 시작되자 황회(黃淮) 지역에서 활약하던 백련교(白蓮敎) 우두머리 한산동(韓山童) 등이 "돌사람의 눈이 하나라 말하지 마라, 이것이 나타나면 천하가 뒤집힐 터이니"라는 유언비어를 퍼뜨렸다. 후에 눈이 하나뿐인 돌사람을 만들어 그 위에 "돌사람의 눈이 하나라 말하지 마라, 이것이 나타나면 천하가 뒤집힐 터이니"라는 글씨를 새긴 후 황릉강 지하에 묻어두었다. 땅에서 돌사람을 파내자 과연 천하가 뒤집힌다고 민심이 동요하기 시작했다.

한산동은 반란을 일으킬 때가 무르익었다고 보고 스스로 송휘종 8대 자손으로 칭하면서 영상(穎上, 지금의 안휘성 영상현) 일대에서 사람을 모아 봉기한다.

그가 관청에 붙잡혀 참수당하자 남은 사람들은 유복통(劉福通, 1321~1363)의 지휘 아래 계속해서 싸운다.

그 후 반란의 불길이 중원과 주변 지역까지 타오르자 잇달아 서수휘(徐壽輝, ?~1360)·지마이(芝麻李)·곽자흥(郭子興)·진우량(陳友諒, 1320~1363)·방국진(方國珍, 1319~1374)·장사성(張士誠, 1321~1367) 등 호걸들이 백성을 모아 무장 봉기를 일으킨다. 원나라의 통치자들은 사람과 말을 집결시켜 무장 봉기군을 포위 습격한다.

유복통, 곽자흥 등은 전쟁 중에 희생됐으며 장사성은 조정과 전쟁과 화해를 반복했고, 서수휘 등은 내분으로 점차 소멸해갔다. 반원(反元)의 바통은 주원장(朱元璋, 1328~1398)의 손에 넘어갔다.

주원장이 거느린 부대는 반복된 전쟁으로 경험을 쌓아 강한 힘을 길렀고 수하에 전투력이 강한 병사와 지휘에 능한 장수들이 구름처럼 모여들었다. 그의 세력 범위는 장강 중하류 지역이었다.

그 후 그는 남쪽의 진우량, 장사성, 방국진 등의 세력을 진압했다.

그때 원나라 통치자들은 황족끼리의 골육상잔으로 흙바람과 피바람이 그칠 날이 없어 세력이 극도로 약해졌다.

주원장은 남쪽의 여러 세력을 제압한 뒤 북벌에 나서 원나라 주력군을 격파했다.

1368년 주원장은 황제에 등극해, 명나라를 건립했다. 이로써 원나라의 중원 통치는 끝이 났다.

주원장이 원의 수도인 대도를 점령하자 원나라 순제는 몽골 초원으로 황급히 도망갔다. 상도(上都, 내몽골)에 도착한 뒤 왕좌에 몇 마리의 여우가 앉아 있는 것을 보고 망국의 징조라고 여긴 황제와 대신 일행은 경악을 금치 못했다. 순제는 한숨을 쉬면서 "하늘의 뜻이 이러할진대 내가 어찌할 수가 있겠는가?"라고 말했다고 전해진다.

결말: 원으로 돌아간 몽골인의 운명

북으로 도망쳐 간 순제는 응창(應昌)에서 죽고 말았다. 서북·서남·동북 일대에 여전히 원나라 군사가 주둔해 있었으나 나중에 명나라 군사들에 의해 하나하나 섬멸되었다. 위의 지역은 모두 명나라 땅으로 귀속되었다.

살아남은 몽골 귀족들은 고비사막의 이북 지역(막북)에 은거하며 수십 년 동안 정권을 이어갔다. 역사적으로 '북원'이라고 불렸는데, 세력은 거의 저물어가는 단계였다.

1388년 명나라 장수 남옥(藍玉, ?~1393)이 10만 대군을 이끌고 하러카강과 커루룬강 사이에 있는 베르호의 남쪽에서 북원의 3대 황제, 원평종(平宗) 토구스 테무르(脫古思帖木兒, 1342~1388)의 군대를 격파한다. 북원의 여러 왕과 평장(平章) 이하 관리 3,000여 명과 군인 7만 명이 포로로 잡힌다. 토구스 테무르는 도망간 후 그의 부하 장수에게 목졸려 사망한다.

이번 실패로 쿠빌라이 계보의 북원 세력은 몽골인들의 마음속에서 지고무상의 지위를 상실한다. 그리하여 대다수 몽골부족은 북원을 벗어나 독립을 선언한다. 1399년 예니세이강 상류 연안에 분포한 키르지스부의 수령인 구이리츠는 마지막 북원 황제 어러보커(額勒伯克)의 종주권을 부인하고, 그를 격파해 죽여버린 후 각부를 통치하는 패권을 획득한다. 이렇게 해 29년간 연명하던 북원 정권은 멸망한다.

만리장성 이북 지역은 몽골인들의 발원지다. 이곳은 몽골 기병들이 활동하기에 적합해 비록 명나라 군사가 우위를 차지한다 하더라도 몽골인들을 전부 소탕할 수는 없었다. 명나라는 멸망하기까지 200여 년이 소요되었고 그 기간에 한인과 몽골인은 시종일관 남북 대치의 상태였다. 그 후 만리장성 이북 지역의 몽골인들은 타타르부와 오이라트부로 나뉘어 명나라와 전쟁과 화해를 거듭했다.

명조 말년에 몽골인들은 세 부분으로 나뉘었다가 강희 연간(康熙年間)에 청나라에 의해 통일되었다.

오래전 칭기스 칸을 따라 서쪽 정벌에 나섰던 몽골인들은 중앙아시아, 서아시아, 동유럽 등 일대를 공략하고 이집트와 서유럽 진군을 시도했다. 이집트와 서유럽 여러 국가들은 용감하게 저항해 몽골인들의 세력이 아프리카와 서유럽까지 확장되지는 못했다.

그 후 네 개의 칸국으로 각자 독자적으로 나라를 통치했다. 그들은 서로 연합하기도 하고 싸우기도 하면서 킵착 칸국 외 다른 세 개 칸국은 14세기 안팎에 궁지에 몰려 돌궐인이 건립한 티무르 제국에 멸망하고 몽골인들은 현지 각 민족과 융합하며 지냈다.

통치 지역이 오늘의 러시아, 우크라이나 일대인 킵착 칸국은 많은 내부 갈등으로 15세기 말 크림 칸국, 아스트라한 칸국, 카잔 칸국, 시비르 칸국 등으로 분열되었고 결국 16세기 러시아 제국에 의해 파멸되었다.

이렇게 유럽과 아시아 대륙을 통치하면서 오랫동안 군림하던 대제국은 연기처럼 흩어져 역사 속으로 사라졌다.

명

: 서양의 발전, 동양의 퇴보

명 왕조의 서두: 중화의 회복

만일 현대인이 시간 여행을 떠나 주원장의 성장 환경을 돌아본다면 대다수 사람은 살고 싶은 욕구가 사라질 것이다. 1328년 주중팔(朱重八, 주원장의 아명-옮긴이)은 안휘 호주(濠州, 지금의 봉양)의 가난한 가정에서 태어났다. 20세 이전에 그는 가난과 죽음 사이에서 발버둥 쳤다. 지주를 위해 양을 치기도 하고 황각사(皇覺寺)에서 탁발승으로 지내기도 했다. 황각사가 파산해 없어지자 사방으로 구걸하러 다녔다. 주중팔이 어린 나이일 때 그의 가족은 모두 굶어 죽거나 병사했다.

원나라 말기 홍건적이 반란을 일으키자 어린 시절 친구인 탕화(湯和, 1326~1395)가 그에게 함께 홍건적에 들어가자고 편지를 썼다. 25세의 주중팔은 편지를 받고 고민에 빠졌다. 사람들에게 고발당할까 두려웠지만, 한편으로 좋은 기회라고 생각했던 것이다. 친구를 찾아 상의하고 신에게 기도하고 점을 보며 고민하다가 결국 결심을 굳혔다. 호주의 홍건족 곽자흥(郭子興, ?~1355) 수하로 들어가 사병이 되기로 했다. 주중팔은 곧 두각을 나타냈고 이름을 주원장으로 개명했다. 곽자흥이 죽은 후 주원장은 부대를 장악했다. 1356년 집경(集慶, 지금의 남경)을 함락한 뒤 응천부(應天府)로 이름을 바꾸고 강남에 행성(行省, 원나라 때 지방 통치기관-옮긴이)을 세웠다. 당시 병력은 10만 명에 달했다.

당시 원나라에 반대하는 세력이 서로를 견제하며 다투었다. 당시 홍건적 군벌 중에서도 가장 강력한 3대 세력으로 북쪽에는 유복통, 서쪽에는 진우량, 동쪽에는 장사성이 있었다. 이 사람들의 생각과 이상은 제각기 달랐다. 이 중 주원장의 생각이 가장 명확했다. 그는 유방, 이세민, 조광윤 등을 연구했다. 주원장은 사방(四方)을 제패하고 천하를 통일하고자 했다.

진우량은 병력이 강한 강적으로, 주원장은 4년간 진우량의 부대와 싸워 마침내 이겼다. 이후 주원장은 서달(徐達, 1332~1385), 상우춘(常遇春, 1330~1369) 등을 파견해 장사성의 도성 평강(平江, 소주)까지 점령했다. 장사성은 젊은 시절에는 호걸이었으나 왕후(王侯)가 된 후 사치스런 생활에 빠졌으며, 이미 부패할 대로 부패했다. 장사성은 전쟁에 패한 후 남경에서 주살되었다.

이후 주원장은 1367년 겨울과 1368년 절동의 방국진, 복건의 진우정(陳友定), 양광의 하진(何真) 등의 세력을 물리쳤다.

이때 남방의 대국은 이미 결정되었다. 1367년 10월 주원장은 서달, 상우춘을 25만 대군과 함께 북벌을 위해 대도(지금의 북경)를 공격하게 했다. 북벌군은 파죽지세로 산동, 하남 등지를 공격하고 마지막으로 1368년 8월 초에 대도를 공략해 원 왕조를 멸망시켰다.

주원장의 초상화

1368년 정월 주원장은 응천에서 황제에 오르면서 그곳을 수도로 삼았으며 국호는 대명(大明), 연호는 홍무(洪武)로 정하고 명 왕조의 서막을 열었다.

명 왕조는 화하문명을 회복했다. 다시 한족이 중국 대륙을 통치하는 질서로 돌아온 것이다.

주원장의 개성과 명초의 정치

주원장은 사회 최하층 출신으로 문화 수준이 높지 않았지만, 항상 열심히 공부했다. 흥이 오르면 자유시를 쓰기도 했다. 예를 들어 청년 시절 쓴 〈영국화(詠菊花)〉라는 시를 보자.

백 가지 꽃이 필 때 나는 피지 않는다.

내가 필 때는 모든 꽃은 시드네.

서풍과 일전을 하기 위해서,

온몸에 황금 갑옷을 입는다

(百花發時我不發, 我若發時都嚇殺, 要與西風戰一場, 遍身穿就黃金甲).

익숙하지 않은가? 그렇다. 아래 시를 보자.

가을 오면 9월 8일 애써 기다리는데,

국화가 활짝 피면 다른 꽃은 모두 시드네.

눈부시도록 장안에 꽃향기 자욱하니,

도성 천지가 황금 갑옷으로 물드네."

_ 황소, 〈부제후부국(不第后賦菊)〉

황소의 시를 베껴 썼다기보다는 그들이 농민군 수령으로서 같은
감정을 느꼈을 가능성을 배제할 수 없다. "내가 피었을 때 다른 꽃은
시들었다"라는 유아독존(唯我獨尊)의 기세는 다음과 같은 시를 떠올
리게 한다.

호숫가에 홀로 호랑이처럼 걸터앉아,

수양버들 아래에서 정신을 가다듬노라.

봄이 와도 내 아직 입 열지 않았거늘,

뭇 벌레들이 어찌 감히 소리를 낼까.

_ 마오쩌둥이 소년 시절 쓴 작품

하지만 주원장의 독특한 개성은 명나라 초 정치계에 기나긴 그림
자를 남겼다.

홍무 13년(1380년) 백관(百官)의 우두머리인 좌승상 호유용(胡惟庸,
?~1380)은 '권력을 마음대로 휘두르고 법을 왜곡한다'는 죄명으로 주
살된다.

호유용은 원말의 지식인으로 명나라 건국 이전에 주원장에게 귀순
해 후에 회서파(淮西派)로 핵심 관료가 된다. 홍무 6년 우승상이 되었
고 10년에 좌승상이 되어 백관의 수장이 되었다. 호유용은 권력욕이

강해 승진할수록 거만하고 방종해졌다. 관리를 승진시키고 범인을 처단하는 일 등을 모두 주원장의 허락 없이 독단적으로 처리했다. 사적으로 상소문을 빼내어 자신에게 불리한 내용은 압수했다. 주원장이 어찌 참을 수 있었겠는가? 홍무 13년 마침내 호유용의 인생은 마침표를 찍는다.

호유용 사건은 중대한 제도의 변화를 몰고 왔다. 중국에서 16세기 가깝게 유지되던 승상제도를 없애는 계기가 된다. 자신과 후세의 황위를 공고히 하기 위해 호유용을 처단하고 얼마 뒤에 주원장은 승상이라는 관직을 폐지한다. 상소를 올려 승상을 복구하고자 주장하는 자는 극형에 처했다. 후대 사학자들에 의하면 주원장은 이미 사전에 승상의 폐지를 모의했다. 명 왕조가 건국된 후 그는 승상의 권력을 차분히 줄여갔다. 호유용의 사건은 단지 이 바둑판의 승리를 결정지은 마지막 바둑알이었던 셈이다.

승상 폐지는 후환을 야기했다. 명 왕조 후기 불가사의한 정치 암흑과 부패는 이 제도의 변화와 관련 있다. 명말 청초의 사상가 황종의(黃宗義)는 "명나라의 잘못된 정치는 황제의 승상 폐지부터 시작되었다"라고 평했다.

호유용이 처단된 후 주원장은 여전히 불안해 왕년의 공신들을 대대적으로 살육했다. 주로 '호유용당'과 '남옥(藍玉)당'과 연루시켜 처단했다.

호유용이 살해된 지 10년 후 주원장은 '호당'이라는 명분으로 관련 인물의 죄명에 '일본과 사통'하고 '몽골과 사통'했다는 죄목을 추가했다. 주원장이 한 번 주살하면 대거 살육이 벌어져 제거된 공후 대신이 20여 명에 이르렀고, 목숨을 잃은 자들이 모두 3만 명에 달했다.

'남옥 사건' 역시 비슷하다. 남옥(藍玉, ?~1393)은 본래 명 왕조의 개국 장군으로 군사를 이끌고 막북으로 들어가 몽골의 우두머리인 칭기스 칸의 후예 수천 명을 인질로 잡은 공을 세웠다. 하지만 남옥은 후에 '모반죄'로 감옥에 갇혀 피부가 벗겨지고, 가산을 몰수당하고, 삼족을 멸하는 벌을 받았다. 그와 연루되어 살해된 이들이 1만 5,000여 명에 달했다.

이 두 차례의 숙청으로 대명의 개국 원로 공신들은 거의 다 제거되었다.

호유용과 남옥의 두 사건 외에도 많은 공신들이 다양한 죄명에 다양한 방식으로 살해당했다. 서달(徐達)은 주원장의 어린 시절 동무로 주원장을 따라 천하를 평정하고 혁혁한 공을 세워 위국공(魏國公)에 봉해졌다. 주원장은 아직 황제가 되기 전인 오왕(吳王) 시절에 성실하지만 담이 작았던 서달의 야심을 시험해보았다. 일부러 술에 취하게 만든 뒤 서달을 자신의 침상에 눕혀 재운 것이다. 잠에서 깬 서달은 혼비백산 놀라서 주원장 면전에서 마늘을 찧듯이 고개를 바닥에 조아렸다. 하지만 이처럼 성실한 어린 시절 친구도 주원장은 그냥 두지 않았다. 홍무 18년(1385) 서달이 병에 걸려 등에 종기가 났다. 이 병은 거위 고기를 절대 먹어서는 안 되었음에도 주원장은 그에게 거위찜을 하사한 것이다. 서달은 하염없이 눈물을 흘리며 사신의 앞에서 고기를 먹고 며칠 뒤 황천길로 떠났다.

주원장의 공포정치는 공신의 도살에 그치지 않았다. 그는 자신이 싫어하는 글자를 사용했다는 명목으로 비판적 지식인을 탄압하고 사형까지 내리는 문자옥(文字獄)을 일으켰다.

명나라 초기 관료 사회는 두려움에 하루하루를 넘기기 힘들었다.

청나라 학자 조익(趙翼, 1727~1814)은 주원장을 "잔인하기가 천고에 다시없을 정도"라고 비평했다.

주원장은 초심을 잃지 않고 관리들의 부정부패를 증오했다. 그는 60냥 이상을 횡령한 관리는 머리를 잘라 대중 앞에 효시하도록 규정했다. 또한 탐관의 피부를 벗겨 그 안에 볏짚을 채우게도 했다. 명나라는 황궁의 문 왼편에 토지신의 사당을 세웠다. 이전 왕조에는 없던 이 토지신의 사당은 탐관오리의 인피를 벗기는 장소였다. 게다가 관부의 옆에는 이 인피로 만든 허수아비를 걸어 관리들에게 경고했다. 이 밖에 잘못을 저지른 관리를 징벌하는 수많은 잔혹한 형벌이 있었다. 예를 들면 능지처참, 장기 추출, 세척(끓는 물을 사람에게 끼얹은 뒤 철 솔로 솔질하는 형벌), 평간(쇠갈고리에 사람을 매달아서 바람에 말리는 형벌), 무릎 파내기 등이 있었다. 《대고삼편(大誥三編)》, 《대고무신(大誥武臣)》의 통계에 의하면 관리들이 뇌물을 받는 등의 죄로 참수, 능지처참, 멸족의 벌을 받은 예가 수천 건에 달하며 사형 이하의 형벌은 1만 여 건에 달한다. 그러나 명 왕조 중기 이후 부패의 정도가 절정에 이른 것을 보면 인치에 의존해서는 부패를 근절할 수 없다는 점을 일깨워준다.

주원장의 잔혹하고 독단적인 독재정치로 명나라 초기의 정치는 피비린내가 진동했으며, 후세에도 좋지 않은 영향을 끼쳤다. 그럼에도 주원장은 적지 않은 정치적 성과를 올렸다. 이런 엄격한 징벌정치 덕분에 명나라 초의 관리 사회는 수백 년 만에 깨끗한 편에 속했고, 핍박받는 백성들이 크게 줄어들었다. 그는 또한 학교와 과거를 중시해 중앙에 국자학을 설치하고 현에도 학교를 세웠다. 경제적인 면에서 백성들의 황무지 개간을 장려하고, 노역을 줄이고 세금을 낮추었으며,

수리시설을 건설해 경제작물(환금작물 중 수익성이 특히 높은 작물-옮긴이)의 경작을 장려했다. 부역을 정돈하기 위해 설립한 황책(黃冊), 어린(魚鱗) 같은 호적 등기 제도는 청나라 때까지 지속되었으며 지금까지도 역사 연구의 중요한 자료가 되고 있다.

명 왕조의 실패한 제왕교육

주원장은 즉위한 초기에는 갈피를 잡지 못해 황제로서 우선 무엇을 읽어야 할지 자주 자문을 구했다. 그가 자문을 구한 문신들은 당대 지식계의 최고 엘리트였지만, 남송 이학의 범주에서 벗어나지 못했다. 한 가지 문화가 일단 형성되면 그 안에 자리한 사람들은 그 문화에 갇히게 된다. 이들 유생들에게 심성의 학문은 가장 숭고한 학문이었다. 누구도 《상군서》나 《관자》를 추천하지 않았다. 물론 당시에는 《연방당원 문집》이나 《정부론》 같은 책도 없었다.

주원장이 유학의 대가 송렴(宋濂, 1310~1381)에게 묻자 그는 《대학연의(大學衍義)》를 추천했다. 이 책은 송대 진덕수(眞德秀, 1178~1235)가 저술한 책으로 《대학(大學)》의 깊은 뜻과 그 이치를 해석한 책이다. 《대학》·《논어》·《맹자》·《중용》을 유가 경전의 '사서(四書)'라고 한다. 사서는 격물(格物)·치지(致知)·성의(誠意)·정심(正心)·수신(修身)·제가(齊家)·평천하(平天下)를 이야기한다. "사물을 탐구한 뒤에야 앎에 이르고, 앎에 이른 뒤에야 뜻이 참되게 되고, 마음이 바르게 된 뒤에야 몸이 닦이고, 몸이 닦인 뒤에야 집안이 챙겨지고, 집안이 챙겨진 뒤에야 나라가 다스려지고, 나라가 다스려진 뒤에야 천하가 태평하게 된다(格物而後知至, 知至而後意誠, 心正而後身修, 身修而後家齊, 家齊而後國治, 國治而後

平天下)." 유가의 전체 윤리, 철학, 정치사상을 담고 있어 후세 유학자들이 '제왕의 배움'이라고 받들었다.

송렴은 정치의 핵심은 군주의 도덕에 달려 있다고 보았다. 그는 제왕이 덕이 있다면 천하의 모든 것이 자연히 순조롭게 된다고 여겼다. 송렴은 주원장을 보좌하고 태자를 교육하며 성리학자들의 '치심(治心)', '양심(良心)', '거욕(去欲)', '지경(持敬)' 등의 관념을 특히 강조했다. 반면에 필요한 실무 지식, 즉 경제, 군사, 전략, 법률 등은 그의 머릿속에 전혀 없었다.

주원장은 병법을 좋아했다. 한번은 주원장이 송렴에게 고대 병법서인 《황석공삼략(黃石公三略)》에 대해 이야기했다. 강태공이 지었다고 전해지는 이 책은 후에 신비한 노인이 한 왕조의 개국공신인 장량에게 주었다고 한다(사실 책에는 후세 사람들이 견강부회(牽強附會)한 내용이 많다). 주원장이 신이 나서 이야기했지만 송렴은 흥미 없어 하며 주원장에게 말했다. "《상서》 중의 〈요전(堯展)〉과 〈고도모(皐陶謨)〉야말로 치국을 다룬 경전입니다. 그 내용도 전면적으로 다루었으니 황상께서는 연구하셔서 마음에 새기시기 바랍니다."

주원장이 다시 범조간(范祖幹, ?~1385)에게 묻자 그는 송렴과 마찬가지로 《대학》을 추천했다. 주원장이 치국의 도를 묻자 범조간은 책에는 나오지 않는다고 당당히 말했다.

주원장의 문화 수준은 낮았지만 실전 경험은 풍부했다. 그는 유생들의 말을 믿지 않았다. 후에 그는 태자의 스승을 고를 때 대신들에게 문인들이 '문장을 암송'만 할 뿐 실무는 모른다고 조롱했다. 홍무 9년에는 더욱 무례하게 "문무를 겸비하지 못했다"라고 말하면서 송렴의 약점을 평했다. 그렇기 때문에 주원장은 송렴의 제안을 따르지 않았다. 정치권력은 《대학》으로 적용할 수 없었다.

송렴은 일생을 바쳐 황제를 교화하려 했다. 하지만 그의 말로는 실패한 교육을 보여주는 한 예가 되었다. 그의 손자가 '호유용 사건'에 연루되어 살해되었고, 송렴 자신도 연좌되어 71세 고령에 편벽한 무주로 쫓겨나 다음 해에 절식을 하고 죽었다.

송렴과 범조간 두 사람은 유학자의 대표적인 인물로 그들의 관념은 명 왕조 사대부들에게 공감을 얻었다. 전체 명 왕조의 관료 체계는 이런 기본 관념하에 운영되었다.

명 왕조 중후기가 되자 대다수 관료들이 부패하고 실무를 돌보지 않아 재정이나 군사를 잘 몰랐다. 가정(嘉靖) 연간에 잠약수(湛若水, 1466~1560)라는 이부시랑(吏部侍郞)은 '어디서든 천리를 체험으로 이해할 수 있다'는 학설을 설파했던 당시 저명인사였다〔천리를 마음속 깊이 인정하는 것을 근본으로 삼는 잠약수의 학파를 감천학파(甘泉學派)라 한다 - 옮긴이〕. 한번은 어떤 사람이 왜구를 막아내는 방법을 묻자 그는 당당하게 "부모에게 효도하고 임금에게 충성을 다하는 마음"이라 답해 비웃음을 사기도 했다.

한 문화에서 살아가는 사람은 그 틀에 갇히기 쉽다. 명 왕조의 제왕교육은 교육의 정수에 집중한 것처럼 보이지만, 역사라는 긴 강에서 고찰해보면 반면교사로 삼을 만하다. 명 왕조 200여 년 동안 도덕을 교육의 핵심으로 삼은 제왕교육 사상은 한결같았으며, 모든 정치를 도덕화한 결과는 연이은 참패를 기록했다.

명나라 대신과 강관(講官)은 황제에게 인성을 무시한 주입식 교육을 실시해 결국 우매하고 무능한 황제들을 양성했다.

명나라 대신들은 황제가 밤낮으로 독서하고 '사욕을 버리는' 최고의 경지에 오르기를 바랐다. 그들은 오랫동안 이렇게 하면 황제가 반드시 유가의 교화를 받아 사욕을 버리고 '성현 군주'가 될 것이라 여겼다.

그들은 모든 외부의 유혹을 단절하고 황제에게 "하늘의 이치와 사람의 욕망은 함께할 수 없다"고 주장했다. 심지어 여가 시간에 취미 생활도 허락하지 않았다. 선덕제(宣德帝, 宣宗, 朱瞻基, 1398~1435)는 태자였을 때 시를 좋아했다. 그가 대신들에게 역대 왕조의 좋은 시가를 추천해 달라고 하자, 중신 양사기(楊士奇, 1365~1444)는 한바탕 설교를 늘어놓았다. "제왕의 공부는 시에 중점을 두지 않습니다. 태조 황제는《상서주(尙書注)》같은 성현의 대작을 배우셨습니다. 시를 짓는 것은 특히나 한가로운 일입니다." 결국 시가는 허락되지 않았다. 만력제(萬曆帝, 神宗, 朱翊鈞, 1563~1620)는 서예를 좋아했으며 글씨를 매우 잘 써서 자부심이 있었다. 한번은 직접 대련(對聯, 문과 집 입구 양쪽에 쓰는 대구(對句)-옮긴이)을 써서 태부 장거정(張居正)에게 감사 선물로 하사했다. 뜻밖에도 장거정은 다음 날 향후 신종이 학습의 중점을 문장의 내용과 이치에 두고 더는 글씨 연습을 하지 말라고 차갑고 엄숙하게 요청했다.

명나라 황실에서 학문을 가르친 관리는 모두 존경받는 노장의 유가 선비였다. 정덕제(正德帝, 武宗, 朱厚照, 1491~1521) 때 유건(劉健, 1433~1526)·이동양(李東陽, 1447~1516)·마문승(馬文升, 1426~1510)·한문(韓文, 1441~1526)·사천(謝遷, 1449~1531) 등이 모두 가장 중요한 내각의 신하이자 태자의 스승이었다. 이들의 평균 연령은 70세 정도였으나 이들이 보좌하는 신군이나 태자는 대체로 나이 어린 청춘이었다. 하루 종일 어린 황제나 태자에게 천하를 다스리는 대경대법(大經大法)이나 사서오경 등 난해하고 오묘한 이치를 가르쳤다. 이런 상황은 내정의 환관들이 태자의 환심을 사기 위해 승마와 활쏘기, 서원 순행 등의 활동을 정성껏 안배한 것과는 선명한 대조를 이루었다. 황제와 태자가 환관들과 더 가까워지고 대신들과 점점 멀어진 것은 의심할 여지가 없었다.

명 왕조의 황제 열여섯 명은 중국 역사상 독특한 특색을 지닌 부류였다. 그들은 제멋대로 행동하며 황제의 역할을 등한시해 조정과 사회뿐 아니라 나라의 운명에도 영향을 끼쳤다. 명나라 중후기 황제(영종부터)는 거의 모두가 직무를 소홀히 해 '불량 황제'로 몰락했다. 명대 황제와 황태자 교육의 실패로 황제들은 국가 최고 수뇌로서 자질과 능력을 갖추지 못했을 뿐 아니라 개인의 품행도 저속했다.

명나라의 '불량' 황제로는 성화제(成化帝, 憲宗, 朱見深, 1447~1487)·정덕제(正德帝, 武宗, 朱厚照 1491~1521)·가정제(嘉靖帝, 世宗, 朱厚熜, 1507~1567)·만력제·태창제(泰昌帝, 光宗, 朱常洛, 1582~1620)·천계제(天啓帝, 熹宗, 朱由校, 1605~1627)가 있었고, 집정 기간에 많은 문제를 일으켰다. 성화제는 자신보다 열아홉 살 많은 만귀비(萬貴妃, 萬貞兒, 1430~1487)를 총애하며 온갖 만행을 저질렀다. 무종은 황제이면서 대장군으로 행세하며 '표방(豹房)'(남성 노리개가 있는 곳)에 머물고 민간의 아녀자를 범하며 하루 종일 궁으로 돌아오지 않기도 했다. 세종은 도교를 숭상하고 재상을 마음대로 임용하며 자신은 정무를 돌보지 않았다. 신종은 음주·호색·탐욕·노여움 등 삼가야 할 네 가지 품행을 골고루 다 갖추고 30여 년 동안 정사를 돌보지 않아 천하를 혼란에 빠뜨렸다. 호색한이었던 태창제는 환약 한 알에 죽었다. 천계제는 목공일에 빠져 정치는 환관 위충현(魏忠賢, ?~1627)에게 모두 맡겼다. 명 왕조는 이들 황제의 통치하에 나날이 쇠락해갔다.

명 왕조의 제도는 권력이 황제 한 명에게 집중되었는데, 황제가 이토록 형편없었으니 국가의 운명이 어찌될지는 가히 짐작할 수 있다. 명 왕조 중후기 전통적인 식량 생산의 농업에서 탈피해 상품 작물의 재배가 활발했다. 이는 경제 발전을 이끌었다. 서민문화가 비약적으로 성장했고 인문 정신도 개성을 띠었다. 이 시기 국제적으로도 커다란 변화가 있어 근대의 서광이 비쳤다. 종합해보면 역사는 명나라에 크고 찬란한 시대적 배경을 부여했지만, 명 왕조의 황제들은 역사가 하사한 기회를 장악할 힘이 없었으며, 황제라는 특권만 누리며 전체 제국에 대한 책임은 소홀히 했다. 결국 중국은 점차 세계 강국과 무역에서 중심적 지위를 잃어버렸고 서양과의 차이도 갈수록 벌어져 세계 조류에서 뒤처졌다.

정화의 함대, 만국을 방문하다

홍무 31년(1398) 주원장이 세상을 떠났다. 그는 왕의 유언인 유조(遺詔)에서 스스로를 평하길 자신이 평생 나라를 위해 성실히 근무했으며 매우 고생했지만 문화적 소양이 없어서 고대 사람들에 비해 많이 부족하다고 자평했다. 이 말은 마치 겸손하고 진실한 마음으로 보이지만, 가장 핵심적인 진상을 말하지 않았다. 그는 말년에 자기 일가의 권력을 다지기 위해 온 힘을 썼을 뿐이다.

그는 유조에서 변경의 분봉을 지키는 황자들에게 현지에서 애도하고 수도 남경으로 올 필요가 없다고 기민하게 당부했다. 제위 계승자 태손 주윤문(朱允炆, 惠帝, 1377~?)이 어려 아들들이 군사를 일으켜 수도로 오면 의외의 일이 일어날 가능성이 컸기 때문이다.

하지만 그가 걱정한 일은 결국에는 발생했다. 연왕(燕王) 주체(朱棣, 1360~1424)가 공공연히 정권을 빼앗기 위해 군사를 일으킨 것이다.

고전 끝에 주체의 군대는 남경성을 함락하고 주윤문은 실종되었다.

서기 1402년 주체가 제위에 오르니 그가 바로 영락제(永樂帝)다. 그는 우선 남경에서 자신에게 저항했던 세력을 잔인하게 도살한 뒤 수도를 북경으로 옮겼다.

영락제는 참주(僭主)의 본질을 바꾸지 못했다. 영락제가 권력을 찬탈한 뒤 명나라의 법통은 회색으로 변하고 분위기는 어두워졌다. 이후 사대부들은 공개 장소에서는 공손했으나, 뒤에서는 불만이 가득했으며 일반 백성들의 생활도 나날이 예전만 못했다. '영락제'가 왕위에 오른 뒤 다시는 '홍무제(洪武帝) 주원장' 때만큼 좋은 시절이 돌아오지 않았다.[1] 하지만 주체는 원대한 포부를 품은 사람이었다. 당시 사회와 역사를 위해 그는 설득력 있는 공적이 필요했다.

권력을 공고히 한 후 주체는 명나라 초기에 황무지 개간을 독려한 정책을 계속 추진했다. 동시에 적극적으로 변방의 영토를 넓히기 위해 다섯 차례 북벌을 나섰으며 안남을 되찾아 남북의 변방을 공고히 했다. 수년 뒤에 중국의 국력은 강성해지고 국고는 가득 찼으며 강한 무력으로 판도가 광활해졌다. 영락제는 문치를 중시해 당시 세계에서 가장 큰 백과전서인 《영락대전(永樂大典)》을 편찬하게 했다. 그는 만국이 모두 중국에 찾아와 조공을 바치고 신하라 칭하며 머리를 조아리

---

1 이런 심리는 명 왕조 시기 생활상을 묘사한 소설 《유림외사(儒林外史)》 등에 보편적으로 반영되어 있다.

《영락대전》중 한 권

길 바라는 원대한 야망을 품었다.

이른바 '조공(朝貢)'이란 중국이 주변 국가와 맺은 독특한 외교 관계다. 풍성한 물질문화를 빌려 사방의 오랑캐들이 성덕을 부러워하며 찾아오게 만드는 중원의 역대 통치자가 시종일관 추구한 통치의 경지다. 이처럼 두터운 예의 문화정신이 스며든 정치사상과 외교문화는 유가의 세계관을 체현하고 중원 군왕이 이상적으로 생각하는 '화이(華夷)질서', 즉 중화 제국을 중심으로 한 주변의 외교적 체계에 영향을 미쳤다. 주변의 야만족은 거리에 따라 '각자 그 뜻을 받들어' 중원 왕조의 전략적인 계획에 포섭되었다. 이는 국가의 실제 변경의 범위를 뛰어넘어 통치자의 기대에 부응하는 천하 '대통일'을 형성하는 것이었다.

그렇다면 주변 국가들은 어째서 기꺼이 고개를 숙이고 신하라 자칭했던 것일까? 오로지 중국의 강한 국력에 두려움을 느끼고, 찬란한 문명에 매료되었기 때문이었을까? 그보다 더욱 중요한 이유는 그들에게 '조공'이 안겨주는 커다란 이익이 있어서였다(명 왕조 중기 국제 무역은 송 왕조의 완전한 자유무역과 달리 중앙의 허가가 필요했다). 정치적으로 그들은 중국과 우호적 외교를 맺음으로써 중국의 보호를 받을 수 있었다. 경제적으로는 중국에게 자신의 토산물(土産物)을 바치고 중국 황제가 내린 비단이나 금은 같은 거액의 보상을 받을 수 있었다. 게다가 중국과 대외무역을 하면 상업적 이익을 거둘 수 있었다.

영락제 때에 와서 조공의 규모는 훨씬 증가했다. 그럼에도 영락제의 기대에 한참 못 미쳤다. 영락제는 자신의 빛나는 꿈을 실현하기 위해 뱃길로 사신을 파견한다.

영락 3년(1405) 영락제는 첫 번째 원양함대를 보낸다. 이 선박의 지도자는 정화(鄭和, 1371~1433)였다. 정화의 본래 성은 마(馬)이고 회족의 운남 사람이었다. 정화는 위풍당당한 외모에 용맹하면서도 지략을 갖추었다. 게다가 이슬람교를 신봉했다. 그가 사신으로 가는 오늘날의 남양 군도의 많은 국가들이 이슬람교를 믿었기에 같은 신앙을 가진 그가 그들과 소통하기 쉬웠다. 정화는 불교에 대한 이해도 깊어 불교를 믿는 국가에도 문제가 없었다. 그의 이름 중에 '삼보(三寶)'라는 이름은 불교의 '삼보'와 관계가 있었다.

그해 초여름 6월 정화는 제국의 배를 이끌고 강소 태창 유가항에서 출발했다. 기세등등한 60여 척의 배들은 인류 역사상 가장 큰 함선이었다.

《명사(明史)》의 기록에 따르면, 정화는 일곱 차례 서양으로 갔고 가장 큰 배는 길이가 44장 4척(약151.8미터), 폭 18장(약 61.6미터)에 4층으로 이루어져 마치 건물과 같았다. 9개의 돛대에 12개의 돛을 펼칠 수 있었다. 무게가 수천 근에 달하는 닻이 있었으며, 200여 명이 움직여야 출항할 수 있었다. 배의 배수량은 1만 4,000톤에 달했다(제2차 세계대전 때 독일의 함선 비스마르크호의 배수량은 4만 톤 정도였다). 정화의 보선(寶船)은 기계동력이 없던 시절이었기에 더욱 놀랍다. 보물을 가득 실은 배가 대양을 항해할 때 파도 위에서 산처럼 높이 솟아 흔들리며 구름 같은 배들이 하늘을 가릴 정도로 엄청난 기세를 뿜냈다.

서기 1500년은 유럽의 역사학자들이 근세와 근대의 경계선으로 간주하는 시기다. 이는 유럽의 대항해 시대의 시작으로 유럽인들이 범선을 타고 세계를 탐험하면서 정복을 시작했기 때문이다. 당시의 중국과 유럽은 왕래가 극히 드물었다. 유럽은 번화하고 부유한 중국에 대해 동경을 품었지만, 해상의 통로가 없었다. 콜럼버스(Christopher Columbus, 1451~1506)가 만약 정화의 함대를 보았다면 틀림없이 깜짝 놀랐을 것이다.

정화의 함대에 승선한 인원은 약 2만 7,000명에 달했다. 콜럼버스, 바스쿠 다가마(Vasco da Gama, 1469?~1524), 마젤란(Ferdinand Magellan, 1480?~1521)이 항해할 때 인원은 각각 90~10명, 170명, 265명이었다. 정화의 함대에는 관리, 군인, 선원, 통역, 회계, 수리공 등이 있었다. 그 중 군인이 가장 많았다. 군인이 많은 이유는 타국에 중국의 군대를 뽐내서 중국의 부강함을 보이기 위해서였지 침략하거나 정복하려는 계획은 아니었다.

정화의 함대가 자바섬까지 항해했을 때, 그곳의 동왕과 서왕이 마침 전쟁을 벌이고 있었다. 동왕이 전쟁에서 패하자 서왕이 동왕의 영지를 점령했다. 정화의 함대에 오른 인원들이 무역하러 상륙했다가 170여 명이 서왕에게 오해를 사서 살해당했다. 분노한 명나라군은 서왕에게 전쟁을 선포했다. 자신의 오해로 중국 선원이 살해되었음을 깨달은 서왕은 두려움에 급히 사신을 파견해 용서를 구하고 6만 냥의 황금으로 배상하겠다고 했다. 심사숙고한 정화는 서왕을 토벌하는 것이 좋지 않다고 여겼다. 일단 전쟁을 벌이면 다른 여러 나라가 명 왕조가 침략하러 왔다고 오해할 수 있어 평화적 외교를 펼치는 데 불리하다고 판단했기 때문이다. 게다가 서왕이 스스로 용서를 비는 태도를 보이니 정화는 명나라 황실의 명을 받들어 전쟁 대신 강화를 맺어 평화롭게 충돌을 해결하고 배상도 거절했다. 서왕은 크게 감동해 이후 양국은 우호적 관계가 되었다. 정화는 이번 외교 사건에서 "먼 나라 사람들을 너그러이 품어주고 온 천하를 두려움에 복종시키겠다"라는 중국의 외교정책을 드러내 보였다. 정화는 일곱 차례 출행하면서 세 차례만 무력을 사용했는데, 이 또한 상대방이 먼저 도발했을 때다.

정화는 한 나라를 방문할 때마다 우선 현지의 국왕이나 지도자에게 명나라 영락제의 조서를 낭독했다. 명 황제가 천명을 받든 대국의 군주임을 알리고 '천명을 받은 천군'의 뜻을 따라 천하를 관리하고자 하니 사방은 모두 고개를 조아리고 명을 받으라고 고지했다. 또한 각국 간에 강자가 약자를 괴롭히지 말고 천하태평의 복을 함께 누릴 것을 강조했다. 이후 성대한 책봉 예식을 거행하고, 각국 국왕과 관리에게 은으로 만든 인장과 허리띠 및 기타 예물 등 후한 상을 내렸다.

남양 군도의 여러 국가들은 정화가 이끄는 거대한 함대에 놀라고, 강하지만 괴롭히지 않고 위세가 있지만 장악하지 않는 대국의 풍모를 보고 연달아 명나라의 요구에 따랐다. 정화의 함대가 귀국할 때 많은 국왕과 사신들이 함께 탑승해 영락제에게 직접 조공을 바쳤다.

영락 연간에 해외 여러 나라의 조공은 300여 차례에 달했으니 한 해 평균 10여 차례가 되는 셈이다. 이는 홍무 시기 한 해 몇 나라가 조공한 규모를 크게 앞서며 그때까지 명나라의 국제적 명망은 공전의 기록에 도달했다. 역사서를 살펴보면 문자 기록에 스며 있는 당시 외교의 성황을 느낄 수 있다.

영락 13년 정화는 벵골 술탄이 헌상한 동아프리카 말린디 왕국(현재의 케냐 지역-옮긴이)의 기린을 싣고 와 수도를 발칵 뒤집었다. 영락

진장(陳璋)이 그린 〈방갈라진기린도
(榜葛剌進麒麟圖)〉의 일부

21년에는 호르무즈 등 16개 국가
의 1만 2,000명의 사신과 그 가족
이 정화의 여섯 번째 원정의 귀국선
을 타고 중국으로 조공을 와서 대
명 왕조의 환영을 받았다. 한순간
에 조정 강당에는 이국의 사신들로
가득 차 만국이 조공을 바치는 장
관을 이루었다.

하지만 만국이 조공을 하는 분
위기에 오직 한 나라, 일본만이 불
복했다. 사실 일본도 영락 시기 명
나라에 공물을 진상했지만, 무례를
저질렀다. 홍무 시기부터 일본의 봉건영주는 부를 얻기 위해 무사와
낭인 그리고 상인을 조직해 중국 연해 일대에서 사적인 무역과 약탈
을 일삼아 왜구(倭寇)라고 불렸다. 하지만 명나라 초 해상 방어를 강
화하자 왜구들은 제멋대로 침략하지 못하게 되었다. 영락 17년 왜구
2,000여 명이 요동을 침략했다가 요동 총사령관 유영(劉榮)이 이끄는
군대에 전멸되었다.

이후 가정(嘉靖) 시기 왜구가 심상치 않게 창궐했다. 명 왕조는 당시
엄격하게 항해를 금지하는 해금(海禁)정책을 실행해 제한적인 정부 당
국의 조공무역만 허락하고 사적인 해외무역은 허락하지 않았다. 하지
만 이때 일본은 상업이 발전해 조공무역만으로는 욕구를 채우지 못
하자 중국 연해에 와서 제멋대로 약탈을 자행했다. 이때 중국의 상공
업도 신속하게 발전해 연해 지역은 많은 토호와 해상(海商)들도 몰래

외국과 무역하고 있었다. 그들은 왜구와 만나 주도적으로 힘을 형성하였다.

이 시기의 명 왕조는 황제 가정이 미신에 빠져 간신 엄숭(嚴嵩, 1480~1567)이 실권을 장악한 상태였다. 변방은 해이해져 왜구의 침입을 저지할 힘이 없었다. 침략 행위가 갈수록 심해져서 급기야 연해에서 내륙으로 손을 뻗기 시작했다. 가정 24년(1555) 72명의 왜구가 절강에서 강서로 넘어와 휘주 등지를 거쳐 명 왕조의 남도인 남경에 도달했다. 그들은 남경의 관군과 전투를 벌였다. 믿기 힘들게도 800, 900명의 명군이 72명의 강도를 감당하지 못하고 전원이 전사했다.

왜구의 만행이 만연하자 명나라 조정은 후에 척계광(戚繼光, 1528~1588)과 유대유(兪大猷, 1504~1580)를 파견해 왜구에 맞서 싸우게 했다. 그들은 훈련된 신군을 모집해 결국 가정 43년 중국에 있는 왜구 세력을 섬멸했다.

정화의 원정은 왜 계속되지 못했는가?

정화의 남해 원정은 인류 항해사상 거대한 사건이었다. 아시아와 아프리카의 30여 개 국가를 방문했으며 멀게는 아프리카 동해안까지 가 중국이 첫 번째로 동아프리카와 항로를 열었다. 아시아와 아프리카 간의 광대한 해역이 하나로 연결되었다. 그의 항해는 콜럼버스가 신대륙을 발견한 것보다 87년 앞섰으며, 바르톨로뮤 디아스가 희망봉을 발견한 것보다 83년 앞섰고, 바스쿠 다 가마의 신항로 발견보다 93년, 마젤란의 필리핀 도착보다 116년 앞섰다. 게다가 그의 일곱 차례 항해에서 규모와 인원, 범위의 광대함은 세계에서 전례를 찾아볼 수 없다.

하지만 정화의 일곱 번째 원정의 함대가 선덕(宣德) 8년(1433) 7월 남경으로 돌아온 후 이 함대는 영구히 군기를 내리고 북 소리를 멈추었으며, 후에는 일부 기록까지 소각되었다. 반면에 유럽의 항해사업은 계속해서 발전해나갔다.

정화의 남해 원정은 15세기 초에 시작되었다. 콜럼버스와 바스쿠다 가마 등이 신항로를 연 항해는 15세기 말에 시작되었다. 후세 사람들은 중국과 서양의 항해사의 대사건을 비교하곤 했다. 어떻게 유럽인의 신항로 개척은 서양을 점차 자본주의의 길로 이끌고 세계의 구조를 바꾸었는가? 정화의 남해 원정은 어찌하여 중국을 농업 사회에서 근대 세계로 이끌지 못했는가?

주원인은 항해에 대한 '상업모델'이 달랐기 때문이다. 유럽인은 해외무역을 발전시키고 '시장화'하기 위해 신항로를 개척했다. 다시 말해 항해의 본질이 돈을 버는 데 있었다. 하지만 정화의 남해 원정은 순수한 국가의 위신 제고를 위한 중화주의 프로젝트로 막대한 비용을 들였지만, 실익이 없었다.

유럽의 신항로 탐험은 리스크가 있지만 투자를 받을 만큼 지지를 얻었다. 예를 들어 콜럼버스와 스페인 국왕이 체결한 협의서에는 국왕이 자금을 대고 '발견'한 토지는 국왕의 소유가 되지만, 콜럼버스는 '부왕', '총독'의 신분으로 관할할 수 있으며 획득한 재물의 10분의 1을 소유하고 세습의 특권을 가진다고 규정되어 있다. 왕실의 투자를 받을 만큼 지지를 얻고 콜럼버스는 네 차례 대서양을 건너 카리브해 군도와 중앙아메리카 연안 지역에 도달했고, 다 가마가 인솔한 부대는 첫 번째로 희망봉을 돌아 인도에 도착하는 신항로를 개척했다. 그들이 이 지역에서 가져온 대량의 황금, 노예와 원주민을 공물로 바치자 국내에 해외 탐험의 열기가 일어났다. 해외의 부가 끊임없이 서유럽으로 들어왔다.

반면에 정화의 남해 원정이 진행한 조공무역은 본질적으로 금전을 바탕으로 한 외교로 일종의 순수한 소비다. 아시아와 아프리카의 가난한 형제들에게 중국의 활기를 뽐내기 위해 현지의 토산물을 받고 거액의 금은을 지급했으며, 동시에 저가로 중국의 물품을 팔았다. 예를 들어 후추는 수마트라섬 시장에서는 100근이 1냥이지만, 명 왕조 정부는 '공품'으로 받을 때는 100근에 20냥의 고가로 대가를 지급했다. 또한 대외적으로 거액을 하사했는데, 영락제는 1405년 일본 국왕에게 동전 150만 개를 하사하고 다음 해에는 1,500만 개, 왕비에게 500만 개를 하사했다. 일본은 한동안 동전을 주조할 필요 없이 영락의 동전으로 일본의 화폐를 대신해 유통했을 정도였다.

일종의 위신을 세우기 위한 일에 따른 경제적 손해는 막대했다. 대신들은 폐정임을 바로 깨닫고 비평했다. "삼보태감이 서양으로 가서 돈과 양식 수십만을 낭비하고 군민은 사망자가 1만 명에 달하며 본인은 지금까지 보물을 획득했으나 국가에는 무슨 이익이 있습니까?" 분명히 그러했다. 남해의 원정은 황제의 체면을 세워준 것 외에 국외에서 가져온 것들은 모두 '향료, 보석, 진기한 동물 등 사치품으로 국민경제 발전에는 아무런 이득이 없었다(정화의 원정이 진행된 것은 관방무역뿐으로 당시 민간 대외무역은 금지되었다. 따라서 항해 경험은 민간의 발전을 이끌지 못했다).

재정 압박과 반대 여론으로 정화의 함대는 깃발을 내리고 북을 멈추었다.

명 왕조 이전의 서양 역사는 그리스 로마 시기 외에는 말할 가치가 없었다. 하지만 명 왕조는 동서양의 역사가 나뉘는 시기로, 이때 유럽은 중세기를 벗어나 계속해서 발전 과정을 거쳤다.

이 시기 역사의 장기적 결과는 어떠했는가? 결국 유럽은 크게 발전해 해상권을 장악했다. 그리하여 1800년 유럽인들이 세계 지도 면적의 35퍼센트를 점령하고, 1878년에는 67퍼센트, 1914년에는 84퍼센트까지 증가하기에 이른다.[2]

명 왕조의 위기 국면: 토목보의 변

영락제 이후 그의 아들 홍희제(洪熙帝, 仁宗) 주고치(朱高熾, 1378~1425)와 손자인 선덕제 주첨기가 뒤를 이어 황위에 올랐다. 그들이 통치한 11년 동안은 정책이 원활해 사해가 태평하고 경제적으로 풍족한 생활이 가능해지자 사관들은 이 시대를 '인선의 치(仁宣之治)'라고 표현했다.

인치의 좋은 시절은 항상 오래가지 못한다. 뒤를 이어 제위에 오른 영종(英宗, 朱祁鎮, 1427~1464) 때부터 명나라는 급격하게 쇠퇴하기 시작했다. 결정적인 사건은 바로 '토목보의 변(土木之變)'으로 이 황당한 전투는 대명 제국 핵심세력의 추태를 폭로했다〔명나라는 일세일원제(一世一元制)를 원칙으로 삼았기 때문에 황제의 연호가 이전 시대와 달리 하나다. 그런데 주기진은 토목보의 변으로 폐위됐다가 복위했기 때문에 연호가 두 개다(정통제, 천순제). 이런 이유로 묘호인 영종으로 지칭할 때가 많다 - 옮긴이〕

---

2 폴 케네디(Paul Kennedy), 《강대국의 흥망(The Rise And Fall Of The Great Powers)》.

명 왕조는 여전히 북방의 몽골에게 위협을 받았다. 원나라를 멸망시킨 후 막북의 몽골인은 칭기스 칸이 그랬듯이 몇 개의 부족으로 분열되었다. 이 당시 몽골 오이라트(瓦剌)의 세력이 강해지기 시작해 수령이 오이라트와 타타르(韃靼) 두 부족을 통일했다. 그의 아들이 먼저 정권을 장악한 후 더욱 크게 확장해 서쪽으로 합밀(哈密, 현재 신장위구르 동부-옮긴이)을 공격하고 서역의 요지를 장악해 명 왕조의 서북 변방을 위협했다. 동쪽으로는 올량합(兀良哈, 여진족의 한 부족-옮긴이)을 격파해 당시 아직 약소국인 여진족과 심지어 조선까지 위협했다.

몽골 군대는 사방에서 명 왕조에게 공격을 가했다. 먼저 요동을 공격하고, 두 번째로 감숙(甘肅)을 공격한 뒤, 세 번째 선부(宣府)를 공격하고, 마지막으로는 대동(大同)을 공격했다. 몽골 군대의 공격에 명나라군은 연이어 패배했다. 북경까지 패전 소식이 전해지자 초조해진 대신들은 논의를 거쳐 문무를 고루 갖춘 인재인 부마 정원(井源, ?~1449)을 파견해 응전하기로 했다.

하지만 다음 날 영종은 갑자기 어가(御駕)를 타고 직접 친정을 하겠다고 선포한다. 알고 보니 이는 태감 왕진(王振, ?~1449?)이 주장한 것이었다.

왕진의 인생은 관본위 사회에서 가치관이 어떻게 왜곡될 수 있는지를 여실히 보여준다. 왕진은 본래 승진의 희망이 보이지 않는 지방의 소학관리였다. 그는 심사숙고한 후 홀로 궁에 들어가 태감이 되었다. 운이 좋았던 왕진은 궁에 들어간 후 여자 관리들의 문화 지식을 가르치는 일을 맡았다. 눈이 먼 맹인들의 나라에서는 애꾸눈이 왕이 되는 법이다. 궁인 상당수가 문맹이니 왕진은 군계일학으로 존경을 받았다. 후에 영종의 부친 선덕제도 그를 인재라 여기고 동궁에 들어가 태자에게 글공부를 시키게 했다.

태자도 왕진에게 신임과 존경을 보냈다. 그를 보면 이름을 부르지 않고 '선생'이라고 불렀다. 영종이 제위에 오른 후 왕진에게 중임을 맡기고, 그를 사례감 태감에 봉했는데 이는 내관 24 어문 중 진정한 실권파다.

사례감 태감은 상소문을 수정할 권한을 가졌고, 대신들을 감시하는 기관인 동창을 만들어 관리했다. 게다가 영종의 전폭적 신뢰로 왕진의 권세는 대단했다. 수많은 아첨하는 무리가 왕진에게 빌붙어 '나으리'라고 불렀다. 공부시랑 왕우(王祐)가 전형적인 예다. 당시 대신은 모두 수염을 길렀는데 왕진은 생리적인 이유로 수염이 없었다. 어느 날 왕진이 왕우를 만났는데 수염이 없는 이유를 물으니 왕우가 알랑거리며 답했다. "나으리가 수염이 없는데 소신이 어찌 감히 수염을 기르겠습니까?" 왕진은 자신에게 반대하는 자들을 절대 봐주지 않고 악랄하게 대했다. 한림원의 유구(劉球, 1392~1443)가 황제에게 왕진의 권력을 줄여달라고 청했다가 왕진에 의해 감옥에 갇혀 죽은 뒤 사지가 갈기갈기 찢겼다. 당시의 국자감 제주(祭酒, 국립대학의 교장) 이시면(李時勉, 1374~1450)은 그에게 인사를 하지 않았다가 국자감 입구에서 수갑이 채워져 대중 앞에서 모욕을 당했다. 주원장은 환관의 독점을 방지하기 위해 관문 내에 "내신은 조정에 간섭하지 못한다"라는 철로 만든 비석을 세운 바 있다. 왕진이 비석을 제거하라 명하니 아무도 이에 반박하지 못했다.

왕진이 황제에게 직접 어가를 이끌고 전쟁에 나가라고 한 것은 사실 자신을 뽐내기 위해서였다. 그는 몽골 군대가 겨우 2만 명이고 명나라는 50만 군대를 파견할 수 있으니 승리는 손에 쥔 것과 마찬가지라 판단했다. 자신은 태감인지라 군을 이끌고 나갈 수 없자 황제의 출정을 종용해 자신도 따라간 것이다. 준비 기간이 채 5일도 되지 않아서 양식이 충분하지 않았다. 7월 17일 작열하는 태양 아래 50만 대군이 기세등등하게 길을 나섰다.

8월 1일 대동에 도착하자 전방에서 명나라의 전군이 참패한 소식이 전해졌다. 전방의 사신이 묘사한 전쟁의 참상을 들은 왕진은 놀라서 당장 돌아갈 것을 결정했다.

결국 50만 대군은 아직 적과 만나기도 전에 북경으로 돌아갔다. 왕진은 고향 사람들에게 뽐내기 위해 고향인 울현을 지나가기로 했다. 울현에서 북경으로 돌아가는 길은 본래 편한 길이었다. 하지만 막 50리 정도를 갔을 때 왕진은 농작물이 이미 다 익었을 때인데, 대군이 지나가며 망가뜨릴 것을 우려해 대동으로 되돌아가 거용관을 통과해 돌아가라고 명을 내렸다. 되돌아가는 길에 비까지 내려 군사들은 매우 지쳤다. 8월 13일 토목보(土木堡)에 도착했다. 토목보는 군사 요충지인 회래(懷淶)에서 25리밖에 떨어지지 않은 곳으로 여기에만 진입하면 안전했다. 하지만 이때 왕진은 보통 사람은 생각할 수 없는 결정을 내렸다. 자신의 재산을 싣고 뒤따라오는 1,000여 대의 수레가 아직 도착하지 않았다는 이유로 군대를 주둔시킨 것이다. 토목보는 아무런 방어물이 없는 개활지였다.

8월 15일 줄곧 뒤를 쫓아오던 몽골군이 때를 놓치지 않고 급습을 하자 명나라 군졸들은 미처 방어하지 못하고 전선은 붕궤되었다.

이 전투로 명나라군은 참패했고 사상자가 절반을 넘었으며 병부상서 광야(鄺埜), 호부상서 왕좌(王佐, ?~1449), 시랑 정명(丁銘), 왕영화(王永和, ?~1449), 부마 정원 및 내각 구성원 조정(曹鼎), 장익(張益,

1395~1449) 등 수행하던 50여 명의 조정 관리가 전부 전사했다. 영종은 몽골군에게 포로로 잡히고 이 참패의 원흉인 왕진도 도망가지 못했다. 명나라 호위장군 번충(樊忠)이 혼란 중 그를 발견하고 망치로 한 번에 때려 죽였다.

병부상서 우겸(于謙, 1398~1457)은 위기 중에 중임을 맡아 이 해 10월 북경 보위전(保衛戰)에서 승리를 거두고 몽골군을 몰아냈다. 영종은 다음 해에 석방되어 돌아왔다.

명 왕조는 한과 당 이후 환관의 권력 독점이 가장 심했던 시대다. 왕진 이외에도 성화제 시기의 왕직(王直, 1379~1462), 정덕제 시기의 유근(劉瑾, 1451~1510), 천계제 시기의 위충현(魏忠賢, 1568~1627) 등이 전부 환관으로서 천하를 흔들었다.

유근은 심지어 〈아시아월스트리트저널(AWSJ)〉의 통계에 따르면 과거 1,000년 동안 전 세계에서 가장 부유한 50인 중에 한 명일 정도였다. 나름대로 그만의 비결이 있었다. 유근은 항상 정덕제가 한창 재미있게 놀고 있을 때에 각종 상소문을 가져다 보게 했다. 이에 정덕제는 "이렇게 사사건건 나를 귀찮게 하려면 나한테 자네가 있는 게 무슨 소용이 있는가?"라고 했다. 결국 후에는 유근이 아예 직접 상소문을 집으로 가져가 매부 손총(孫聰)과 송강시회 장문면(張文冕)과 함께 상의하고 결정했으니 중앙에서 지방까지 모든 정무를 완전히 장악했다. 관원들은 유근을 두려워해 앞다투어 뇌물을 바쳤다. 지방관이 경성에 조회를 올 때면 유근에게 2만 냥의 은을 선물했다. 돈이 없는 자들은 먼저 경성의 부호에게 돈을 빌린 후 지방으로 돌아가서 백성들을 착취해서 갚았다. 후에 유근의 가산을 차압할 때 집안에서 찾아낸 황금이 250만 냥, 백은 5,000만 냥에 달했으며 기타 보석 등 귀중품은 그 수를 셀 수 없을 정도였다.

천계제는 집 짓기가 취미였는데 그것에 빠져 국정을 돌보지 않을 때, 태감 위충현이 조정을 장악했다. 그는 사람됨이 음험하고 자기와 의견이 다른 사람을 배척해 조정의 염치없는 대신들은 그에게 의탁해 그를 의부, 의조부로 모셨다. 또한 '오호(五虎)', '오표(五彪)', '십구(十狗)', '사십손(四十孫)' 등의 이름으로 사조직을 결성했다. 그들은 공포 정치를 실시하고 특히 당시 정치 개선을 주장하는 동림당(東林黨) 사람들에게 극심한 횡포를 부렸다. 《동림점장록(東林點將錄)》,《동지록(同志錄)》,《백관도(百官圖)》를 써서 명단에 따라 동림당 사람들을 잡아 처형했다. 탄압을 받은 동림당은 원기를 크게 상했고, 위충현의 기세는 더욱 등등해졌다. 당시 대신들은 그에게 구천세[九千歲, 만세(萬歲)는 황제의 존엄을 상징하는 것이며, 제후국 군주에게는 '천세'의 구호만 허용됐다. 위충현이 거리를 지날 때면 '구천세' 연호가 나왔는데, 아부꾼들은 '구천구백세' 까지 높여 불렀다-옮긴이]까지 만수무강하라며 경배했다. 절강성 서호 변에 위충현의 사당을 짓자 일순간에 사방에서 이를 모방해 살아 있는 위충현의 사당이 전국에 퍼졌다.

명 왕조 때 환관들의 정권 독점이 심각했던 이유는 명 왕조 초기에 이미 그 폐해가 잠복해 있었다. 주원장이 승상제도를 폐지하고 조정의 업무를 황제 한 사람에게 집중하니 혼자 감당할 수 없는 것은 당연한 일이었다. 후에 '내각'제도가 형성되었고 내각 대학사가 황제를 도와 정무를 처리하며 황제의 비서 그룹이 되었다. 선덕 때 표의(票擬), 비홍(批紅)제도가 생겼다. 바로 상소문을 내각에서 먼저 가져가 대학사들이 의견의 초안을 작성해 쪽지에 적어 상소문 앞에 붙인 뒤 황제에게 가져간다. 황제가 대학사들의 의견을 참조해 구두로 뜻을 전하면 병필태감(秉筆太監)이 붉은 붓으로 상소문에 적었다. 영종 이후의 몇몇 무능한 황제가 장기간 정사를 돌보지 않는 틈을 타 비홍의 권한이 병필태감의 손으로 넘어가 그들이 조정을 장악하게 되었다.

그 밖에 영락제부터 환관의 중용에는 다른 원인이 더 있었다. 영락제는 왕위를 빼앗을 때 환관이 몰래 상대편의 비밀을 누설해 도움을 주었기에 응당 그에 따른 보상을 했던 것이다. 영락제는 환관에게 중임을 맡기고 외국에 사신으로 보내고, 군대를 감시하게 하고, 변방을 순찰하게 하는 등 대권을 주었다.

종합해보면 명 왕조 때 환관의 권력 독점은 군주에게 고도로 집중된 전제군주제에 기생한 것이다. 군주의 권력은 막강하지만 군주가 무능할 때 이 강한 권력은 주변 태감의 손으로 넘어갔다. 태감들은 아첨에 능하고 권모술수를 부리니 그들의 권력 독점으로 명 왕조 중후기의 정치는 어둠에 갇혔다.

장거정의 개혁

영종 이후 홍치제 시기에 힘을 다해 나라를 다스려 '홍치(弘治)중흥'을 이루었을 때를 제외하고 나머지 시기는 황제가 부끄러운 줄 모르고 주색에 빠지거나 점성술사를 맹신하거나 환관과 간신이 조정을 장악하는 등 정치적 암흑기였다. 동시에 변경의 위기가 다시 출현해 가정 시기에 몽골군이 자주 국경을 넘어 북경에 진입해 약탈을 일삼았다. 왜구의 활동이 창궐하고 유럽에서는 '지리적 대발견 시대'가 이미 시작되었고 포르투갈이 이 시기 마카오를 침략했다. 힘으로 토지를 강제로 빼앗는 토지겸병(土地兼併)도 나날이 심해져 황제, 외척, 관료 및 벼슬아치 부호가 제멋대로 농민의 토지를 빼앗아 수많은 농민들이 토지를 잃고 유랑민이 되었다. 국가 소유 토지도 급격히 감소해 명나라 초기에 850만 경이었던 것이 홍치 15년(1502년)에는 겨우 422만 경만 남았다. 따라서 국가의 세수도 점점 줄어들어 가정 중기 이후 국고는 항상 적자였고 수지가 맞지 않았다. 토지를 잃은 유랑민들은 생존을 위해 잇달아 반기를 들어 영종·성화제·정덕제 시기에 대규모 농민 봉기가 일어났다.

점차 명 왕조는 쇠락하고 운명이 다해갔다. 만력 원년(1573)부터 만력 10년(1582)까지 내각 수보(首輔) 장거정(張居正, 1525~1582)이 위기의 국면을 되돌리기 위해 변법개혁 운동을 일으킨다.

장거정은 호북 강릉(지금의 형주) 사람으로 세종 가정 26년(1547)에 진사가 되어 융경제(隆慶帝, 穆宗, 朱載垕, 1537~1572) 융경 2년(1568) 〈진육사소(陳六事疏)〉라는 상소문을 올려 일련의 개혁 방안을 제안했지만 채택되지 않았다. 융경 6년에 융경제가 병사하고 만력제가 제위를 계승하자 장거정은 험난한 권술 투쟁에서 최종 승리자가 되어 내각 수보가 되었다. 이때 만력제는 겨우 10세인 데다가 모친인 이태후도 장거정을 경모해 그는 거의 조정을 장악하고 재능과 포부를 크게 펼칠 기회를 얻었다.

장거정은 우선 관료 체계의 행정 효율을 제고하기 위해 '고성법(考成法)'을 제정해 관원들의 성적에 따라 심사했다. 이 법의 규정은 각 관아에서 공무를 처리하기 전에 일의 완급에 근거해 공무 완성의 최종기한을 제정하고 기록해 규정한 기한 내에 일을 완성 후 등록하는 것이다. 만일 기간 내에 완성하지 못하면 처벌을 받았다. 또한 사리사욕에 눈먼 관료의 불법행위를 방지하기 위해 기록한 문서는 2부를 만

장거정의 초상화

들어 육과와 내각에 보관해 관리하게 했다. '고성법'은 매우 엄격하게 실시되었다.

장거정은 이어서 신군을 정비하고 훈련시켰다. 융경 5년 그의 제안으로 목종은 담륜(譚綸, 1520~1577), 척계광(戚繼光, 1528~1588), 왕숭고(王崇古, 1515~1588), 방봉시(方逢時, ?~1596), 이성량(李成梁, 1526~1615) 등 저명한 변경의 장군을 기용해 수진, 선부, 대동, 산서와 요동을 지키게 했다. 그는 몽골과 타타르 간의 내부 갈등을 이용해 융경 5년 몽골 수령 알탄 칸(俺達汗, 1507~1582)과 강화를 맺었다. 명 조정은 알탄 칸을 순의왕으로 봉하고 수하의 65명에게 관직을 하사하며 대동 등 11개 지역을 무역시장으로 개방했다. 장거정의 새로운 변방정책은 크게 성공을 거두었고 이후 변방은 안정되어 해마다 100만 이상을 징발하느라 드는 비용이 감소했다. 만리장성을 따라 60년간 번영이 이어졌다.

만력 6년(1578) 장거정은 토지를 정리하고 재정을 정돈하기 시작했다. 전국적으로 토지 정리를 실시해 각부·주·현의 훈척들의 장전(庄田)·민전(民田)·둔전(屯田)·직전(職田) 등을 전부 측량했다. 이후 전국의 토지는 701만 3,976경으로 홍치 연간보다 300만 경이 증가했다. 만력 9년(1581) 그는 경제정책과 부역제도를 개혁해 '일조편법(一條鞭法)'을 추진했다. 원래 부세는 전부, 역역과 기타 각종 잡세가 있었다. 지금은 전부 하나로 합쳐 전묘의 수량에 따라 징수해 밭이 많으면 많이 징수하고 적으면 적게 징수했다. 이는 정부가 대량의 전답을 소유한 지주에게는 더 많은 세금을 걷을 수 있게 토지가 없거나 적게 가진 농민들의 부담을 줄여주었다. 게다가 소(蘇)·송(松)·항(杭)·가(嘉)·호(湖) 등을 제외하고는 양식을 징수하는 대신 전부 은으로 징수해 대량의 농산품이 시장으로 흘러들어 상품 생산과 화폐 유통을 자극했다. 동시에 백성들이 더는 노역에 종사하지 않아도 되었으며 국가에 은을 납부한 후 관부에서 사람을 고용해 복역했다. 농민은 농사에 더 많은 시간을 할애해 생산이 안정되었다.

장거정의 개혁은 10년간 진행되었으며 위기에 빠진 명 왕조가 새로 일어나고 변방이 안정되며 관리의 업무 효율이 제고되었다. 창고에 비축된 양식이 경사군대에 6년간 공급할 수 있을 정도로 충분했으며 국고의 비축액이 백은 400만 냥에 달해 정덕이나 가정 때 소비한 이래 가장 부유한 시기가 되었다. 장거정 본인도 개혁의 거대한 성취로 '시대를 구한 재상'이라는 명예를 얻었다.

만력 연간에 일본의 도요토미 히데요시(豊臣秀吉, 1537~1598)가 조선을 발판으로 중국을 침략하려 하자 중국이 출병하여 조선을 원조했다. 서기 1597년 11월 일본 해군이 노량해전에서 크게 패하고 일본으로 돌아갔다. 이 전쟁의 승리로 300년간 평화를 이루었고 300년 후의 청일전쟁은 이 전쟁의 복사판이나 다름없었으나 결말은 상반되었다. 이번 원조 전쟁을 포함해 '만력 3대 정벌'의 군사 승리는 명 왕조 진흥의 명확한 표지였다.

하지만 장거정의 개혁은 기득권층을 건드려 반발을 불러일으켰다. 1582년 장거정이 죽은 지 얼마 후 그를 반대하는 세력들이 일어나고 장거정의 장기간 관리에 이미 불만이 있던 만력제는 장거정 집안을 조사해 재산을 몰수하고 관직을 빼앗았다. 동시에 신정책은 거의 폐지되었다. 이후 만력제는 점점 더 제멋대로 행동하며 수십 년간 정무를 돌보지 않아 시국이 급격이 나빠지고 사회는 혼란에 빠지며 명 왕조는 점차 쇠락해갔다.

이 패국을 만력제 개인의 탓으로 돌릴 수는 없다. 이는 국가의 통치 모형의 전체적인 문제였다. 만력제는 어렸을 때 진취적이고 학문에 애쓰며 행동거지가 고귀하고 비범했다. 일찍이 명나라의 정계는 그에게 일반적인 기대를 걸었다. 하지만 모든 것이 모호하고 얽혀 있는 인치 체계에서 결국 그는 지칠 대로 지쳐 벗어나려 몸부림칠수록 더 깊이 수렁에 빠져들다 결국에는 마음이 차갑게 식어버린 것이다.

동서양의 역사 차이: 법률과 제도의 작용

이때는 동서양 역사가 상이한 시대다. 이때 약간 뒤처졌던 서양은 점차 지속 가능한 통치체계로 발전해갔다.

명 왕조와 그 이전에 중국 경제는 장기간 세계에서 첫째 지위를 유지했다. 명 후기 때 강남 경제는 매우 발달해 국제무역이 번창했으며 생산한 생사, 비단, 도자기 등 제품이 유럽과 남아메리카에서 큰 인기를 누려 세계에서 경쟁력을 갖추었다. 하지만 명 왕조 후기부터 유럽은 안정적으로 발전해 청 왕조 이후 점차 중국을 제치더니 후에는 산업혁명까지 일어났다. 이런 큰 차이가 벌어진 원인은 무엇일까?

일단 산업혁명은 어째서 남송이나 명 왕조가 아니라 영국에서 먼저 일어난 것일까? 연구 결과 산업혁명이 일어나기 600년 전 남송 시기의 중국은 이미 산업혁명 이전의 영국이 가진 거의 모든 핵심 특징을 구비했다. 예를 들면 시장 범위, 노동 분업 정도, 금융 시스템의 전문성, 철의 생산량 등은 심지어 영국을 뛰어넘었다.

거시적인 문제에서 한 나라와 한 시대가 경제 성장에 영향을 미치는 주요인은 도대체 무엇일까? 이는 경제사학의 기본 명제 가운데 하나로 여기서 출발해 형형색색의 이론과 학파가 형성되었다. 5·4 운동 시기의 문인들은 그 원인을 중국 문화의 부패와 낙후에 있다고 보았다. 이 유파 가운데 루쉰은 국민성을 반성하고 보양(柏楊)은 추한 중국인을 비판했다.

경제학 연구는 진정한 해석을 내렸다. 근현대 경제의 역사는 산업 혁명을 둘러싸고 전개되었다. 신기술의 응용 및 발명은 경제 발전을 촉진하는 추동력이다. 일부 학자들은 인적 자본의 투자가 경제 성장의 중요 요인이라고 강조한다. 또한 시장 정보를 손쉽게 얻을 수 있는 것이 경제 성장에 도움이 된다고 지적했다.

하지만 이런 이론은 근본에 접근하지 못했다. 어째서 일부 사회는 이런 조건을 갖추고도 원하는 결과를 얻지 못했을까? 명 왕조가 바로 그렇다. 명 왕조는 많은 신발명, 신기술, 수많은 과학 연구가 세계적으로 앞섰다. 명 왕조 사람들은 독서를 좋아하고 학업을 사랑했으며 그 당시 많은 상인들이 활약해 시장 정보 교류가 활발했다.

원인은 제도에 있었다. 근 수십 년 이래 제도경제학의 흥기에 따라 사람들은 제도의 작용을 연구하기 시작했다. 1993년 노벨 경제학상을 받은 더글라스 노스(Douglass North, 1920~2015)는 창의성, 규모 경제, 교육, 자본의 누적과 같은 요인들이 결코 경제 성장을 견인하는 것이 아니며 이것들이 아니어도 여전히 경제는 성장한다고 지적했다. 노스의 연구는 효율적인 경제 조직이 있는 것이 경제 성장의 관건이라고 분명하게 밝혔다. 현행 경제 조직이 효율적이지 않는 한 경제 성장은 일어나지 않는다. 명 왕조와 유럽의 가장 핵심적인 차이는 바로 제도에 있다.

동시대의 유럽 역사를 살펴보자.

명 왕조 시기의 유럽은 무지몽매에서 근대 문명으로 넘어가는 과도기였다. 신교와 구교의 갈등이 매우 치열했으며 신교도들이 '메이플라워'호 유람선을 타고 북아메리카로 도망가 이후 미국의 기원이되었다. 메이플라워호를 탄 신교도들이 가진 관념은 인류가 문명의 새로운 단계로 향했음을 의미했다.

그들의 관념은 수백 년 전에 기원했다.

800년 전 영국의 존 왕과 귀족들이 런던 교외에서 '대헌장(大憲章, Magna Carta)'에 서명했다. 이날을 기념하기 위해 영국은 퍼레이드, 가면무도회, 대합창, 의식 및 영국 여왕 가문의 '글로리아나'호가 참가하는 템스강 릴레이 등 일련의 행사를 거행한다.

미국의 최고 법원의 청동 대문에 법률사상 중대한 여덟 가지 역사적 순간을 나타낸 부조가 상감되어 있다. 그중 한 폭은 대헌장의 장면을 묘사한다.

'대헌장'에 서명한 지 1개월 뒤에 존 왕은 교황에게 편지를 보내 헌장을 폐지해 달라고 요청했고 교황도 이에 수긍했다. 존 왕은 '대헌장' 61조에 불만을 품었다. 61조는 25명의 남작으로 조성된 위원회가 존 왕이 대헌장을 준수하는지 감독한다는 규정이다. 위원회는 국왕이 조약을 위반하면 자신의 행위를 시정할 때까지 국왕의 성과 토지를 몰수할 권한이 있었다. 이처럼 단체가 강제로 집행을 강요하는 방식을 국왕으로서는 받아들일 수 없었다.

'대헌장'의 95조는 법률적으로나 역사적으로나 매우 중요한 의미가 있다. "자유인은 동등한 사람들의 적법한 판결에 의하거나 법의 정당한 절차에 의하지 아니하고는 체포 구금되지 아니하며 재산과 법익을 박탈당하지 아니하고 추방되지 아니하며 또한 기타의 방법으로 침해되지 아니한다." 39조는 국왕이 법률을 능가할 수 없으며 개인의 의지로 마음대로 심판할 수 없음을 명시해 법치의 원칙을 명확하게 규정했다. 다른 한편으로는 후에 '인신보호령(人身保護令)'(1679년 영국 의회가 찰스 2세의 전제정치에 맞서, 불법적인 체포와 재판을 금하고 인권 보장을 확립하기 위해 제정한 법률－옮긴이)의 기원이 된다. 바로 이 조항 때문에 대헌장은 미국 최고 법원의 대문에 새겨진 것이다.

명청 시기 영국은 '명예혁명'이 발발해 의회(제후, 귀족 대표)와 국왕의 투쟁이 계속되었고 대헌장이 부활했다. 전쟁에서 의회의 군대가 승리를 거두어 찰스 1세를 처형하고 주도권을 잡았다. 이후 몇 차례의 정변이 반복된 후 입헌군주제가 확립되었다. 이는 서양 역사 발전의 이정표로서 동서양은 뚜렷하게 다른 길을 걸었다.

일찍이 어떤 학자는 법적 권한은 있지만 부를 갖지 못한 사람은 권한과 부를 결국 다 잡을 수 있으나 부는 있고 법적 권한이 없는 사람은 두 가지를 다 잃는다고 지적했다.[3] 14세기 유럽의 각 도시는 당시의 천주(泉州), 광주(廣州)와 미적으로 비교할 수 없었다. 하지만 유럽은 법권을 완비하고 결국에는 웅장하게 발전했다. 명나라 시기 유럽에서는 법학이 번영하면서 뒤처진 경제 발전 상황과 달리 일순간에 변화가 생겼다. 랭커스터 왕조 초기 옥스퍼드대학교의 법학과 학생들이 3,000명 이상이었으며 그 효과는 빠르게 나타났다(반면에 명 왕조의

---

3 리우종징(劉仲敬), 《화하에서 중국까지(從華夏到中國)》.

서원에 법학을 연구하는 학생은 없었다).

산업혁명 시기 영국에서 가장 눈에 띄는 기업의 명문 다비(Darby) 가족을 예로 들면 이 가족 기업은 세상에서 첫 번째로 영국에 철교 와 철로를 세워 '산업혁명' 발전에 중요한 역할을 했다. 다비 가문이 성공할 수 있었던 중요한 원인은 강력한 영국 법률 체계가 재산권을 보호해주었기 때문이다. 에이브러햄 다비(Abraham Darby, 1678~1717) 의 아내가 편지에서 언급했듯이 철광석을 운송하는 길에 통행료를 빼앗겼다. 지주와 관리의 억압과 착취는 그들을 거의 파산까지 몰고 갔다. 그러나 그 후 법률이 그들을 보호해주어 오랫동안 쇠락하지 않 는 공업 기업, 상업 기업을 만들 수 있었다. 이와 반대로 명 왕조에도 큰 상업 가문이 있었다. 소주의 거부 심만삼(沈萬三, 1330~1379)이다. 그의 운명은 비참한 말로를 걸었다.

명말의 내우외환: 제국의 파산

1627년 만력제가 죽고 8년 후 주유검(朱有檢)이 즉위해 사종(思宗) 숭정제(崇禎帝, 1611~1644)가 되었다. 황위에 등극했지만 그는 조금도 기쁘지 않았다. 그의 앞에 내우외환이 펼쳐져 있었기 때문이다.

그 이전에 희종 천계제(天啓帝)가 죽고 환관 위충현은 비록 의지할 곳이 사라졌지만, 조정의 사방에는 여전히 앞잡이들이 퍼져 있어 조 정의 대권을 장악하고 있었다. 이 당시의 국내 경제는 마비상태에 빠 져 있었다. 점점 더 많은 농민이 토지를 잃고 일부는 소작농이 되어 해마다 지주에게 엄청나게 많은 소작료를 지급했다. 어떤 경우는 1묘 에 1섬 이상의 양식을 납부해야 했으며, 많은 경우 소작료를 납부하자마자 다음 날 바로 돈을 빌리지 않으면 생활을 할 수 없었다. 심지어 어떤 소작농은 지주의 노예로 전락해 자유 신분을 잃어버리고 대를 이어 노예가 되기도 했다. 동시에 대량의 농민들이 핍박받다 고향을 등지고 해외로 떠나거나 유랑민이 되었다.

국가재정이 부족해지자 천계제 때 조정이 각지에서 끌어 쓴 자금과 양식이 900만 냥에 달했다. 숭정 때 지급해야 할 봉급은 국가 세수의 225퍼센트였으니 수입보다 지출이 많았다. 일부 왕부(王府)의 녹미(綠米, 조정에서 봉급으로 주는 쌀-옮긴이)는 심지어 '50년간 지급이 체납'되기도 했다. 국가경제가 이미 지속 불가능한 근본적 위기에 처했다.

숭정 원년(1628) 섬서에서 봉기가 일어났다. 천계제, 숭정제 시기에 연속으로 기근이 일어난 곳으로 설상가상으로 부역이 가중해 먹을 양식이 없어 사람들은 나무껍질로 연명했다. 게다가 섬서는 명 왕조의 변방 요지로 군량이 끊기자 사병들은 모두 도망을 갔다. 살길을 모색하기 위해 굶주린 백성들과 도망간 병사들은 힘을 모아 봉기해 부호들의 양식과 돈을 약탈하고 농민을 구휼했다.

동시에 동북에 거주하는 만주족의 세력도 커졌다. 만주족의 원래 이름은 '여진'이었다. 그들은 일찍이 북송을 멸하고 금 왕조를 세웠다. 만력 연간에 여진의 수령 누르하치(努爾哈赤, 1559~1626)가 각 부족을 통합해 '후금(後金)'을 세워 중원을 노렸다. 만력 46년(1618) 그는 '칠대한(七大恨)'을 선언하고 명 왕조의 죄목을 나열하며 하늘에 고한 뒤 명나라 토벌에 나서 푸순성(撫順城)을 침공해 30만 명의 사람과 가축을 약탈하고 포로로 잡아 돌아왔다. 1619년 다시 대전을 벌여 명나라에 크게 승리했다. 이후 명은 요동의 군사 주도권을 상실한 채 방어에 주력했으며, 여진은 방어에서 공격으로 방향을 전향했다. 누르하치 이후

그 아들 홍타이지(皇太極, 1592~1643)가 즉위해 숭정 9년(1636) 자칭 황제라 하고 금의 국호를 청(淸)으로 바꾸었다. 한족 황제와 비교하고 대국으로서 명 왕조와 대항해 그 자리를 대신하려 했다. 그는 숭정 연간에 다섯 차례 장성을 넘었으며, 명 왕조의 내륙으로 깊이 들어와 수많은 성을 함락하고 제멋대로 약탈했다.

누르하치의 조복상(朝服像) _ 사후 제작으로 추정된다

내우외환 앞에 숭정제는 대명의 강산을 구할 방법을 찾았다. 목표는 원대했지만, 희망은 보이지 않았다. 게다가 그는 겨우 16세에 불과해 정의를 위해 뒤돌아보지 않고 용감하게 분투할 뿐이었다. 숭정제는 즉위한 지 두 달 만에 위충현과 그 패거리 세력을 제거했다. 동시에 매일 10여 시간을 부지런히 일했다. 숭정은 유달리 검소해 의복에 구멍이 나면 황후에게 꿰매달라고 한 뒤 계속해서 입었다.

내우와 외환이 공존하면 먼저 어떤 쪽을 해결해야 할까? 숭정제는 결정을 내리지 못했고 조정 전체의 의견도 일치를 이루지 못했다.

숭정제는 한때 내각 대학사 겸 병부상서인 양사창(楊嗣昌, 1588~1641)의 "외세를 몰아내려면 반드시 먼저 국내가 평안해야 한다"는 방침을 채택해 국내 농민 봉기군을 진압하는 데 집중적으로 자원을 투입했고 거의 성공 단계에 이르렀다. 하지만 결국 이 방침은 여진족의 침입으로 중단되고 말았다. 군대는 변방으로 옮겨져 방어해야 했고 봉기군은 이 기회를 틈타 부활했다.

최초의 농민 봉기는 주로 섬서, 산서 일대에 집중되었다가 숭정 6년(1633) 하남·호광·사천 등으로 확대되어 전국적인 대봉기가 되었다. 봉기군 중 가장 영향력이 큰 자는 고영상(高迎祥, ?~1636)으로 숭정 8년(1635) 그가 이끄는 농민공이 명의 봉양을 공격해 '고원진용(古元眞龍)' 황제라는 큰 깃발을 걸고 황릉을 불 지르고 황제의 묘를 파내며 주원장이 출가한 황각사를 파손하는 등 명 왕조에 심각한 공격을 감행했다.

숭정 9년(1636년) 스스로 틈왕(闖王)이라 일컬었던 고영상이 희생되자 사위 이자성(李自成, 1606~1645)이 새로이 추대되어 틈왕의 명칭을 이어받았다. 그는 농민군을 이끌고 숭정 14년(1641) 하남에 진입했다. 하남 진입 이전에 이자성의 병력은 1,000명이 되지 않았으나 하남에 도착한 후 현지의 굶주린 백성들이 앞다투어 몰려들어 수십만 명으로 빠르게 증가했다.

1644년 명 숭정 17년의 정월 초하루 주원장의 고향 안휘 봉양에 지진이 일어났다. 연초에 이자성은 서안에서 왕이라 칭하고 국호를 대순(大順)이라 지은 뒤 정식으로 명나라의 대를 잇는다고 선포했다.

2월 초파일 이자성의 군대가 태원을 함락하자 경성이 흔들렸다. 3월 6일 숭정제는 요동의 총사령관 오삼계(吳三桂, 1612~1678)에게 산해관(山海關) 외의 영토를 포기하고 경성으로 돌아올 것을 명했다. 3월 17일 이자성의 군은 북경성 밑에 도착했다. 성 밖에 주둔한 명 왕조의 삼대영(三大營, 5군(五軍)·삼천(三千)·신기(神機)라는 세 개의 주요 부대-옮간이)은 싸우지도 못하고 무너졌다. 3월 18일 오삼계의 군이 아직 하북 당산에 도착하기 전에 북경성은 이미 함락되었다. 18일 심야와 19일 새벽 숭정제는 오직 태감 왕승은(王承恩)을 데리고 천천히 궁전 뒤의 매산에 올라 고개를 돌려 이미 며칠째 피어오른 봉화와 피비린내 나는 궁전을 돌아보며 울음 섞인 장탄식을 토해냈다. 숭정제는 명을 내려 태자, 영왕(永王)과 정왕(定王)을 훈척 주규(周奎), 전홍우(田弘遇)의 집으로 보낸 뒤 황후 등과 죽음으로 결별했다. 명나라의 불운한 천자 주유검은 "군주가 조정에서 죽게 되니, 277년간 이어진 천하가 하루아침에 버려지는구나. 이것은 모두 중신들이 짐을 그르쳤기 때문이다"라는 유언을 남겼다.

16, 17세기는 본래 역사상의 전환기로 유목민족이 역사 무대에서 퇴출되는 시기였다. 만일 몽골인이 전 세계를 정복할 때가 유목민족의 무력이 절정기였다면, 이 시기는 그들이 쇠퇴로 향하는 때이기도 했다. 화기(火器)의 출현과 발전으로 유목 부대가 눈에 띄는 열세에 처했기 때문이다. 명나라군의 화기는 매우 발달해 손으로 점화하는 화총과 조총 외에 거치대에 설치하는 화포도 있어 위력이 대단했다. 원숭환(袁崇煥, 1584~1630)은 일찍이 여러 차례 화포로 적을 물리쳤고, 누르하치도 명나라군의 홍의대포(紅衣大炮, 명이 개발한 화포로, '붉은 오랑캐의 화포'라는 뜻-옮긴이)에 맞아 죽었다. 게다가 영락 시대에는 신기영(神機營)을 설치해 전문적으로 화기를 관리해 세계적인 화기 부대의 시작을 열었다.

불행히도 대명은 이때부터 운이 기울어 왕조의 쇠락 주기가 다가왔다. 천재와 인재가 발생하고 특히 정치적 부패는 이미 왕조의 기운을 남김없이 소모시켰다. 만주인은 명 왕조의 내부 갈등을 교묘하게 이용해 결국 중국을 정복했다.

명 왕조의 멸망을 돌이켜볼 때 학자들은 명 왕조의 재정 위기를 멸망의 가장 큰 이유로 보았다. 명 왕조의 군사력은 줄곧 매우 강했으며, 농민군은 처음에는 절대로 명나라군의 맞수가 되지 못했다. 전투력이 강한 후금 군대에 맞서 명나라군은 수십 년간 대치했다. 후에 군대가 계속 전쟁에서 패배한 것은 국가재정이 바닥나서 군인들이 물자와 급여를 받을 수 없어 생계를 유지할 수 없었기 때문이다.

명 왕조의 재정정책에 대해 역사학자 황런위(黃仁宇, 1918~2000)는 '홍무(洪武)형 재정'이라고 불렀다. 이런 재정정책의 핵심은 '절약'이었다. 국가경제 활동의 최저 수준만 유지하면서 결코 재원의 개발을 고려하지 않았다. 이는 국가의 세수가 주로 농업세로 제한되었고 사업세, 해관세 등은 중시하지 않은 극단적으로 보수적인 세수정책이었다. 후에 국가 토지겸병이 갈수록 심각해지자 국가의 세수가 점차 감소했고, 이때 외환까지 겹치니 경제정책상 더 좋은 조정 방법이 없어 오로지 농민을 더욱 착취하는 수밖에 없었다. 눈앞의 이익에 급급하니 백성들은 반란을 일으킬 수밖에 없었고 농민 봉기는 국가를 멸망으로 내몰았다.

세 번째 생존 위기

: 청나라 정부 설립의 전말

명나라의 유산을 쟁탈하다

만주족이라는 단어는 1636년에 정식으로 등장했다. 그해 북송을 멸망시킨 '여진족'이 바로 만주족의 조상이다.

그들은 북송을 멸망시켰고 금나라를 건립했다. 명나라 말기에 명나라 조정이 쇠퇴해짐과 동시에 내분이 끊이지 않던 틈을 타서 지도자 누르하치는 병사를 이끌고 명나라를 토벌했다.

누르하치를 이어 그의 아들 홍타이지가 즉위했고 숭정 9년(1636) 황제로 자칭하고 국호를 '청'이라 고쳤다. 명나라와 대항해 명나라를 취하고 황제를 대신하려 했다.

1644년 이자성의 대순 정권은 북경을 함락하고 자리를 제대로 잡지 못한 상태였다. 누구 손에 죽을지 모르는 상황에서 청나라는 호시탐탐 기회를 노리고 있었다.

명나라의 병권을 장악한 오삼계는 양측이 모두 얻고자 하는 상대였다. 오삼계는 산해관의 수비를 책임졌는데, 중국의 관문인 산해관이 뚫리면 중원은 쉽게 공략할 수 있었다. 득실을 자세히 따져본 오삼계는 부친이 대순 장수에게 농락당하고 애첩을 이자성의 부하들에게 빼앗기자 분노하여 청나라 장수를 찾아가 '피눈물을 흘리며 도움을 청'하게 된다.

청은 오삼계의 도움 요청에 신속히 대응해 출병했다. 정세는 급박하게 변해 대명을 전복했던 대순군이 산해관 전쟁에서 고군분투했으나 쇠퇴해가는 전세를 바꾸지는 못했다. 42일간의 꿈이 하루아침에 물거품이 되었다. 북경성은 소유자가 대순에서 청나라로 바뀌게 된다.

그 후로도 이자성은 철저하게 패배해 1645년 5월 17일 호북 구궁산에서 죽음을 맞이한다. 북경에 입성한 청의 순치제(順治帝, 1638~1661)는 스스로 황제라 칭하고 만주족들은 더 나아가 중원 정복에 나섰다.

청나라 군사가 산해관에 입성한 뒤 홍승주(洪承疇)가 강남의 5대 성을 다스리고, 공유덕(孔有德, ?~1652)이 광서를 순행하고, 상가희(尙可喜, 1604~1676)와 경중명(耿仲明, ?~1649)이 광동을 순행하며, 오삼계는 사천과 운남을 순행했다. 이 다섯 사람은 모두 명나라 장수 출신으로 청나라에 투항했는데, 그중 오삼계가 정예병을 거느리고 남북과 싸우면서 영향력이 제일 컸다.

그 당시 명나라는 이미 철저히 부패해 저항력을 거의 상실했다. 그때 남쪽을 떠돌아다니던 남명 정권은 옹립을 둘러싸고 갈등이 있었는데 주로 남경 복왕, 복주 당왕, 절강 노왕, 조경 계왕이었다. 이렇게 작은 조정에서는 여전히 암투를 벌이고 난장판이었다. 20년간 남명의 작은 조정을 포함해 이자성과 장헌충(張獻忠, 1368~1644)의 잔존한 전투세력 등 청에 저항한 반란군들은 하나하나 격파되었다.

명나라 사회의 지도집단은 관료 사대부 계층이어서 일반 백성들은 정치에 참여할 기회가 적었다. 유가의 사대부들은 대부분 문화 지상 주의를 주장해 민족 운명 공동체라는 개념은 점점 희박해졌다. 국가가 위기에 처할 때마다 사상 면에서 이런 약점이 여지없이 드러나곤 했다.

임금에 대한 충정, 불충한 무리에 대한 증오는 그들의 핵심 가치를 측량하는 잣대가 되었다. 그리하여 모두들 이자성을 극도로 증오했지만 청나라에 대적해 싸우려는 사람은 극소수였다. 청나라는 이런 속내를 잘 파악하고 철저히 이용해 화하문화를 인정하기만 한다면 모두 '화하의 자손'들이라고 했다. 이런 학설은 청나라의 제일 힘 있는 사상 무기였다. 공자에게 절을 하면 천하 사대부들의 지지를 얻을 수 있었다.

청나라의 정복과 통치

1644년 청나라 군대가 산해관에 들어온 뒤로 1681년에 이르러 중국의 전체 경내를 점령했다. 만주족은 중국을 전쟁터로 삼아 37년간 살인을 저지른 후에야 중국을 정복했다.

청나라는 입관 초기에 기만적 성격을 띤 일련의 선전 책략을 실시했는데, 예를 들면 세금을 감면해준다는 것이 대표적이다. 전에 명나라의 '군사훈련에 필요한 경비', '요동정벌에 필요한 군사 경비', '농민 무장 봉기를 진압하는 데 필요한 군사 경비' 등 '삼향(三餉)'을 감면해주고 땅을 점거하지 않겠다는 것이다.

남쪽의 해상 무장 두목 정지룡(鄭芝龍, 1604~1661)은 청나라에 투항했으나, 그의 아들 정성공(鄭成功, 1624~1662)은 "아버지는 아들에게 충정을 가르쳤지, 아들에게 반역자가 되라고 가르치지 않았다"라고 하면서 "부친을 배신하고 나라를 구하다(背父救國)"라고 쓴 깃발을 들고 하문, 금문을 근거지로 청나라에 항쟁했다.

그 당시 대만은 해상강국 네덜란드에 의해 조용히 침범당한 지 수십 년이 되었다. 정성공은 네덜란드인들을 포위해 격파했으며, 대만에서 자리를 잡고 대명강산을 수복하기 위한 근거지로 삼았다.

바닷가 근처의 백성과 정성공 및 기타 청나라에 대적하는 무리들을 격리하기 위해 청나라 통치자들은 '바다를 떠나라는' 명령을 내려 강제적으로 산동·절강·복건·광동 등 성의 바닷가 근처 주민들을 내륙으로 이주시켰다.

그 과정에서 성곽이 허물어지고 집들이 불탔으며 늙은이와 아이들은 산골짜기에서 죽었고 젊은 청년들은 이곳저곳을 정처 없이 떠돌았다. 이는 동남 연해의 백성들에게 심각한 재앙을 안겨주었다. 청나라는 통치하는 200년 동안 줄곧 쇄국정책을 펼쳤으며, 그 주요 원인은 바닷가 근처의 백성이 해상의 외부세력과 합세해 정권을 뒤엎을까 두려웠기 때문이다.

청나라는 무력정벌로 통치권을 수립한 뒤 그 기초 위에서 진일보한 3대 정책을 폈다. 첫째는 중앙정부의 조직제도를 개혁해 권력을 황제에게 집중시키고, 둘째는 한족들의 사상을 통제해 저항 심리를 없애는 것이었다. 이를 위해서는 주로 공자를 존중하고 유가사상을 숭배하며 예법과 음악을 통한 교화를 흥행시키고 문자옥을 엄격하게 실시해, 강건책과 유화책을 병행했다. 셋째는 만주족과 한족들의 방어선을 엄격히 해 만주족이 한족에게 동화되는 것을 방지하는 것이었다. 이를테면 서로 다른 민족은 떨어져 살아야 하며 함께 거주하는 것을 금지했고 두 민족이 결혼하는 것을 금지했으며(이 규정은 1905년 청나라가 멸망하기 바로 직전에 폐지되었다), 만주족의 여성이 한족의 의상을 따라 입는 것을 금지하는 것 등이다.

청나라는 스스로 금나라 여진족의 직계혈통임을 주장하면서도 금나라가 한족에게 동화되어 멸망하는 전철을 밟을까 두려워했다. 전국을 더 안정적으로 통치할수록 독재는 점점 더 강화되었다. 그러나 황제의 마음속에는 자신이 통치 권력을 잃을 수 있다는 공포감이 점점 커져갔다.

청나라 정권의 권력 구조에서 주요한 특징은 '만한이원화제도(滿漢二元化制度)'를 정한 것이다. 중앙부서나 각 행정기구에서 만주족과 한족 두 수장을 정하고 만주족이 핵심권력을 장악하고 한인은 구체적인 행정업무를 보게 했다.

이른바 만한이원화제도는 청나라 정부가 처음 실시한 것은 아니다. 비슷한 권력 구조는 중세기 중국 북방 변경의 여러 부족들이 건립한 정권의 역사에서도 나타난 적이 있다. 이를테면 선비족(鮮卑)의 북조, 거란족의 요나라, 여진족의 금나라, 몽골의 원나라에서도 모두 이와 유사한 제도를 실시한 적이 있다. 공통적인 특징은 타 민족을 정복한 귀족 혈통이 권력의 핵심이 되어 더 높은 자리에 있기 위함이다.

그러나 청나라에서 실시된 이원화제도는 원나라 시스템의 단순한 반복이 아니다. 기본 규범은 '한족을 만주족의 노예로 부리는 것'이고, 책략 면에서는 '한족들이 한족들을 통제'하는 것을 광범위하게 운용했다.

도대체 어떤 이유로 소수 민족이 건립한 청나라 같은 왕조가 이렇 듯 오랜 기간 통치할 수 있었을까? 학술계에서는 수없이 연구하고 토론했다.

그중 주의를 끄는 학파는 미국에서 최근에 시작한 신청사(新淸史) 연구다. 청나라 통치와 역대 한족 왕조의 다른 점을 강조하고, 청나라 통치 중 만주족의 요소를 강조하는 것이 신청사 학파의 주요 특징이다. 바꿔서 이야기하면, 그들은 청나라가 만주족과 몽골족, 회족과 장족, 한족 등 여러 민족과 문화를 성공적으로 하나의 정권에서 통일할 수 있었던 주요 원인 중 하나가 바로 그들의 '비한(非漢) 요소'라고 본다. 오늘날 청나라의 많은 문헌 공개로 이미 알려졌다시피, 청나라 고위층은 통치계급 내부에서 만주어로 귓속말을 주고받았다. 이는 많은 사람을 속인 매우 영리한 통치술이었다. 심지어 어떤 사람들은 지금도 여전히 그 당시 만주족이 정말 한족 문화에 동화되었다고 믿고 있다.

한족 지식인들은 원래 각 지역에서 저항하던 지도자들이었다. 그들을 끌어들이기 위해 청나라군은 산해관에 진입한 후 재빨리 공자와 유가를 존중하고 과거시험을 통해 인재를 선발했다.

순치 원년, 송나라 때부터 이어져 오는 전례를 답습해 공자 65대 자손을 '연성공(衍聖公)'으로 책봉했고, 후에 공자를 '대성지성문헌선사(大成至聖文宣先師)'로 존칭했다. 강희제(康熙帝, 聖祖, 1654~1722)와 건륭제(乾隆帝, 高宗, 1711~1799)는 여러 차례 산동 곡부(曲阜)에 가서 공자에게 제를 지냈다. 강희제는 유가학설에 따라 직접 '황제의 조령' 16조례를 정했고 옹정제(雍正帝, 世宗, 1678~1735)는 16조례에 주석을 달아 만든 〈성유광훈(聖諭廣訓)〉이라는 교훈을 만들어 전국에 배포해 널리 알렸다. 청나라 조정은 특히 주희를 숭배했는데, 과거시험을 통해 인재를 선발하고 사서오경 시험에서 주희가 쓴 주석을 기준으로 삼아 평가했다.

유학을 창도함으로써, 공자를 존중하고 경서를 읽고, "소국이 대국을 침략하는 것, 아랫사람이 윗사람을 모욕하고, 비천함이 고귀함을 방해하고, 존귀함과 비천함이 뒤바뀌고, 위아래 순서가 없고, 예의가 바르지 않고 도덕을 저버리는 것"을 경계해 사회질서를 안정케 하고, 독단적인 통치를 견고히 했다.

청나라 통치자들은 특히 예악(禮樂)을 통해 사상을 교화하고 통제하며, 신분 등급 제도를 수호함으로써 사회 안정을 이루려고 했다. 그렇기 때문에 청나라 조정은 더 나아가 충효절개를 지키는 정표제도(旌表制度)와 사람의 마음을 잇고 교화하는 여러 가지 금령 및 상벌제도 등을 완벽히 하고 표창했다.

'종약(宗約)', '족규(族規)', '향약(鄕約)', '가훈(家訓)' 등을 잘 활용해 사람들의 마음을 단속하고, 불교와 도교로 왕권을 강화했다. 일부 지방 관리들은 심지어 '사교' 등과 같은 인과응보론에 관련된 읽을거리를 돌아가며 보게 하는 것을 '우매한 백성을 깨우치는' '세상을 구하는 해결책'이라 여기고 생산 원가를 따지지 않고 급히 제작해 널리 배포했다. 또한 노래하는 사람을 고용해 곳곳을 다니며 노래하게 하니 우매한 남자들과 여자들은 들으면서 눈물을 흘렸다고 한다.

사상 통치정책인 문자옥은 청나라 통치에서 또 하나의 중요한 포인트다. 이른바 문자옥은 글을 빌미로 감옥에 보내거나 죽이는 필화 사건을 의미한다.

소수의 이민족이 세운 청나라 통치자가 중원을 다스리는 일은 쉽지 않았다. 한족의 전통적 관념에서 보면 이는 하늘이 뒤집히고, 중원이 망하는 일이다. 오랜 세월 형성한 화하 정통 사상, 민족의 강렬한 반청의식은 명나라 말 청나라 초기에 출간된 각종 저서를 통해 커다란 영향을 미쳤다. 강희제 때 점점 안정을 찾아가면서, 문화사상 영역에 대한 엄격한 통제에 속도를 냈다. 문자옥을 부흥하고 이교도를 탄압하는 방식으로 사상을 억압했다. 문자옥의 사례를 보면 대체로 청나라를 뒤엎고 명나라를 되찾는 것, 황제의 존엄을 침해하는 것, 함부로 조정에 대해서 논하는 것, 심지어 문자를 잘못 쓴 경우도 해당되었다.

문자옥의 치밀함과 황당무계함은 상상을 초월한다. 옹정제 때는 예부사랑(礼部伺郎) 사사정(査嗣庭)이 강서 시험관으로 임명되어 '시경', '상송', '제비' 중에서 '유민소지(維民所止)'라는 구로 출제했다. 하지만 이는 옹정을 참수하려 한다는 의도로 해석되어 그는 옥중에서 병사했고 죽은 뒤에도 시신이 훼손되는 화를 당했다('유(維)'와 '지(止)'가 각각 '옹(雍)'과 '정(正)'의 맨 윗부분을 없앤 모양이라는 것이 반역으로 의심받은 이유였다-옮긴이).

건륭제 때 이름난 문인 전조망(全祖望, 1704~1755)이 〈황아편(皇雅篇)〉을 지어서 순치(順治)가 나라를 얻음을 찬양했는데, 그중 "나를 위해 도둑을 없애 천하를 깨끗이 하다"에서 '도둑'이라는 글자가 '청' 글씨 위에 있다고 하여 패역(悖逆)이라며 자칫 목숨을 잃을 뻔했다.

청나라 통치자들은 이러한 보편적인 사상문제, 사소한 일로 걸핏하면 목을 베고 시신을 훼손했고, 자손들도 연루시켜 처벌했다. 비록 죽은 사람이 전쟁에서 죽은 사람보다 적었겠지만, 사회적으로 큰 영향을 미쳤다. 지방관이 만약 감독을 소홀히 하면 엄격한 처벌을 받았다.

강서 순무(巡撫, 지방장관) 해성(海成)이 왕석후(王錫侯)의 '자관(字貫)

사건'(왕석후가 사서 《자관》을 저술하며 예를 갖추지 않고 황제들의 연호를 그대로 실은 일-옮긴이)을 조사하며 황제에게 대역죄인까지는 아니지만 과거에 급제한 것을 취소해달라고 청했다. 건륭제는 "두 눈이 멀어 보지 못하고 소홀히 해 양심이 없다"라고 왕석후를 호되게 질책한 후 참수형을 선고했다가 집행 유예했다. 그리하여 사람마다 원한을 품고 사실을 날조하는 것이 당시 사회 풍조가 되었다.

청나라 때 여러 황제가 자행한 백 수십여 차례의 문자옥으로 인해 지식인들의 궁극적 목표인 '수신제가치국평천하(修身齊家治國平天下)'와 인권, 사람의 품성에 대한 사고가 전멸되었고 금석학(金石學, 돌이나 금속에 새겨진 다양한 문자를 해독하고 연구하는 학문-옮긴이), 어충학(魚蟲學)이 생겨났다. 전통문화는 생명력을 잃고 박물관에나 놓일 것이 되었고 한인들의 학문은 이미 낡은 휴지조각이 되어버렸다.

문자옥이 초래한 사상에 대한 억압은 말할 것도 없다. 여러 사료를 확인해보면, 문자옥 기간에 중국의 발명은 급속도로 감소되어 아편전쟁 전의 중국과 세계의 격차가 점점 더 커지게 만들었다.

명나라 말기에 비록 정치가 부패하고 사회 혼란이 심각했지만, 민간은 활력이 넘쳐 과학기술, 경제사상 면에서는 활기차게 발전했다.

청나라가 통치한 뒤로는 "내 꽃이 핀 뒤에 온갖 꽃은 시들리"라는 시구처럼 사상 영역은 철저히 메말라버렸다.

청나라의 정복 과정에서 문화와 사상에 단행된 대규모 학살과 관련된 자료들은 꼭꼭 숨겨졌다. 만주족은 중원문화를 배움과 동시에 그들의 뜻대로 중원문화를 거세했다.

《사고전서(四庫全書)》처럼 청나라의 정치와 군사상의 공적을 널리 알리는 총서들도 사상 면에서 검열을 받았다. 《사고전서》는 건륭제의 주도로 기효람(紀曉嵐, 1724~1805) 등 360여 명의 고위관리들과 학자들이 편찬한 것으로 3,800명이 옮겨 적으면서 13년간 공을 들여 만들었다. 총서는 경(經)·사(史)·자(子)·집(集) 4부로 구성되어 사고(四庫)라고 했으며, 모두 3,500여 종의 책이 있고 7만 9,000두루마리, 3만 6,000권, 약 8억 글자다. 기본적으로 중국 고대의 모든 도서를 총괄했기에 '전서(全書)'라고 불렸다.

비록 대량의 고대 서적을 정리했지만, 청나라 조정은 《사고전서》를 편찬하면서 자신들에게 불리한 내용의 서적은 소각해 없앴다. 136만 권에 달하는 책 중에 15만 권을 태워버렸고 훼손된 책은 170여 종, 8만여 권에 달한다. 그 밖에도 청나라 조정은 체계적으로 명나라 문서를 훼손했다. 현재 남아 있는 명나라 문서가 3,000여 점밖에 없다는 사실로 추측해보면 약 1,000만 부의 명나라 문서가 소각되었을 것이다. 서적과 문서를 소각한 것 말고도 청나라 조정은 체계적으로 민족 갈등과 민족 탄압, 민족의 상무정신에 관련된 작품을 골라내어 없애거나 수정했다.

이름난 학자 장타이엔(章太炎 1868~1936)은 건륭 연간에 소각된 고대 서적은 3,000여 종에 달하며, 16~17만 권이 넘으며 그 종류는 사고에 현재 수록된 책과 같은 수치라고 했다. 역사학자 우한(吳晗, 1909~1969)은 "청나라 사람이 《사고전서》를 멋대로 수정해 고서가 훼손되었다"라고 말했다. 이것이 국가권력이 화하문명에 가한 훼손이다. 옷차림은 표면적인 것이고 더 나아가서는 창의력을 말살하고 선비계층의 정신적 근간을 파괴했다.

고대 중국 민간에서는 사대부의 정신을 받들었으며, 묘당에 거주하는 사대부들이 이론을 근거로 논쟁하는 것을 명예롭게 생각했고 지식

계층은 천하를 자신의 책임으로 여겼다.

청나라 군사가 산해관에 진입한 후 피비린내 나는 살육이 벌어지고 문자옥으로 혈기왕성하고 재능 있는 한족의 인재들이 사라졌다.

이런 환경 속에서 민족성도 변화를 맞았다. 루쉰은 "청나라는 한인들을 절개와 염치가 없게 만들었다"라고 말했다. 민국 연간, 군사가 장바이리(蔣百里)는 "내가 알고 있는 수재는 먼지가 되거나 노예가 될 재목이었다"라고 말한 적이 있다.

판도의 확장: 영토와 민족의 재통합

청나라 통치자는 남쪽 한인의 저항을 억압한 뒤 변방으로 눈을 돌리기 시작했다. 그리고 강희제·옹정제·건륭제 등 3대 황제를 거쳐 서북 지역으로 계속 파병해 판도를 크게 확장했다.

강희제와 건륭제 시기 몽골 세력을 토벌해 평정했다. 몽골은 명나라 초기에 북원(北元)으로 불렸는데, 원나라 몽골 통치자들이 패배한 후 몽골고원에 안착해 수립한 정권이다. 명나라가 건립되고 서달(徐達) 대군을 파견해 원나라 수도 대도를 공략해 함락한 후 몽골고원에 은거한 본래 몽골 종실이 이끄는 정권의 국호는 여전히 대원이라고 불렸고 만리장성 이북 지역에 자리 잡고 있어 '북원'이라고도 했다.

1402년 원나라 대신 구리이치(귀력적, 鬼力赤)가 제위를 찬탈한 다음 황제 칭호와 원(元)이라는 국호를 완전히 없애고, 나라 이름을 '타타르'라고 했다. 원나라가 망한 뒤 타타르와 오이라트로 분열되어 명조와 싸우기도 하고 화해하기도 하면서 충돌이 끊이지 않았다. 청나라 때 와서는 몽골 문제가 기본적으로 해결되었다.

청나라의 통치정책은 교묘하게 한족만이 아닌 비교적 가까웠던 몽골인들도 대상이 되었다. 그들은 한편으로는 귀족 간의 결혼으로 농락했고, 다른 한편으로는 심혈을 기울인 전문적 책략을 세워 강압적인 통치를 했다.

청나라가 몽골에 실행한 정책은 군사화 관리였다. 매년 일정한 강제 징수와 수시 징수가 있는 데다가 막중한 병역 부담에 고통은 말로 표현할 수 없을 정도로 극심했다. 이른바 강희제와 건륭제의 태평성세에 몽골 백성은 나날이 곤궁해져 더 어렵고, 종족이 쇠퇴해 천막이 줄어들었다. 태길(台吉, 몽골 귀족에게 수여한 일종의 작위)이 되어야만 생존 가능하고, 병사들의 가족은 옷과 음식이 턱없이 부족했다.

전쟁이 나면 그들은 맨 앞에 서야 했고 몽골을 정벌하던 청나라의 주력군마저 몽골의 병사들이어서 몽골인이 몽골인을 죽여야 했다.

청나라가 시행한 가장 은밀하면서도 효과적인 정책은 몽골인들에게 라마교(현재의 티베트 불교-옮긴이)를 널리 보급해 용맹하고 전쟁에 능한 부족을 순화시킨 것이다.

청나라 조정은 몽골 지역에 라마(喇嘛, '생명의 근원을 주는 자'라는 뜻-옮긴이)의 묘를 대대적으로 건설했고 몽골의 남자들에게 라마가 되라고 했다. 나중에 몽골의 남자들 절반이 라마가 되었다. 이 사람들은 일하지 않고 후대도 없어 몽골은 이렇게 서서히 인구가 줄면서 쇠퇴해갔다. 강희제는 득의양양하며 말하기를 "사당을 하나 지으면 수만 병사를 이긴 것과 같다"라고 했다.

청나라 조정은 또 티베트에 두 명의 주재 대신을 보내어 업무를 보게 하고 금병추첨(金甁抽籤, 달라이 라마의 후계자를 금병 안에 든 후보자 이름을 뽑아 추첨하는 방식-옮긴이) 제도를 만들었다. 라마교는 청나라가 티베트인을 농락하는 중요한 방법 중 하나였다.

청나라는 의도적으로 몽골과 티베트 두 민족의 문화 수준 향상을 막았다. 몽골과 티베트는 청나라에 300여 년간 종속되었다. 언어와 문자가 서로 다르고 유교가 국교라고 하지만, 몽골과 티베트 두 민족 사이에서 아무런 문제가 없었던 이유는 청나라가 실시한 문화상 '분리해 통치한다'라는 교묘한 계책 때문이다.

한족에 대해서는 요나라와 금나라 역대 선조들의 교훈을 받아들여 정복자가 다시 정복당하는 전철을 다시 밟지 않았다. 그리하여 정치적으로는 통일을 이루었지만, 정복된 종족들의 종교문화에 대해서도 깊게 관여해 사실상 만주족의 샤머니즘 신앙을 절대 포기하지 않았다.

옹정 연초 서남 지역에서 조정은 운귀도(云貴都)의 오르타이(鄂尔泰, 1677~1745)의 제안을 받아들여, 족장을 폐하고 중앙관리를 확대했다.

지방관을 폐하거나 철회한 뒤 조정이 임명하는 유관을 보내는데 이것을 '개토귀류(改土歸流)'라고 한다. 지방관을 폐한 뒤 부(府)·청(廳)·주(州)·현(縣) 등을 설치해 내륙과 통일된 정권체제를 실시했다.

강희 22년(1683년), 청나라 조정은 시랑을 파견해 군사를 이끌고 대만을 치게 한다. 이때 정성공은 이미 병으로 죽은 지 몇 년이 지난 후였다. 대만 내부에서는 권력 쟁탈을 위해 서로 싸워 정국은 혼란과 불안에 빠진 상태였다.

정극상(鄭克塽, 1664~1681, 정성공의 손자)이 대만을 통치하는 왕위에 오른 후부터 더는 청나라에 대적해 명나라를 수복하려 하지 않고 작은 국가로 만족했다.

청나라 조정은 네덜란드 침략자와 연락을 취해 대만을 공격해 빼앗고, 후에 대만부를 설립했다. 이렇게 청나라는 중국 대륙의 통일을 완성했다.

단절과 낙오: 세계 추세 속에서의 대청국

청나라 초기에 유럽은 이미 산업혁명을 통해 폭발적인 발전을 이루었다. 유럽 국가 중에서 가장 먼저 청나라와 접촉한 것은 러시아였다. 러시아는 당시 낙후된 국가였다. 오랫동안 몽골인들의 통치를 받다가 명나라 중기에 몽골인들을 내쫓아 독립했고, 점차 세력을 키워 외적으로 확장하기 시작했다.

제정 러시아 정부가 특별 허가한 지방의 무장 도적들은 명나라 말기와 청나라 초기에 동쪽으로 세력을 확산해 흑룡강 지역에까지 이른다. 러시아가 동쪽으로 세력을 확장할 때 군사력이 떨어지는 지방 토박이가 있던 지역에서는 원활했으나, 좀 강력한 청나라 군사들을 만나서는 그 세력 확산이 멈추었다. 강희 24년(1685), 청나라 도통(都統) 팽춘(彭春, ?~1699)과 애혼(瑷琿)에 주둔하던 장군 살포소(薩布素)의 수군, 육군 1만 5,000명을 파견해 러시아군을 격파하고, 그들이 건설한 아크사성을 부순다. 그러나 러시아군은 청나라군이 철수한 뒤 재차 침략해 성을 짓고 수호한다. 1686년 청나라는 군대를 보내 아크사성을 포위 공격한다. 강희 28년(1689), 중국과 러시아는 네르친스크에서 대치해 영토 범위를 확정 짓는 '네르친스크 조약'을 체결한다. 조약을 체결한 후 예포를 쏘아 하늘에 맹세한다.

청나라 초기에 러시아 표트르 1세(Pyotr, 1672~1725)가 서유럽화 정책을 비롯한 일련의 개혁을 추진해 러시아는 이때부터 더욱 강대해진다.

표트르 1세가 모델로 삼은 16세기부터 이미 강대해져 중세기에는 점점 근대 사회로 변모했다. 청나라 초기, 유럽은 이미 산업혁명이 왕성하게 진행되었고, 미국은 영국의 통치에서 벗어나 독립했다. 인류사회는 이로부터 신기원을 개척했다.

유럽의 기계화는 놀라웠다. 1820년대 동력방직기계를 다루는 사람들의 생산량은 수공 제작하는 사람의 스무 배였다. 기차 한 대의 운송 능력은 수백 마리의 말에 해당되고 속도도 훨씬 빨랐다. 1870년 영국의 증기기관차는 400마력의 힘으로 여객과 화물을 수송하는데 이것은 남자 4,000만 명의 힘에 해당한다.

산업혁명은 본래 제도가 만들어낸 결과다. 유럽은 이 200년 동안 정치체제, 교육체제, 과학기술체제, 공업체제, 교통체제를 모두 갖추었으며 각종 새로운 사상, 기술과 공업 성과가 끊임없이 나타났다. 세상을 떠들썩하게 한 진보 개혁의 물결 속에서 청나라는 국내에만 안주해 세상의 변화를 미처 알지 못했다.

이런 배경하에서 청나라가 명나라를 멸망시킨 것을 돌이켜보면 정권이 바뀌었다는 사실보다 역사의 발전 방향에 오랜 시간 영향을 미쳤다는 사실이 중요하다. 명나라 말기의 사회를 돌이켜보면 중국의 정치는 심각하게 부패했지만 민간에는 생기가 넘쳤다. 바꾸어 말하면 명나라 후기에 중국은 이미 근대화가 시작되었고, 사대부들은 서방 선진국의 새로운 지식을 적극적으로 받아들였다. 그때의 중국은 세계적 추세를 따라잡을 기회가 있었다.

명나라의 지식인들은 더는 황제의 부속품이 아니었고 서원을 항쟁의 진지로 삼고 조정에서 황제의 도리를 논했다. 왕부지(王夫之, 1619~1692), 황종희(黃宗羲, 1610~1695), 고염무(顧炎武, 1613~1673), 이지(李贄,

1527~1602, 우리에게는 이탁오(李卓吾)로 더 잘 알려져 있다 – 옮긴이) 등과 같은 이름난 학자들은 인권문제에 관심을 갖기 시작했다.

정치사상 면에서 많은 사상가들은 일종의 '참정권'까지 생각했다. 왕부지는 전제정치에 반발하여 입헌군주제의 학풍을 여는 추세를 대표했다. 그는 "법으로 제지하고 의로 규정을 제정하면 군자는 바르고 소인은 안정된다. 왕이 바뀌어도 이를 바꿀 수는 없다"라고 했다.

"법으로 재판하고 의리로 제약한다……. 왕으로부터 시작하려니 쉽지는 않다."

헌법이 맨 위에 있어 천하를 쉽게 얻는다 해도 새로운 군주는 쉽게 헌법을 바꿀 수 없다.

황종희는 "천하에 해를 주는 것은 바로 군주다"라며 군주제를 날카롭게 비판했다.

명나라 시기 중원 화하의 귀족 자손으로 행세하던 명나라의 지식인들은 자신감이 있고 개방적이었다. 황제에서 각지 관료들, 일반 지식인들에 이르기까지 서방국가의 선진 기술을 습득하고 들여오는 데 적극적이었다. 예전 같았으면 '사악하고 음험한 기교'라고 비하됐던 것들이 명나라에서는 인정받고 드넓은 생존 공간을 얻었다.

명조 시기, 중국의 과학체계는 이미 기본 틀을 갖추었고, 각종 기술과 원시적인 기계의 발명, 창의적인 시도는 각 분야에서 끊임없이 나타났다.

왕징(王徵, 1571~1644)과 예수회 선교사 슈렉(Joannes Terrenz Schreck, 鄧玉函, 1576~1630)은 협력해 《원서기기도설(遠西奇器圖說)》을 번역했는데, 이것은 중국에 처음으로 서양의 기계공학과 물리학을 소개한 저서다. 서광계(徐光啓, 1562~1633)는 수학을 기초로 전체 과학기술 발전을 위한 학문 분야를 구축할 것을 제안했고, 숭정 4년(1631)에 상소를 올려 화약병기로 무장한 '현대화' 육군을 편성할 것을 건의했다.

1634년, 명나라가 멸망하기 10년 전 서광계의 주도로 '시헌력(時憲曆)'의 수정 편집 작업이 완성되었다. 1년 전인 1633년 근대과학의 창시자 중 한 사람으로 불리던 갈릴레오(Galileo Galilei, 1564~1642)는 지동설을 주장한 죄로 로마 교황청에 의해 감금 판결을 받았다. 이것은 동양과 서양의 현대 천문학에 대한 태도에서 선명한 대비를 보여준다. '시헌력'에서는 티코 브라헤(Tycho Brahe, 1546~1601)가 창설한 천체 시스템과 기하학의 계산 방법을 채택해 지오바니 리치올리(Giovanni Battista Riccioli, 1598~1671)의 학설을 소개했으며, 그의 '천체 운행론'의 상당 부분을 인용함으로써 유럽 천문학에 대한 새로운 가설을 집대성했다.

당시 서광계의 직위는 '동각 대학사'와 '문연각 대학사'였고, 숭정제의 총애를 받았다. 숭정제의 새로운 천문학 가설에 대한 개방적인 태도는 유럽을 크게 넘어섰음을 알 수 있다.

1634년 명나라는 또 중국 역사에서 첫 번째 천문 망원경을 만들어 '통(筒)'이라 불렀는데 그것은 대통이라는 뜻이다(외형이 대통처럼 생겼기 때문이다).

대학자, 정치활동가인 방이지(方以智, 1611~1671)는 '천문학'을 매우 중시해 종종 서양 천문학의 최신 발전을 추적했으며, 그는 파동진동설(근대광파인 전자파동설과 구분하기 위해 기광파동설이라 부른다)을 제시했다. 자신의 관점을 증명하고자 작은 구멍을 만들어 실험해 광학 현상을 설명하기 위해 노력했다.

방이지는 또 전체의 과학기술을 그 대상에 따라 '질측(質測, 자연과학)'과 '재리(宰理, 사회과학)', '도기(道几, 철학)' 등 세 가지 부류로 나누었다. 그는 전문가들을 불러 모아서 종합백과전서를 편역하려 했지만 이 원대한 포부는 이루지 못했다. 방이지는 노년에 남명 왕조 재상의 신분으로 청나라에 잡혔다가 풀려난 후 강서의 황공탄을 지나다 문천상의 시 "황공탄 패배가 황공하기 짝이 없다"를 읊으며 자결한다.

사실상, 명나라에서 민간과 관아에서는 이미 서양의 과학기술 서적에 대한 대규모 번역 작업이 동시에 시작되었다. 지금 우리는 처음으로 세계에 눈길을 돌린 사람으로 임칙서(林則徐)를 떠올리지만, 사실은 그보다 두 세기 앞선 서광계 등 많은 명나라 지식인들이 이미 시야를 세계로 돌렸고 중국의 이후 최대 경쟁 상대는 서방의 강한 국가라는 점을 인식했다. 서광계는 "오늘의 건주(建州) 도둑들은 결과적으로 범과 표범으로 변했는데, 만약 진짜 범과 표범이 있다면 그것은 바로 민해(閩海) 외적들이다"라고 말했다. 이 말은 비록 그때 산해관 밖의 만주족은 명나라의 큰 적이지만, 서광계와 숭정제와 같은 사람은 서양 국가야말로 더 흉악한 중국의 적수라는 것을 잘 알았다는 뜻이다. 때문에 내우외환의 상황에서도 재빨리 서양의 과학기술을 도입한 것이다.

명조는 문호를 걸어 잠그지 않고 앞으로 나아갔고, 그렇게 했기 때문에 중국의 항해와 군사기술은 시종일관 서방세계와 연결되어 낙오되지 않았다.

명나라 말기, 정성공의 부친 정지룡은 3,000척의 해상무역 선박을 소유한 거대한 해상무역 집단으로 발전했다. 네덜란드의 동인도회사는 군사 면에서나 무역 면에서 정지룡의 해상무역 집단과 경쟁 상대가 되지 않았다. 네덜란드는 스페인 다음으로, 영국보다는 앞선 해상

맹주였지만 정지룡과 여러 차례 해전을 벌였는데 모두 패했다.

청나라 통치에 엄동이 닥친 뒤 중국은 외부와 철저히 단절해 나중에 세계사의 흐름에서 뒤처지고 강대국에 속절없이 당하게 될 운명에 처한다.

명나라의 두 노선 중 첫째는 전제정치의 악으로, 이 점은 청나라가 그대로 물려받았다. 둘째는 민간사회의 활력으로, 청나라에서는 이를 철저히 억눌렀다.

건륭제는 미국의 초대 대통령 조지 워싱턴(George Washington, 1732~1799)과 같은 시대 사람이고 같은 해(1799년)에 죽었다. 그들 두 사람의 차이는 바로 거대한 동서양 차이점의 실사판이다.

200년 동안 청나라에서 세상을 앞서가는 사상가와 과학자는 더 이상 나오지 않았다.

어떤 사람은 강희제가 서양 과학기술을 본받은 것을 칭찬하지만, 황실 차원이었을 뿐 전반적으로 서양 학문을 받아들이는 데는 아주 제한적이었다.

그렇다면 강희제의 동기와 목적은 무엇이었을까? 강희제 자신도 말했다. "내가 어렸을 적에 흠천감(欽天監, 일종의 국립 천문대 – 옮긴이)의 관리와 서양 사람들은 사이가 좋지 않았다. ……어찌 시시비비를 가릴 수 있겠는가 해서 나는 더 생각하지 않고자 한다. 그리하여 더 열심히 그들을 본받는 것이다." 그가 열심히 공부하는 것 또한 황권을 강화하기 위해서였다. 서양 과학기술을 배우는 것은 국가의 정책이 아니니 사회적으로 풍조가 형성되지 않았기에 자신을 과시하기 위해서였다. 예수회 선교사 베르비스트(Ferdinand Verbiest, 南怀仁, 1623~1688)는 "황제는 이 일을 통해……. 주변의 귀족들 앞에서 자신의 학문을 칭찬받는 일로 대단히 만족해했다"라고 말하기도 했다.

강희제는 지식 수준이 높은 강남 사대부들에게 도전하기를 좋아했고 한인들 위에 군림하는 것을 통쾌하게 여겼다.

그가 이학을 조금 터득한 후 한인들이 이야기하는 이학이 모두 가짜라고 비웃는 것처럼, 그는 서양 수학을 조금 배운 것으로 한인들이 '일자무식'이라고 비웃었다.

그는 천문학 지식으로 한인 대신들을 고문하고 조롱하는 것을 즐거움으로 여겼다. 이광지(李光地, 1642~1718)의 기록에 따르면, 강희제가 말하길 "당신 한인들은 계산법을 전혀 모르고 있고, 오직 강남의 성씨가 매씨인 사람만이 조금 알 뿐이오. 그 또한 전부를 다 알지는 못하네." 이는 소수 민족이 중원의 통치자가 된 후의 독특한 심리를 반영한다. 그는 채광, 야금(광석에서 금속을 추출하고 정련하는 기술-옮긴이), 기계 분야는 별로 들여다보지 않았다. 전쟁이 끝난 후 한인들을 경계하고자 하는 심리에서 명령을 내려 화약무기의 발전을 제한했기 때문이다.

강희제는 조서를 내려 말했다.

"소형 대포와 팔기의 화약 무기를 각 성(省)에서 개조하는데, 절대로 안 되노라, 이 일은 허락하지 않노라."

그 때문에 청나라 말 태평천국의 봉기를 평정할 때 사용한 것은 모두 명나라 시대에 사용하던 화포였다. 태평천국을 진압하는 데 공을 세웠던 좌종당(左宗棠, 1812~1885)은 우연히 명나라 포탄을 얻고 매우 기뻐했다.

강희제와 표트르 1세는 함께 거론조차 할 수 없다. 그는 과학 연구 기관을 설립하지 않았고, 사람들을 해외로 파견해 시찰하게 하지도 않았으며 대신과 백성들이 과학 탐구를 하도록 격려하지도 않았다. 때문에 옹정제와 건륭제 때에 이르러서 청 왕조는 서양의 과학기술에 더 이상 흥미를 느끼지 못하고 서양의 장난감에만 관심을 가졌다.

매카트니의 중국 방문: 근대사의 시작

그사이 유럽의 많은 국가는 중국과 외교 왕래가 있었지만, 그 목적은 무역에서 이득을 보고자 할 뿐이어서 동아시아에서 누리던 중국의 독점적 지위에는 큰 영향을 주지 않았다. 영국 사절의 중국 방문만이 아시아와 서양 두 세계체제의 접촉과 충돌을 대표했을 뿐이다.

그 당시의 아시아는 '많은 나라가 중국에 조공을 바치는' 체계였던데 반해 유럽은 조약으로 각국 관계를 약속하는 체계였다.

1792년 9월 26일 영국 황실전함 '사자(Lion)호'와 '힌두스탄(Hindostan)호' 등이 출항을 준비했다. 이것은 조지 3세 국왕이 파견한 중국 방문 사절단 함대였다. 조지 매카트니(George Macartney, 1737~1806) 경이 선두 지휘자였고, 조지 토머스 스턴튼 남작이 부지휘자였다. 사절단은 모두 800명으로 성대했다. 그들은 멀고도 오래된 국가인 중국에 가서 건륭제의 83세 축하연회에 참석한다. 산업혁명 후의 영국 제국은 이미 세계에서 제일 강한 해상왕국으로 성장했다. 영국의 함대는 배마다 수십 개에서 100여 개에 달하는 대포를 장착했다. 황실해군은 세계질서를 유지하는 중재자다. 그 당시 중국은 겉으로는 강대한 동아시아 제국이었지만, 무기 설비에서부터 정치 통치에 이르기까지 전반적으로 매우 낙후된 것을 중국 스스로는 잘 알지 못했다.

영국은 다른 나라의 영토에는 별다른 관심을 보이지 않고, 자유무역체제를 구축하는 데 중점을 두었다(이 점은 프랑스, 독일 등 다른 제국주의 국가와 확연히 다른 점이다). 당시 영국은 중국과 서로 외교 대표 기구를 신설하고, 상주 사절을 서로 파견해 상업무역을 전개하기를 희망했다. 특히 영국 정부는 중국에게 평등, 우호 왕래의 태도를 보여주라고 매카트니에게 강조하면서, 보통의 약소국을 대하듯이 불손하게 굴지 말고 영국은 중국의 영토에 대한 야심이 없다는 점을 분명히 말해두라고 했다.

하지만 불행하게도 이런 것들은 부작용을 일으켰다. 오랑캐의 나라가 감히 중국과 평등을 주장하는 것에 대해 건륭제는 쓴웃음을 지었다. 영토에 대한 야망이 없다는 것은 영토에 대한 야망을 품을 만한 실력은 된다는 것을 암시하는 것이어서 오히려 이 부분이 황제의 심기를 불쾌하게 했다(매카트니는 포르투갈이 마카오를 원조해주던 선례를 들면서 작은 섬을 무역의 환승역으로 삼기를 희망한다고 했는데, 이 부분이 영토를 소유하겠다는 의미로 들려 건륭제는 심한 말로 반박했다).

자신의 목적을 이루는 데 도움이 되고자 매카트니는 영국의 과학과 공업 실력을 보여주는 많은 견본품을 가지고 갔다. 그가 황제에게 한 선물에는 일부 공업 제조품이 포함되어 있었는데, 그 목적은 중국과 영국의 무역으로 이익을 가져올 화포, 작전 차량, 다이아몬드가 꽉 박힌 손목시계, 영국 도자기, 국왕과 황후의 초상화 등을 보여주기 위해서였다.

뜻하지 않게 매카트니는 예상치 못한 인사 문제에 대한 토론만 몇 주 동안 계속하게 되었다. 청나라 조정은 매카트니에게 황제에게 절을 하든지 아니면 빈손으로 돌아가라고 했다. 매카트니는 이런 불평등

건륭과 만난 매카트니

한 의식을 거절했다. 자신의 의견을 고집하는 매카트니를 보고 청나라 조정은 크게 놀랐다. 영국인들의 끈질긴 반발로 양측은 매카트니가 유럽의 관습대로 한쪽 무릎만 꿇는 것으로 최종 합의했다. 청나라 통치자들은 매카트니가 황제의 위엄에 굴복한 것으로 보았다.

영국 납세자들이 낸 세금 7만 8,522파운드를 소모한 이번 사명의 최종 결과는 외교적 실패였다. 이것은 아시아와 서양 국가의 서로 다른 체제의 접촉과 충돌이었다.

그러나 영국인들이 허탕만 친 것은 아니다. 그들은 성공적으로 중국에 관해 일차적이고도 중요한 정보를 수집했다. 사절단은 북경을 떠나 경항 대운하를 거쳐 항주 등 다른 지역을 참관했다. 중국 동쪽의 여러 곳을 돌아보면서 각 지방의 특색과 풍습을 살펴보았다. 매카트니는 당시 중국의 과학과 의학 지식 수준이 매우 낮고, 지식계층은 물질적 발전에 관심을 보이지 않았으며 군대는 활을 사용하고 근대적 무기가 없을 정도로 낙후했고, 일반 백성들의 생활은 빈곤하고 탐관오리들과 부패가 만연하고 있음을 감지했다.

청나라의 장래에 대해 그는 상당히 날카로운 평가를 내렸다. "중화제국은 한 척의 오래되고 기괴한 일류 군함이다. 지난 150년 동안 대대로 전해오던 능력과 경각심 많은 관원들에게 기대어 이 배를 떠다니게 했고, 그 방대한 외관은 주변국에 두려움을 주기에 충분했다. 그러나 능력 없는 자가 선장이 되어 항해할 때는 기강과 안전을 잃어 배가 당장 침몰하지는 않더라도 파손된 배처럼 열흘을 표류하다 바닷가에 부딪쳐 산산조각이 날 것이다. 이 망가진 기초 위에 재건할 방법이 없을 것이다."

23년 뒤 가경 21년, 영국 국왕이 두 번째 중국 방문 사절단을 파견했는데, 그 목적은 여전히 중국과 무역 거래였다. 이번에는 사절단이 가희 황제에게 세 번 무릎을 꿇고 아홉 번 머리를 조아리는 예를 거절해 바로 국경 밖으로 쫓겨났다.

영국은 이 두 번의 실패를 보면서 평화로운 교섭은 통하지 않을 것임을 알았다. 산업혁명 후의 영국은 심각할 정도로 생산량이 남아돌아 자유무역체제를 수립하고 유지할 필요성이 높아졌다. 이에 무력으로 중국의 문을 열어야 한다는 주장이 내부에서 점점 커져갔다. 다만 그 뒤 몇십 년간 영국은 나폴레옹(Napoléon, 1769~1821)과 전쟁하고 북아메리카 식민지의 독립 등 전 세계 중대한 업무를 처리하기에 바빠 멀리 있는 동방 제국까지 신경 쓸 겨를이 없었다.

유럽 대포가 중국을 변화시키다: 국제 정세 속으로 들어가다

18세기의 광주(廣州)는 청나라에서 대외무역의 유일한 창구였다. 외국인은 중국 정부가 지정한 '십삼행(十三行)'이라는 길드 조직을 통해 중국과 장사를 했다. 서양 국가에서 만든 공업 상품에 대해 중국인의 수요가 없어서 무역흑자는 중국 쪽에 치우쳤다. 외국 상인들은 찻잎, 생사 등 물건을 구매하고 금과 은으로 가격을 지급했다.

중국에 온 동인도회사의 선박들은 약 90퍼센트, 많게는 약 98퍼센트가 황금을 싣고 오고, 가져가는 화물은 10퍼센트 정도에 불과했다. 1781~1790년간 두 나라 간의 이런 무역수지 불균형은 1820년대 중반에 가서야 균형을 이룬다.

1826년 후에 무역수지는 역전되기 시작했다. 1831~1833년간 1,000만 은자가 중국에서 흘러나갔다. 시간이 지남에 따라 이런 적자는 점점 커져갔다.

어떤 물건이 무역 불균형을 급격히 역전시켰을까? 그 물건은 오직 한 가지, 바로 아편이었다.

아편이 사람들의 건강을 해치는 것은 두말할 것도 없었다. 아편무역은 중국의 은이 대량으로 흘러나가게 해 은 값이 고공행진을 했다. 은 값이 크게 오르자 농민과 수공업자들의 부담도 덩달아 가중되었다. 그들이 상품을 팔면 얻는 것은 종이 화폐지만 세금을 낼 때는 은으로 환산해야 했다. 은의 기근은 상업 성장의 정체와 물가 상승을 부추겼다.

아편이 불러온 일련의 악순환으로 사회 각계각층은 점차 아편의 거대한 파괴력을 알게 되었다.

사실상 도광제(道光帝, 宣宗, 1782~1850)는 진작 금연령을 내렸지만 청나라 관리들은 이미 아편산업 사슬의 이해집단과 결합해 도광 원년에 오히려 아편을 제일 많이 들여왔다.

전체 관리들 중에서 임칙서(林則徐, 1785~1850)의 금연에 대한 태도가 제일 확고했다. 그래서 도광제는 그에게 책임을 돌렸다.

임칙서는 "아편을 하루라도 완전히 없애지 않는다면 나는 결코 돌아가지 않을 것이다"라고 표명했다. 그는 영국대사와 영국 상인들을 구금한 후 호문 바닷가에서 큰 구덩이를 파고 1839년 6월 3일부터 21일까지 2만여 상자의 영국 아편과 생석회를 넣어 공개적으로 소각했다. 이 조치는 전 세계의 이목을 끌었다.

영국대사와 상인들은 억류되었고 재산 손실을 크게 입었다. 이는 막 궐기하기 시작한 제일 강국에 수모를 안겨주었다. 영국에서는 곧바로 전쟁해야 한다는 소리가 곳곳에서 터져 나왔다. 그러나 아편은 더러운 밀수 매매여서 영국 내에서조차 여론의 지지를 얻지 못했다. 중국을 상대로 전쟁을 선포하는 문제에 대해 영국 의회에서는 격렬한 논쟁이 붙었다. 전쟁에 반대하는 사람은 아편 매매를 비판했고, 전쟁을 원하는 사람은 이야기의 핵심이 아편에 있는 것이 아니라 정치적 명예와 자유무역이라고 주장했다.

최종적으로 영국 의회에서는 아홉 표 차이로 군함 외교정책을 채택해 무력으로 중국의 문을 열기로 결의한다. 그 전쟁을 우리는 '아편전쟁'이라고 부르며 영국인들은 '통상전쟁'이라 부른다.

굳이 아편이 아니더라도 이 전쟁은 피할 수 없었다. 민족 간의 생존경쟁이 최종 수단인 적나라한 무력 사용을 불러온 것이다. 당시 중국의 선교사들은 대부분 아편에 대해서는 비판했으나, 중국에 대한 전쟁은 지지했다. 이것이 바로 서양인의 일반적인 생각이었다.

영국 정부는 이어서 전권대표 엘리엇을 중국에 파견해 육해군을 통솔하게 한다. 엘리엇은 해구(海口)를 봉쇄한다고 선포하고 공격은 하지 않았다. 봉쇄한 다음 북쪽으로 올라가 군사를 보내 정해(定海, 저장성, 저우산 군도의 중심 도시-옮긴이)를 점령했다. 그리고 나서 주력 함대는 천진 대고구(大沽口)까지 도착했다. 영국 측의 목표는 분명했다. 먼

곳에서 정벌하러 와서 장기전은 불리하므로 중국의 심장부를 바로 공격해 신속히 항복을 받아내는 것이 상책이라 생각했다. 낙후한 청나라가 어떻게 견고한 군함과 막강한 대포를 막아낼 수 있겠는가?

영국의 군사가 경성을 압박해올 때 도광제는 당황했다. 그는 급히 직예(直隸)의 총독 기선(琦善, 1790?~1854)을 파견해 대응하게 했다. 기선은 선진적인 영국군에 비해 낙후된 중국의 설비를 절감했고, 바다와 장강의 요지가 점령된 전황을 돌이켜보면서 그들을 달래기로 했다. 그러나 기선은 여전히 중국과 오랑캐라는 전통적 관념에 머물러 있었고, 자신이 영국인의 억울함을 풀어주려면 정적(政敵)인 임칙서를 공격해야 할 뿐만 아니라 영국인들의 까다로운 요구조건을 들어주는 등 굴욕적으로 동의를 해야 했다. 우유부단한 도광제는 영국인에게 홍콩을 내주어야 한다는 말을 듣고 조상이 남겨준 땅을 잃을 수 없다며 격분하여 단호한 주전파로 돌아섰다. 영국은 자신들의 요구를 들어주지 않자 당연히 민망하고 분한 나머지 화를 냈다.

이때부터 중국과 영국 모두 전쟁을 불사하기로 하고 절대로 교섭하지 않았다.

1842년 여름이 되니 영국군은 치르는 전쟁마다 승리하면서 남경으로 접근해왔다(도광제가 들은 소식은 승리, 승리, 승리였지만 마지막에 갑자기 전부 실패했다). 마침내 청나라는 굴복했다.

아편전쟁을 시작했을 때 영국 원정군의 총수는 7,000명에서 점차 2만 명으로 늘어났다. 이런 작은 부대가 총인구 4억이 넘고 세계 최대 규모의 군사력을 보유한 제국을 격파했다. 청나라는 영국과 '남경조약(南京條約)'을 체결해 일부 교류의 원칙을 정했다. 이듬해 세부적인 사항을 체결했다(아편 문제는 조약에서 언급하지 않아서 합법적이라고 묵인

한 것과 같았다).

전쟁에서 실패한 원인은 결코 복잡하지 않았다. 청나라 군대는 수적으로 훨씬 우세했지만 고대 농업 사회를 기반으로 한 군사력은 근대 공업국가를 대항해 이길 수 없었다. 그러나 이러한 이치는 당시 극소수 사람만이 알았다.

영국인과 접촉한 적이 있는 임칙서와 기선은 중국과 영국의 차이를 분명히 보았다.

임칙서는 주전파로서 오랑캐 토벌을 주장했다. 그가 사용한 방법은 중국의 오래된 전쟁 전략이었다. 당시의 청나라 사대부들은 간사한 대신 기선이 영국의 뇌물을 받고 임칙서를 조정에서 쫓아냈다고 보았다. 오래된 전쟁 전략을 써서 실패한 것이 아니라 간교한 대신들이 나라를 망쳤기 때문에 전쟁에 진 것이다. 임칙서는 자신감으로 가득했지만, 아쉽게도 그는 영국인과 전쟁을 치를 기회가 없었다. 그렇기 때문에 국민은 실패를 인정하지 않았다.

그러나 임칙서의 투쟁은 옛 방법에만 구애되지 않았다. 그는 전통에서 근대로 이행하는 과도기의 인물이었다. 그는 서양 국가의 많은 견해와 방법이 현명하다고 보았고 미래도 예견했다. 그는 광동에 도착한 후 중국 군사무기가 서방국가들에 비해 못하다는 것을 발견하고, 전력을 다해 외국의 대포와 선박을 사들였으며 사람을 파견해 외국의 간행물들을 번역하게 했다. 그는 이렇게 수집한 자료를 위원(魏源, 1794~1857)에게 주었다. 위원은 이 자료들을 《해국도지(海國圖志)》에 수록해 넣었다. 이 책은 이이제이(以夷制夷, 적을 이용해 다른 적을 제어함), 또한 이이기제이(적의 무기로 적을 제거하다)를 제창했다. 후에 이 책은 일본에 전해져 일본의 메이지유신(明治維新)을 촉진했다.

아쉬운 것은 임칙서가 세계에 눈을 뜬 것이 시대의 변화를 이끌지는 못했다는 점이다. 그는 비록 통찰력이 있었지만 여론의 반대를 우려해 발설하지 않았고 사적인 편지에만 적고 상대방에게 외부에 이야기하지 말라고 당부했다. 그는 명예를 너무 중히 여겨 청나라의 여론을 주도하는 사대부들을 꿈속에 있게 만들어 국가가 쇠퇴로 갈지언정 자신의 이미지와 명예를 희생해가며 세속과 분투하려 하지 않았다. 임칙서가 이러할진대 다른 사람은 더 말할 것도 없다.

화친을 주장하는 기선과 기영(耆英) 등은 비록 중국과 외국의 국력 차이를 보았지만, 그 대응 방식에서 '화이지변(华夷之辨)'이라는 속수무책의 상투적 수법을 썼을 뿐, 해결 방법을 생각해내거나 제기하지도 못했다.

전체적으로 볼 때, 아편전쟁 이후에 사대부 집단의 세계관에는 여전히 아무런 변화도 없었다. 그렇게 전국 모든 사람이 제 잘났다고 생각하는 사이에 20년의 소중한 시간을 낭비했다.

이 기간에도 우수한 선비들이 임칙서보다 선견지명이 있는 이론을 제시했다. 예를 들면 서계여(徐繼畬, 1795~1873)의 저서 《영환지략(瀛寰志略)》이다. 그는 미국의 민주주의 제도를 찬양했다. 청나라 절강성 영파부에서 1853년 미국에 화강암비석을 선물할 때, 그의 말 "합중국은 국가로 영토 면적이 만 리에 달하고, 제왕과 제후를 따로 정하지 않았으며, 세속에 얽매이지 않고, 관직은 공정한 여론에 맡겨 정해, 고금 이래에 없는 상황을 창조했다"를 인용했다. 지금까지도 미국 워싱턴기념탑의 10층 안쪽 벽에 새겨져 있다. 그러나 전국 모든 사람이 그가 외국인의 기세를 부추긴다며 공격해 많은 이들에게 손가락질당하는 어려운 처지에 놓인다(임칙서마저도 앞장서 그를 공격했다). 서계여가 처한 상황은 당시 사회 상황을 잘 반영한다. 몇십 년 뒤에 증국번(曾國藩, 1811~1872)의 막료 곽숭도(郭嵩燾, 1818~1891)가 사절로 유럽을 방문하고 돌아온 뒤에 책을 써서 미국과 유럽의 통치 방식을 찬양했는데, 밀물처럼 밀려오는 욕설을 불러왔다. 호남의 유명 인사들은 부끄러워 그와 어울리려고 하지 않았고, 곽숭도도 그것을 느꼈으나 어찌할 방법이 없어 우울하게 생을 마감한다. 때문에 현대화된 국민이 없다면 현대화된 국가를 건설할 수 없다.

아편전쟁은 비록 조약을 체결했지만, 국민의 세계관에는 아무 변화도 없어 영국인을 대할 때는 이전과 같았다. 사실상 '남경조약'을 체결한 후 완고한 수구파들이 더욱 우세를 차지했다. 광동의 정무를 주관하는 서진운(徐縉云), 엽명침(葉名琛, 1806~1859)은 모두 서양인에게 반감이 많기로 유명했다. 그리하여 중국과 영국 양측은 줄곧 세부적인 면에서 모순과 충돌이 있었다. 이를테면 '남경조약'에 정하길 영국 상인들은 광주성에 주거할 수 있다고 했지만, 실제로는 영국인들이 들어가지 못했다. 영국 사절은 광동 순무 엽명침을 찾아 담판을 요구했으나 그는 만남을 거부했다. 영국 사절은 곳곳을 다니며 중국 정부측과 담판을 요구했지만 누구도 응하지 않았다. 영국인들이 보기에는 외교 통로가 단절된 것이다. 영국인들은 후에 점차 청나라와는 도리를 따질 것이 못 되고, 그들은 대포만 인정한다고 확신하게 되었다.

조약은 실행되지 않았다. 영국인들은 처

아편전쟁 후 조약 체결 현장

음에는 그래도 참았으나 1856년 엽명침이 군사를 보내 영국 국기가 걸린 상선 '애로우(Arrow)호'를 검문하자 그동안 참았던 화가 폭발했다.

그때 두 명의 선교사가 광서에서 살해당했다. 그리하여 영국과 프랑스는 연합군을 편성해 무력을 행사했다. 영불연합군이 북쪽으로 진격해 청나라의 철기병을 천진, 북경 일대에서 격파했다. 함풍제(咸豊帝, 文宗, 1831~1861, 청나라 제9대 황제-옮긴이)는 북경을 도망쳐 나왔다. 영국 측은 수모를 수차례 받고 화가 오래 쌓여 있던 터라 원명원을 불태우고 몽땅 약탈해갔다.

함풍제가 도망가고 28세의 공친왕(恭親王, 奕訢, 1832~1898)이 홀로 남아 북경성을 지키다가 영불연합군과 직면한다. 혁흔(奕訢, 공친왕)은 원래 서양인들을 단호하게 반대했으나 접촉한 뒤로는 그들이 의외로 규칙을 따지고 믿음과 의리가 있음을 발견한다. 영국은 일정한 배상만 요구하고, 협상이 결정되면 자발적으로 병사를 물러나게 하겠다고 했다. 그뿐만 아니라 그들은 중국의 근대화를 돕겠다고 했다. 제일 상상할 수 없었던 선진 무기를 판매하는 것과 신식 군사훈련을 도와주는 것도 문제없다고 했다. 공친왕은 '서양인의 강점을 배워 그것으로 서양인을 제압한다(師夷長技以制夷)'는 것도 하나의 방법이라는 것을 알게 된다.

이번 전쟁 후 제정 러시아는 사절이 나서서 중재한 대가로 청나라 정부의 150만 제곱킬로미터의 영토를 획득함으로써 총 한 번 안 쏘고 최대의 승자가 되었다.

역사를 돌이켜보면 러시아의 외교는 매우 간교하다. 항상 도와준다는 명목으로 침략을 자행했다. 청일전쟁 후 러시아는 예전의 방식 그대로 성공적으로 이홍장(李鴻章, 1823~1901)을 꾀어서 '중국과 러시아의 밀약'을 체결하게 했고, 중국을 도와 일본에 대적한다는 명목으로 세력을 중국의 동북쪽까지 확산시켰다.

31세밖에 안된 함풍제는 북경에 돌아오기 전에 병사했다. 어린아이 제순(載淳)이 왕위를 물려받아 동치제(同治帝, 穆宗, 1856~1874)가 되었고 자희태후(慈禧太后, 1835~1908, 서태후(西太后)로 더 잘 알려져 있다-옮긴이)는 공친왕 혁흔과 연합해 정변을 일으켜 함풍제가 임명한 보정대신을 죽이고 실권을 장악한다. 자희태후는 이때부터 중국을 반세기 동안 지배한다.

공친왕 혁흔은 정변에서 공을 세워서 정부 수뇌(수석 군기대신 겸 총리가 되어 각국 사무 관공서를 관리함)가 되었다.

그는 유럽의 선진성과 강대함을 분명히 알았다. 청나라 중앙정부의 세계관이 바뀌었음을 대표하는 것이다. 그 후로 수십 년 동안은 중국과 유럽(나아가 미국)은 한동안 밀월 기간을 보냈다. 유럽과 미국은 중국의 방문을 열렬히 환영해 여러 가지 미담을 남겼으며, 유럽과 미국의 걸출한 인사들도 중국에 와서 힘을 보태어 중국이 근대화로 나아가는 데 많은 공헌을 했다. 예를 들면 하버드대학교의 학생 모스(Hosea Ballou Morse, 1855~1934)는 중국에서 일한 후《중화 제국 대외 관계사(The International Relations of the Chinese Empire)》(1910~1918)라는 책을 썼다. 이런 서양 인사 중 로버트 하트(Robert Hart, 1835~1911) 같은 사람은 중국에 점점 미련이 남아 스스로 반은 중국인이라고 여겼다.

이렇게 우호적으로 서도 돕는 분위기 속에서 공친왕 혁흔과 증국번·이홍장·좌종당 같은 지방대신은 서양을 배우기 위해 노력했는데, 그것을 후세에서는 '자강운동(自强運動)' 혹은 '양무운동(洋務運動)'이라고 부른다. 이 운동은 산업의 발전을 시작으로 점차 채광, 철도, 전신, 항공운수, 번역출판 등 여러 분야로 확장된다. 이것은 중국 사회가 근대화로 가는 첫걸음이다.

중국은 이렇게 한 발자국씩 수동적으로 세계적 상황에 진입한다. 국제체제의 힘이 중국의 운명을 결정하게 된다. 영국이 강성했을 때는 영국이 주도하고, 영국이 상대적으로 쇠퇴했을 때는 일본과 러시아가 주도한다.

태평천국과 양무운동은 왜 중국을 구하지 못했을까?

중국의 역사에서 왕조의 노쇠 주기가 오고 있었다. 이번 외환이 폭발하기 전, 국내 사정은 거의 썩어 문드러지고 있었다. 관리들의 부패는 극심했고 백성들은 궁핍했으며 혁명의 불길은 널리 퍼져 있었다.

근대학자의 통계에 따르면 도광 연간 21년부터 29년까지 각지에서 일어난 무장 봉기만 110회가 넘는다.

태평천국 운동이 있었던 역사적 배경은 이미 달랐다. 예전부터 많은 민간 운동은 종교적 색채를 띠었다. 청나라 때 이르러서는 청 왕조의 '미신을 수단으로 한 가르침' 때문에 각양각색의 귀신과 신에 대한 믿음이 중국 내에서 무질서하게 유행했다. 서양 국가의 선교사 세력의 침투로 고유 종교가 서양 종교와 섞였고, 거기에 세력의 각축 속에 서양 국제체제의 요소가 추가되었다.

홍수전(洪秀全, 1814~1864)은 과거시험에서 낙방한 수재였다. 과거에 낙방한 뒤 병이 중해 미쳐서 꿈속에서 영혼과 통했다고 한다. 중국과 외국의 일반인 중에 특이하게 영혼과 통하는 사람이 종종 있었다. 서양에서는 그들을 주술사 또는 선지자라고 불렀고, 중국 민간에서는 그들을 무당 또는 박수무당이라고 불렀다.

홍수전은 지적 수준이 높고 역사를 잘 아는 박수무당이라고 볼 수 있다. 야훼(여호와 하나님)를 천부(天父), 그리스도를 천형(天兄), 자신을 천제(天弟)(그의 교리 중에서는 원래 삼위일체인 천부 여호와에게 순식간에 아들 둘이 생겼다)라고 불렀다. 홍수전은 스스로 자신은 천부와 천제의 사명을 받들어 세계를 구원하러 왔다고 했다. 야훼를 경배하는 자는 '자연재해를 입지 않을 것'이나, 경배하지 않는 자는 '뱀과 호랑이가' 다치게 한다고 했다.

홍수전이 광동에서 선교할 때 호응하는 자는 몇 안 되었다. 후에 풍운산(馮雲山, 1815?~1852)과 함께 광서에서 하층 빈민에게 포교하면서 신도가 증가했다. 일부 자료에 따르면 홍수전은 사람의 병을 치료해주며 죽어가던 사람을 살리는 데 처음에는 매우 효험이 있었다. 그들은 처음부터 무장혁명을 일으키려고 했던 것은 아니고 종교단체로 자유롭게 은둔하려고 했다. 하지만 점차 정부의 감시를 받아 충돌이 생기면서 신도들에게 봉기를 명령하는 금전봉기(金田起義, 금전은 봉기를 위해 모이라고 지정한 마을 이름이다-옮긴이)를 발의한다.

도광 30년(1850년) 여름, 홍수전은 광서 금전촌에서 무장투쟁을 일으킨다. 9월 영안현을 공격해 점령하고 국호를 '태평천국(太平天國)'으로 정한다. 홍수전은 스스로 천왕이라 칭하며 정식으로 청나라 정권에 도전한다. 영안에서 제도를 만들어 동·서·남·북·익 다섯 왕을 분봉했다. 그 기세를 몰아 계속해 진군하는데 각 지방의 부패관원들은 스스로를 보호하고자 뒤쫓기만 할 뿐 막지를 않으니 태평군사들을 상대할 만한 적이 없었다. 게다가 각지에서 너도 나도 호응하니 군사

력이 순식간에 늘어났다. 2년 뒤인 1853년 여름, 남경까지 진군해 수
도를 그곳에 정하고 천경이라고 이름을 바꾸었다. 번화하고 부귀한 진
회하(秦淮河) 강변에서 왕으로 자처하고 황제로 불리리라고는 2년 전
에는 생각지도 못했던 일이다.

청나라 측에서는 증국번을 중용해 지방의 민간에서 병사들을 징집
하여 조직하게 하고, 그를 양강총독(兩江總督)으로 명해 강(江)·절(浙)·
환(皖)·감(贛) 등 네 개 성의 군사들을 지휘 통솔하게 했다. 증국번은
전체 장강 중하류를 포괄하는 계책으로 홍수전을 포위하는 전략을
짰다. 동시에 영국·미국·프랑스 세 개 국가도 증국번, 좌종상, 이홍장
에게 적지 않은 도움을 주었다.

태평천국이 남경을 수도로 정한 뒤 지도부는 점점 사치스럽고 부패
해져 권력을 쟁탈하려는 처참한 내분이 발생했다. 그 와중에 청나라
증국번은 침착하게 차근차근 전진하며 확실하게 전투해 점차 전세를
역전시켰다.

동치 3년(1864) 증국번의 지휘하에 태평천국 진압에 나선 상군(湘
軍)은 남경을 공격했지만 홍수전은 병사했고 태평천국은 이렇게 멸망
했다. 태평천국 운동은 14년간 진행되었으며 16개 성에 영향을 미쳤
고 국토의 절반을 차지했다.

증국번은 태평천국을 멸망시킨 후 지위가 높아져 실권을 장악했다
(만주족과 한족의 경계로 인해 군기처 같은 권력의 핵심층에는 진입하지 못했지
만, 예전의 한인에 비해서 장악한 실권은 훨씬 더 컸다). 그는 부분적으로 자
신의 이상에 따라 국가의 진흥을 도모할 수 있게 되었다.

증국번과 그의 친구, 제자, 동료들은 중국의 공업화를 추진해 군사
공장, 채광, 금속제련, 기계 등 공장을 설립하고, 학교를 세워 새로운

인재를 양성하고 서양의 서적을 번역하고 철도를 놓는 등 양무운동을 전개했다.

군기처

홍수전과 증국번이 대표하는 역량 중에서 누가 중국을 위해서 출구를 개척할 수 있을 것인가?

홍수전은 불가능했다. 단지 태평천국 운동이 실패해서가 아니다. 태평천국의 지도부를 분석해보면 혁명 초기에 성과가 보이니, 이미 빠르게 부패하고 변질되어갔다. 말과 행동이 다른 것이다.

혁명가들은 사유제도를 폐지하자고 선전했지만, 지도자 자신은 많은 재물을 축적했다. 그들은 남녀평등과 일부일처제를 제창했지만, 홍수전 본인은 오히려 88명의 후궁을 두었고 동왕은 50명, 북왕은 14명, 익왕은 7명의 후궁을 두었다. 여관(女館, 태평천국 시기 남녀를 구분하여 부대를 관리한 제도-옮긴이)이 해산할 때 여관의 구성원들을 태평 군관에게 나누어주었는데 직위가 높을수록 더 많이 하사받았다. 홍수전은 후궁들을 혼자 차지하기 위해 청나라 조정의 낡고 쓸모없는 제도를 따라 내시를 두려고 했다. 그리하여 민간에서 어린 남자아이들을 잡아다 거세했다. 그들은 거세하는 데 복잡한 간호의학 기술이 필요하다는 것은 상상도 못 했다. 어찌 그리 쉽게 잘라버리면 된다고 생각했을까. 거세 기술을 습득하지 못했기에 당시 많은 남자아이들이 죽었다.

더 근본적인 원인은 홍수전이 종교 신앙에 열광하는 것 말고는 중국을 위해 어떤 방향을 제시하거나 개혁 방법을 제기하지 못한 것이다(《자정신편(資政新編)》은 기본적으로 태평천국의 지도자 중 하나인 홍인간(洪仁玕, 1822~1864)의 생각일 뿐, 지도부를 대표할 수 없다).

그렇다면 증국번이 지도하는 양무운동은 국가를 위해 출구를 개척할 수 있을까?

양무운동은 당시 상황으로 보면 실속 있고 실현 가능한 선택이었지만, 국내외 상황에서 분석하면 크게 발전할 수 없었다.

내부적으로 보면 국가기구가 이미 철저히 부패해 있었고, 청나라는 통치권을 수호하기 위해 민간 역량의 성장을 억압하고 민간기업의 자유로운 경영을 허락하지 않아 모든 것을 정부와 국유기업이 주도해야 했다. 이런 상황에서 독창성 없이 유럽을 대충 모양만 모방한 양무운동은 시종일관 부패와 저효율이 함께했다. 결국 정부가 개혁되지 않으면 양무운동은 자랄 수 없는 어린 새싹인 셈이다.

외부적으로 놓고 볼 때 개혁의 시간이 너무 짧았고 생존 경쟁은 가속화되어 망국은 눈앞에 닥쳤다.

청일전쟁의 포성이 울리자, 중국이 발전하는 데 필요한 안정적인 외부환경이 더는 존재하지 않았다.

증국번이 이끌었던 양무운동은 근대 군수공업과 부속산업을 설립했다. 그러나 이것은 청나라를 잠시 구원할 수 있을 것처럼 보였지만 진정으로 중국을 구원할 수 없었다. 증국번은 한 세대의 성현군자로 불릴 수 있을지도 모른다. 하지만 그는 청나라의 부패 정권에 충성했다. 그 원인은 매우 복잡한데 첫째는 왕에 충성하고 군사의 도리를 지키는 예교사상 때문이고, 둘째는 열법(劣法)은 무법보다 낫다는 생각 때문이다. 즉 부패하지만 상대적으로 통일된 조정을 유지하는 것은 천하가 혼란스러운 것보다 낫다는 말이다.

차선책을 선택함으로써 청나라의 생명을 연명해가는 것은 증국번이 보기에는 충정을 바치는 것이겠지만, 역사적 관점에서 볼 때 부패한 정권을 수호하는 것은 전체 국가민족의 운명을 그르치는 일이다.

마르크스주의 역사학자들이 그를 '매국노 살인 집행자'라고 비판한 데는 일리가 있다.

말년의 증국번은 장편소설 《홍루몽(紅樓夢)》을 훑어보면서 속으로 청나라가 가씨 집안처럼 쇠락해 만회할 방법이 없다고 크게 탄식했지만 감히 터놓고 말은 못 했다.

증국번이 죽은 뒤 청나라와 중국은 더 큰 시련에 부딪힌다.

쓰러지는 건물은 나무 하나로 지탱하기 어렵다. 증국번이 죽은 뒤 청나라는 40년 동안 겨우 연명하다 종말을 고한다.

청 말기

: 근대로 향하다

유럽 지역의 대발견 이후, 인류의 활동반경이 점점 확장됨으로써 국가 간의 생존 경쟁은 기존의 한 지역에서 전 세계로 확대됐다.

서양 국가가 중국에 사절을 파견하고 무역을 확대하는 것은 제국주의의 사전 포석일 뿐, 동서양 여러 개의 문명체가 정면으로 생존 경쟁을 하는 상황이 곧 시작되었다.

진한 이후 고대 중국과 근현대 중국의 가장 기본적인 차이는 무엇일까? 그것은 중앙권력의 역할이 변한 것이다. 진한 이후 2,000년간 중국의 중앙정권은 외부와의 경쟁과 외부에서 오는 제약이 거의 없는 절대 권력이었다. 안정을 유지하는 것이 가장 근본적인 목표였다. 이 기본 속성이 사회의 운영방식과 사회문화를 결정했다. 근대 중국의 중앙권력은 다시 춘추 시기처럼 여러 정치 실체들이 서로 경쟁하는 상황에 돌입했다. 이러한 경쟁방식에 적응하려는 내부 개혁, 즉 근대화를 실현하려고 노력하는 것은 중국 근대사의 발전 과정에서 가장 큰 추동력이다. 한마디로 말하면 중국은 이미 옛날부터 지금까지 처해 있던 혼자서 온 세상을 다 차지했던 시절로 되돌아갈 수 없고 만국 중 하나의 국가로 변했다. 아편전쟁 이후 현대 국제체제가 중국이라는 근대적 개념을 새롭게 만들었다. 중국은 한 국가의 자격으로 세계 각국의 실무에 참석해야 했고, 더는 끝이 보이지 않는 '천하'(이것은 청나라 통치자나 사대부들의 세계관을 파괴하는 것이며 논리가 바뀌는 거대한 힘임을 상징한다)를 호령하는 천하 종주국의 자격이 아니었다.

아편전쟁과 태평천국 운동 이후, 대청 제국은 세력이 한참 꺾여 겨우 생명을 연명해가는 상황에 직면했다. 그 후 대외전쟁에서 번번이 패전했는데, 이것 또한 제국의 도태 속도를 가속화했다. 일련의 힘겨루기, 특히 청일전쟁은 전통적인 제국의 체제를 세계화의 경쟁 환경에 맞도록 반드시 개혁해야 한다는 것을 분명히 증명했다. 사실상 2,000여 년을 유지해온 제국체제는 곧 역사의 무대 뒤로 사라졌다.

중국에 대한 '열강'의 서로 다른 심리

청나라 말기 국내와 국제 정세를 돌이켜보면 일본·프랑스·영국·러시아는 동서남북 네 방향에서 중국 주변의 속국이나 본토에 침투해 곳곳에서 위기를 일으켰다.

'열강'은 쉽게 오해를 불러일으키는 단어다. 듣건대 온 세상의 나쁜 놈들은 다 같은 놈들인 것 같지만, 사실상 그들은 본질 면에서 서로 다르고 각기 다른 문화 전통이 있어서 중국에 대한 전략 방향이 완전히 다르다. 당시 이홍장은 서양 국가들은 '근육과 피부의 환난(肌肤之患, 표면적인 환난)'일 뿐이고, 일본과 러시아는 '팔꿈치와 겨드랑이의 환난(직접적으로 겪는 환난)'이라 했다. 영국과 미국은 나중에 캉유웨이(康有爲, 1858~1927) 등 사대부들에 의해 '예의지국'으로 묘사된다.

유럽 국가들은 이중심리를 갖고 있었다. 첫째는 제국주의(帝國主義)의 생존 경쟁의 심리, 그 목적은 중국의 자원과 자산을 수탈해가며 필요할 때는 무력행사도 서슴지 않았다. 대표적 것이 바로 영국이 일으킨 아편전쟁, 독일이 강제로 조차(租借, 영토를 일정 기간 빌려서 사용함-옮긴이)한 교주(膠州)만이다. 둘째는 중국이 '문명사회'에 진입하는 것을 반기는 그들이 갖고 있는 교사의 심리(영국과 미국이 손꼽힌다)다. 청나라 정부가 만약 조약을 통해 국제체제에 합류하기를 원하고, 개혁과 진보를 원한다면 그들은 적극 지지하려고 했으며 심지어 선진무기와 화약, 전함, 게다가 군사훈련도 도와주겠다고 했다. 당연히 이런 이중심리는 그들 국가의 이익과 관련(중국이 근대 국가로 변한다면 유럽과 미국 기업의 투자처와 시장이 되는 윈윈효과가 있을 것이다)이 있다. 영국 총리 파머스턴(Henry John Temple Palmerston, 1784~1865)이 말한 명언이 있다. "대영 제국은 영원한 친구도 영원한 적도 없다. 다만 영원히 불변하는 국익만 있을 뿐이다."

전반적으로 말해서 유럽 국가는 중국에 근본적인 위협이 되지 않는다. 그들의 핵심 목표는 수교와 무역 거래에 있을 뿐, 중국을 멸망시키려는 데 있지 않았다. 우리가 지금 제일 마음에 두는 것은 치외법권이나 조차 등의 문제지만, 당시 중국은 순순히 넘겨주었다(전통적인 세계관에서 이것은 그렇게 중요하지 않았다).

일본과 러시아 두 나라는 달랐다. 이 두 나라는 부패한 사체를 먹는 하이에나처럼 만약 중국이 망한다면 그들은 큰 이득을 보는 것이다. 두 나라의 속마음은 같지만, 방법은 달랐다. 일본은 사고방식이 단순하고 거칠어 무력을 사용해 강탈하지만, 러시아는 멀리 내다보고 주도면밀하고 치밀하게 계산해 혼란한 상황이 발생하면 중재해 어부지리를 얻는다.

열강 중에서 미국이 제일 특별했다. 미국은 원래 박해받은 청교도들이 이민해 건립한 신생국가로서 청교도들의 정직한 신앙을 간직하고 있었다. 미국의 국가적 신화는 '하늘이 내린 사명'이었다. 그 때문에 미국은 비록 군사력이 강하지만 소년 같은 이상적 심경과 도덕성을 간직하고 있었다. 심지어 국제정치 속에서 현실주의 국가의 이익에 따라 행동하지 않고 종종 '감정에 충실한' 가치관, 동정심, 이상 등 요소들에 의해 태도를 결정했다(이 점은 고대 중국과 비슷하다).

이상주의는 현실주의와 상호 대립하는 정치학파이기 때문에 미국은 유럽과 일본, 러시아와 비교해 상대적으로 독자적인 행보를 보인다. 예를 들면 영국인은 중국의 수요가 없는 시장에 대해 어찌 해볼 방법이 없어서 나중에 아편을 이용해 상황을 해결했고, 제일 비열한 폭력으로 죄악으로 가득 찬 '무역'을 보호했다. 하지만 미국은 단호하게 아편무역을 반대했고, 게다가 독창적인 생각으로 중국에 해달가죽에 대한 수요가 있다는 것을 발견한다. 해달가죽은 담비가죽에 버금가는 진상품이다. 미국은 해달가죽과 인삼(서양삼)으로 중국의 찻잎, 비단과 태평양에서 나는 모든 상품을 유통할 수 있는 권리를 얻는다.

일본과 러시아의 부흥에 따라 중국에서 유럽 각국의 상대적인 경쟁 지위에도 변화가 생긴다. 영국과 미국은 점점 중국의 독립과 영토 안정을 강조하는 쪽에 치우쳤고, 일본과 러시아가 현재 상황을 일방

적으로 깨는 것을 막고 중국을 지켜내는 보호견의 역할을 했다.[1] 대
표적으로 의화단의 난이 발생했을 때, 중국이 혼란한 틈을 타서 일본
이 하문(廈門)에 진군했는데 처음으로 앞장서 수호한 사람이 의외로
미국 주중 대사 벌링(Anson Burling)이었다. 그는 영국의 수군과 연합
해 일본군을 바다로 쫓아냈다. 기타 중국 국가의 운명과 완전한 중국
영토에 관련된, 이를테면 '문호개방' 정책, 8국 연합국 및 러일전쟁 후
중국 주권을 수호하고, 경자배상금(慶子賠款)을 돌려받아 대학교를 설
립하고, 더 나아가 파리 강화회의 이후 일본에게서 산동성을 되찾아
중국에 돌려준 것 등이 모두 미국 주도로 이루어졌다.

일본은 오래전부터 중국 국토에 눈독을 들였다. 명나라 때 도요토
미 히데요시는 조선을 기반으로 중국을 정복하고 심지어 인도까지 정
복하려고 했다. 일본은 중국과 조선의 연합군에 패한 후 퇴각해 본국
으로 돌아갔지만, 중국을 정복하고 대륙으로 이주하려는 계획에 힘을
얻는다. 메이지유신 후 일본은 강대해져 다시 중국 정복을 시도한다.

국가의 운명을 결정한 청일전쟁

태평천국이 평정된 후 청나라는 국력을 크게 잃었다. 이때 일본은
메이지유신을 통해 공업화 강국이 되어 호시탐탐 중국을 노렸다.

일본의 야심을 알아보려면 《청나라 토벌 책략(征討淸國策)》을 봐도
모든 것을 알 수 있다. 1887년 2월 일본 육군참모부 제2국 국장 오가
와 마타지(小川又次, 1848~1909)는 두 차례 중국 대륙을 비밀 정찰하고

---

[1] 탕더강, 《종만청도민국(從晚淸到民國)》, 제4장 제5절.

첩보자의 보고를 들은 후 《청나라 토벌 책략》을 완성한다. 이때부터 중국을 침략하는 서막이 열렸다. 이 책의 첫 부분에서 "만약 우리 제국의 독립을 수호하고 국가의 위엄을 높이고, 나아가 모든 국가 위에 군림하고 안정을 유지하려면 청나라를 분할해 여러 개의 소국으로 만들 수밖에 없다"라고 했다. 《청나라 토벌 책략》은 모든 각 분야에서 청나라 정부의 크고 작은 상황을 상세히 논술했다. "청나라의 세금 수입은 1억 2,500만 원이 넘는다. …… 국방비는 대략 7,500만 원이지만 팔기(八旗, 청나라 만주족의 군대 조직과 호구 편제-옮긴이), 녹영(綠營, 청대 병제 중 한인으로 편성된 녹기의 군영-옮긴이)군들이 빈민을 돕는 데 사용되며, 국방비 면에서는 큰 이득이 없고 주로 지방 질서를 수호하는 해군, 육군의 병사, 훈련군 40만 명의 양식으로 쓰이고 있다."

또한 일본 측은 여순구(旅順口) 포대, 산해관, 대구(大沽) 및 우송(吳淞) 등 100여 개 항구의 포대 위치와 지형 등에 대해 상세하고 빠짐없이 서술했다. 일본은 이처럼 모든 기회를 이용해 수집한 정보 덕분에 청나라 정부의 수비 역량을 한눈에 다 볼 수 있었다.

청일전쟁 전에 일본은 500년 동안 빠짐없이 중국에 공물을 바쳐오던 류큐국(琉球国)을 삼켰고 이름을 오키나와현이라고 정했다. 류큐국 사절은 일찍이 중국 외교관 황준헌(黄遵宪, 1848~1905)에게 중국이 군대를 보내 도와줄 것을 울면서 간청했다. 그러나 중국은 제 코가 석자라 어쩔 수 없이 눈뜨고 류큐국이 일본에 점령당하는 것을 쳐다볼 수밖에 없었다. 오늘날까지 류큐국은 독립하지 못했지만, 역사의 기억은 아직도 남아 있어서 류큐국 국민은 독립을 얻고자 노력하고 있다.

1894년, 음력 갑오년. 이 해에 조선에 농민 봉기가 일어났다. 중국과 일본은 동시에 조선에 파병해 들어간다. 7월 25일, 일본 해군은 아산

(牙山) 밖의 풍도(丰島) 근처에서 중국의 운송 선적 고승(高升)호를 기습해 침몰시킨다. 같은 날 아산 지역에 주둔하던 엽지초(葉志超), 섭사성(聶士成, 1836~1900)의 부대는 적군에게 패한 후 평양(平壤)까지 후퇴한다. 그리하여 8월 1일 중국과 일본은 동시에 전쟁을 선포한다. 비록 조선 정부가 이미 일본군에 의해 장악되었지만, 조선인은 중국과 함께 일본 침략군에 맞서 싸웠다.

9월 17일, 북양해군(北洋海軍)과 일본 전함이 대동구(大東溝) 일대의 황해 해역에서 맞닥뜨렸고, 바로 전투를 벌였다. 청나라 북양해군의 전함은 선적량이 크지만(해군 전함의 선적량에서 전 세계 8위였고 일본은 11위였지만, 이홍장이 전국의 정책과 군사 행동을 조율할 수는 없었으므로 북양해군만이 전투에 참가했다) 청나라의 전함은 일본 전함보다 낡았고, 속도도 훨씬 늦었다. 5시간이 넘는 잔혹한 해전 끝에 청나라의 북양해군은 큰 타격을 입어 네 척의 전함과 1,000여 명의 병사를 잃었고, 일본 측은 한 척의 전함만 잃었을 뿐이었다. 그때 날은 이미 어두웠고 북양해군은 전쟁터에서 도망쳐 항구로 돌아와 보수를 시작했다. 그 뒤로 이홍장은 해군에 명령을 내려 항구만 수비하고, 바다로 나가서 전투하지 못하게 했다. 그리하여 지상전은 더 불리해졌다. 일본 군사들은 육로로 진입해 요동(遼東)과 위해(威海)를 점령했는데, 특히 위해의 유리한 고지에서 포대를 설치하고 바닷가에 정박해 있는 중국 전함을 향해 포격했다.

일본은 이 기회를 틈타 공격을 감행했다. 10월 하순부터 시작해 한 갈래 일본 군사들은 압록강을 건너 구련성(九連城)과 안동(安東)을 공격해 함락했다. 다른 한 갈래 일본 군사들은 화원항구(花園港)에 상륙해 봉황성(鳳凰城)과 금주(金州)를 점령하고, 국방이 견고했다는 대련

(大連)과 여순(旅順)을 뒤쪽에서 공격해 점령했다. 요동반도는 전부 함락되었고 적의 군사들은 여순에서 무자비한 학살을 저질렀다. 1895년 2월 중순, 북양해군은 위해 수호전투에서 전멸하고 만다. 3월 중순이 되자 청나라 군사들은 산해관 밖 많은 곳에서 패배하고 함락된다. 중국은 전투에서 완전히 패하고 만다.

1895년 4월 17일, 이홍장은 청나라 정부를 대표해 일본 시모노세키(下關)에서 조약을 체결한다. 조약의 주요 항목은 다음과 같았다. (1) 조선은 완전히 자주적이다. 사실 일본의 조선에 대한 통제를 인정하는 것이다. 또한 중국이 조선을 위협해 일본의 침략에 맞서는 것을 금지한다. (2) 요동반도·대만·평후열도(요동반도는 나중에 열강들이 나서서 협의해 중국에 돌려준다)를 일본에 할양한다. (3) 일본에게 군사비 명목으로 2만 냥을 배상한다. (4) 일본 자본가들이 무역 항구에 각종 공장을 설립하는 것을 허락한다. (5) 사시(沙市)·중경(重慶)·소주(蘇州)·항주(杭州) 등을 무역항으로 개방해 일본의 상선이 위 지역까지 항행하는 것을 허락한다. 일본 군국주의는 중국에서 영토를 점령하고 거액을 강탈하는 데에서 한걸음 더 나아가 물질적 자산을 약탈함으로써 자신의 세력을 확장해갔다.

청나라 조정의 우매함과 부패함 때문에 전쟁이 시작되기 전부터 운명은 이미 정해졌다. 일찍이 전쟁을 치르기 전에 영국 고문이 중국에 두 척의 최신식 쾌속전함을 구입할 것을 건의했지만, 자희태후가 자금을 빼돌려 의화원을 건축하고 회갑연을 베푸는 데 사용했다. 반면에 일본은 이 두 척의 전함을 구입했고, 그중 한 척이 바로 전투에서 여러 차례 눈부신 공을 세운 요시노(吉野)호다.

자희태후는 중국을 47년이나 통치했다. 그녀는 탐욕스럽고 무지했으며 악랄해 청나라 정권의 화신일 정도다. 자희태후의 정식 명칭은 '효흠자희단우강이소예장성수공흠헌숭희배천흥성현황후(孝欽慈禧端佑康頤昭豫莊誠壽恭欽獻崇熙配天興聖顯皇后)'다. 이렇게 쓸모없이 긴 호칭은 결코 아부하고자 형식적으로 만든 것이 아니라 존호(尊号)가 두 글자씩 늘어날 때마다 국고에서 20만 냥의 백은을 황태후의 개인 보조금으로 지급하는 명분이 되었기 때문이다.

8개국 연합군이 청나라의 황궁을 점령했을 때, 그녀의 사유재산을 철저히 조사했는데 백은이 1,800만 냥이 넘었다고 한다. 그녀야말로 제국에서 으뜸으로 꼽히는 갑부였다. 자희태후는 청일전쟁의 주요 책임자지만 유일한 책임자는 아니다. 이런 부패한 집단이 중국 전체를 통치하고 있었다. 국가를 위해 온 심혈을 기울이던 이홍장마저도 부패하거늘 그의 수하에 있는 장수와 친인척이 횡령한 군사비용이 얼마가 되는지는 누구도 모른다. 그에 비해 일본은 왕조차 근검하게 생활하면서 단호하게 국가의 강성을 도모해 청나라를 패배시켰으니 이것은 하늘의 뜻이라고 본다.

청일전쟁은 국가의 운명과 직결된다. 만약 중국이 전쟁에서 이겼다면, 조선은 보전되었고, 그 후 일본과 러시아가 동북을 침범해 점령하는 상황이 발생하지 않았을 것이며 일본의 중국 침략은 오랫동안 지연되거나 심지어 발생하지 않았을 것이다. 그러나 요행은 없었다. 청나라는 순리대로 전쟁에서 패하고 만다.

청일전쟁은 심각한 결과를 초래한다. 바로 분할 광풍이다.

각국은 일본이 중국의 절반을 가져가는 것을 보고 경쟁적으로 권력 쟁탈을 벌여 너도 나도 세력 범위를 확정할 것을 중국에 요구해 분할 국면이 형성된다. 다행히 열강 사이에서도 서로 힘겨루기를 한다.

원래 영국은 중국에서 최대의 무역액을 차지했는데, 이 시기 무역액이 다른 국가에 비해 줄어든 것을 보고 암암리에 미국이 제안한 '기회는 균등하며 문호를 개방한다'는 정책을 지지한다. 그리하여 열강은 확정된 세력 범위 내에서는 모두 기타 국가에 문호를 개방하고 독점을 금지할 것을 요구했다. 이 정책은 각 나라의 권력 독점을 약화시켰고 중국에 대한 분할도 완화시켰다.

청일전쟁 패전 이후 구국의 길: 개량과 혁명의 경주

청일전쟁은 양무운동의 물거품을 터뜨렸다. 중국 백성을 정신 차리게 한 것이다. 양무운동이 효과가 없는데 어떻게 나라를 구할 것인가? 두 가지 서로 다른 혁신과 혁명을 주장하는 사람들의 목소리가 점차 높아만 갔다. 두 개 파의 대표는 캉유웨이와 쑨원(孫文, 孙中山, 1866~1925)이며 그들은 모두 광동 사람이었다.

시모노세키조약의 조항이 전해진 후, 캉유웨이는 북경에서 과거시험 향시에 합격한 거인(擧人)들을 동원해 수도 이전과 항전을 주장하는 상서를 올리게 했는데, 이것이 바로 '공차상서(公車上書)'다.

쑨원은 일찍이 이홍장에게 상소를 올려 개혁할 것을 건의했으나 이홍장은 신경도 쓰지 않았다. 쑨원은 이 일을 통해 개혁을 건의하는 것은 그들 서로 간의 근본적인 이해관계가 상충해 협상이 불가능하다는 점을 알게 되고 무장 봉기를 일으키기로 결심한다. 이때부터 그는 개량파들과 서로 다른 길을 걷는다. 쑨원은 자신의 동지들과 무장 봉기를 위한 활동을 펼친다. 쑨원은 1894년 겨울 호놀룰루 화교들과 비밀결사대 '흥중회(興中會)'를 조직하고, 1895년 2월 홍콩에 흥중총

캉유웨이(왼쪽)와 쑨원

회를 세운다.

캉유웨이는 어릴 적부터 침착하고 독서를 좋아해 어린 나이에 '성인(聖人)'이라고 불렸다. 그는 18세에 주츠치(朱次琦, 1807~1881)를 스승으로 모시고 엄격한 고전 학술훈련을 받았다. 그러나 그는 보수적인 중학(中学)에만 얽매이지 않고 동시에 서양 문학도 받아들였다. 홍콩을 돌아다닌 경력은 그의 식견을 넓혔다. 그 후 그는 또《해국도지》,《영환지략》같은 책을 읽다가 중학에서 서학(西学)으로 방향을 돌려 하나를 알면 열을 알아서 스스로 하나의 학문 체계를 만들었다. 그는 시대적 상황 변화에 따라 낡은 제국체제는 완전히 시대에 뒤떨어져, 정부는 대외 관계와 공업화의 새로운 문제를 반드시 고려해 그에 맞게 체제를 근대화해야 한다고 여겼다. 영국의 입헌군주제는 배울 만한 가치가 있다고 보았다.

캉유웨이는 저서를 통해 자신의 사상을 펼쳤다. 그의 작품 대부분은 유가경학(儒家經学)의 양상으로 나타나서 성인을 예로 들어 공자를 돋보이게 함으로써 거부감을 최소화했고 결론적으로 중학과 서학을 융합해 유학과 입헌군주제를 존중할 것을 앞장서서 제창했다. 그의 주요 작품으로는《신학위경고(新學僞經考)》,《공자개제고(孔子改制考)》, 비밀리에 작성하여 남에게 보여주지 않은《대동서(大同書)》의 초벌 원고가 있다.《신학위경고》에서는 후한 이후 이른바 고문경학들은 모두 '신망(新莽, 8~23)' 시기 왕망(王莽)의 학설로서 유흠(劉歆, ?~23)이 위조한 것이라고 선언했다. 이 서적은 학술 면에서 맹목적으로 옛것을 믿는 사상을 타파하고, 정치 면에서는 보수파들이 조상들의 유훈에 얽매여 개혁에 반대하는 것을 공격함으로써 금문경학의 절정을 보여주었다. '대동(大同)'사상에서 역사는 끊임없이 발전한다고 하는데, 이러한 진보적 역사관으로 인류의 역사 발전을 위한 하나의 새로운 양식을 구상했으며 최고 발전 단계는 '대동극락세계'라고 여겼다.

캉유웨이가 진사에 합격하기 전 이미 천하에 이름을 널리 알렸고 그와 동시에 온갖 논란도 불러왔다. 광서제(光緖帝, 德宗, 1871~1908)의 스승 옹동화(翁同龢, 1830~1904)는 캉유웨이의 경학을 '야호(野狐)'라고 여겼고, 같은 시기의 학자 예더후이(葉德輝, 1864~1927)는 캉유웨이가 "겉과 속이 다른 바나나"처럼 "겉은 유학이나 속은 오랑캐이며", 그의 조상 때부터 서학을 숭배했다고 비아냥거렸다. 캉유웨이는 여러 차례 먼 길을 걸어 북경에 가서 광서제에게 자신의 변법 주장을 서술하고 어려운 시기에 국가를 구하고자 자신의 정치적 주장을 펴는 상소를 직접 올리려고 했다.

여러 차례 실패한 끝에 캉유웨이는 마침내 옹동화의 마음을 움직여 그의 추천을 받아 광서제를 알현한다. 광서제는 한창 젊고 의욕이 넘치며 유능할 때였다. 그는 캉유웨이를 열성적으로 지지했으며 서로 의기투합해 이로부터 무술변법(戊戌變法)이 시작된다. 1898년 6월 11일부터 9월 20일까지 103일 동안 교육, 행정관리, 공업과 국제 문화 교류 영역의 40~55조항의 변법 법령이 잇달아 반포되었다.

급진적 개혁의 계획을 추진하려던 대부분 중앙과 성급(省級) 고위층 관리들의 저항을 받았다. 팔고문(八股文, 여덟 개의 짝으로 이루어진 한시 문체. 중국 명나라 초기에서 청나라 말기에 이르기까지 과거의 답안을 기술하는 데에 썼다 - 옮긴이)을 폐지하는 조항은 과거시험을 주관하는 예부(禮部)의 강한 반대에 부딪혔고, 생각이 비교적 진보적인 총리관아조차도 12개의 신국(新局) 제안에 불쾌감을 드러냈다.

각 성의 관리들도 호남 순무 진보잠(陳寶箴)을 제외하고는 모두 겉으로만 복종하는 척할 뿐 변법 유신을 철저하게 저지하고 파괴했다.

이들 중앙과 지방의 관리들이 감히 복종하지 않을 수 있었던 것은 진정한 국가권력이 황제가 아니라 개혁에 반대하는 황태후 손에 있다는 사실을 잘 알았기 때문이다. 9월 21일, 자희태후는 군사를 보내 황궁을 급습하고 정권을 빼앗는다. 103일의 짧은 기간에 진행되었던 변법은 이렇게 중단되고 광서제는 궁중에 유폐되었다가 십몇 년 뒤에 자희태후의 병세가 위독할 즈음에 갑자기 죽는다.

무술변법이 실패하자 담사동(譚嗣同, 1865~1898) 등 절개가 있는 선비들은 자결한다. 그때 혁흔 공친왕이 이미 죽었으니 이홍장, 장지동(張之洞, 1837~1909) 등 주요 대신들은 개혁을 찬성했던 터라 한직으로 밀려났다. 자희태후와 강의(剛毅)를 대표로 하는 수구파들이 다시 정권을 잡는다. 이것은 중국의 최고 통치자들의 세계관이 또다시 아편전쟁 전으로 돌아갔음을 의미한다. 강의는 다음과 같은 명언을 남긴다. "변법은 한인에게 유리하고 만주족에게는 불리하다. 중화라는 이 재산은 우방(외국)에 넘겨줄지언정 가족의 노예(한인)에게 물려주지는 않겠다."

청나라의 입장에서 볼 때 강의가 한 이 말은 매우 설득력이 있다. 사실상 이것이 바로 청나라 정부의 마지막 십몇 년 동안의 연명통치의 지도사상이기도 하다.

자희태후는 사상의 경지는 높지 않았지만 임기응변의 계략을 써서 권력을 단단히 틀어쥐는 데는 매우 능했다. 그녀는 근대 사회에 대한 아무런 지적 인식도 없었기 때문에 나중에 의화단 폭동을 일으킨 농민들을 부추겨서 각국의 주중 대사관을 공격하고, 또 동시에 11개 나라에 전쟁을 선포해 8국 연합군의 중국 침략을 야기했다. 한때 서양 국가의 열렬한 환영을 받았던 '개혁하는 중국'은 다시 그들의 눈에 야만적인 국가, 사고방식이 덜 떨어진 민족으로 전락하고 말았다. 자희태후가 재차 정권을 잡기 시작해 청나라는 다시 외곬으로 빠져들어 철저히 멸망할 때까지 더는 새롭게 변화하지 못했다.

외관상 무술변법은 완전히 실패했지만, 이 시기 사회는 되레 조용히 큰 변화가 일고 있었다. '평등설', '민권설', '자유설', '신민설', '배만설', '혁명설', '공화설'……. 한 차례 또 한 차례의 새로운 사상의 흐름이 끊임없이 1,000년을 이어온 황제의 고유한 터전을 잠식하고 황제 권력의 내적 영혼을 와해시켜 그의 정당성을 박탈했다. 넘어질 것 같지 않았던 아름드리나무가 실제로는 빈약한 빈껍데기로 변했다.

무술변법의 실패로 많은 사회 인사가 다음과 같은 결론을 얻었다.

청나라 조정은 변하지 않을 것이며 중국을 구하려면 반드시 무력으로 청나라 부패 통치를 뒤엎어야 한다. 혁명의 압력 때문에 청나라 정부는 어쩔 수 없이 개혁을 고민하지 않을 수 없었다. 1905년(광서 31년) 7월, 청나라 정부는 위기를 만회하기 위해 '입헌' 슬로건을 받아들여 "입헌을 준비한다(預備立憲)"라는 명목으로 다섯 명의 대신을 각각 서양의 여러 나라에 파견해 정치체제를 배워오게 한다. 그러나 이 해외연수 행차에서 얻은 그들의 결론에서 조정의 진정한 목적이 드러났다. 그 목적은 바로 '황제의 권력을 영원히 견고하게 하고(皇位永固)', '외환을 점차 줄이고(外患漸輕)', '내란을 가능한 한 가라앉게 하는 것(內亂可弭)' 등이며, 천천히 입헌을 준비한다고 주장하면서, '입헌'을 펑계로 국내 모순을 은폐하고, 혁명을 억제함으로써 청나라 황위가 영원토록 유지되게 하는 것이다. 이처럼 시간을 벌기 위한 계책은 청나라 정부의 공신력을 철저하고 완전히 잃게 만들었다. 청나라 왕조 곳곳에서 운명이 다해가는 징조가 나타났다.

신해혁명과 남방의 독립

청나라 조정의 가짜 개혁에 절망한 사회 인사들은 혁명을 단행하기로 결의한다. 1892년 쑨원은 홍콩의 의학교인 서의서원(西醫書院)을 졸업한 후 마카오, 광주 등지에서 의사로 생활하며 청나라에 반대하는 비밀조직과 친분을 맺고 혁명 단체의 설립을 준비한다. 쑨원은 해외 화교, 비밀단체, 기독교인, 선교사 등에게 도움을 요청한다.

맨 처음으로 그에게 도움의 손길을 내민 것은 해외 중국인 비밀단체 홍문(洪門)이었다. 홍문은 이미 300여 년의 역사를 지니고 있었다. 명나라가 청나라에 패배하고 중국 국토가 함락된 후 사대부들은 이리저리 뿔뿔이 흩어졌는데, 그중 어떤 이는 대만 지역 또는 일본(이를테면 주순수(朱舜水, 1600~1682)처럼)으로 도망쳤다. 대륙에 남아 있는 사대부들은 암암리에 홍문을 조직했으며, 대대로 청나라에 맞서 싸우는 것을 잊지 말라고 전해왔다. '홍(洪)'은 번체자 '漢'에서 유래된 것이다. 오른쪽 중간 부분의 '中'과 '土'를 없애면 '한이 중국의 영토를 잃다(漢失中土)'라는 뜻이 된다. 200여 년 후에 홍문 자손들의 반청(反淸) 취지는 점차 잊히게 되고 그냥 의협심만으로 뭉친 조직으로 변했다. 이 시각 홍문의 역사에 대한 기억이 쑨원을 통해 다시금 되살아나 그들은 쑨원의 혁명을 적극적으로 지지한다.

1894년 가을, 쑨원은 하와이 호놀룰루에 가서 형의 도움으로 그해 11월 24일에 흥중회를 결성한다. 결성 초기 회원은 112명이다. 쑨원은 활동 범위를 확대하기로 생각하던 중 청일전쟁이 발발하자 청 황실을 무너뜨릴 수 있는 절호의 기회로 여기고 급히 홍콩으로 돌아간다. 1895년 2월 21일 홍콩에서도 흥중회 본부와 각 지역에 지부를 설립한다. 회원들은 모두 '만주족 제거, 중화 회복, 합중정부 창립'을 맹세했다. 이렇게 첫 번째 혁명단체가 생겨났다.

1905년 동맹회의 설립은 중국 혁명에 역사적 전환을 가져온다. 그는 혁명의 특징과 방식을 최대한 바꿔놓았다. 쑨원은 이때부터 유학생과 현 상황에 불만을 품은 지식인, 진보적 장교들의 지지를 얻는데, 이 사람들은 의심할 바 없이 중국의 지도자 집단이 된다.

당시 남양대신 장지동(張之洞)은 호북 지역의 정무를 주관하면서 새로운 군인을 양성했다. 호북신군(湖北新軍)의 군사 장비, 작전 능력은 북양 군대와 비교할 바가 아니었고 호북신군의 위엄은 동남쪽에 널리 알려졌다. 주로 군대의 투지가 뜨겁고 학습 분위기가 광범위하게 퍼졌다. 호북신군은 일본에서 유학하고 귀국한 학생들을 받아들였다. 그들은 일본에 있는 동안 동맹회의 영향을 많이 받아 반청사상을 이미 지니고 있었다. 군대 내부에는 공진회(共進會), 문학사(文學社)가 있었는데, 이 모두 혁명사상으로 무장된 조직들이다.

1911년 을력 신해년, 새로운 군인 중 일부 하층 장교들이 비밀리에 모의해 반란을 일으켰고 상해에 있는 혁명가 황싱(黃興, 1874~1916)과 쑹자오런(宋教仁, 1882~1913)(쑨원은 이때 해외에 있었다)이 주도적으로 혁명을 이끌었다. 혁명의 불길은 언제든지 점화될 준비가 되었다.

청일전쟁 후 민간에서 이권 회수 운동이 일어나 스스로 자금을 마련하여 철도를 부설하자는 보로운동(保路運動)이 사천에서 일어났다. 청나라 조정은 임시방편으로 호북신군 일부를 사천에 투입시켜 진압하게 한다. 무창(武昌)의 수비 지역에서 가장 중요한 부분이 텅 비게 되었고, 혁명가들은 재빨리 이 상황을 이용한다.

1911년 10월 10일, 봉기가 일어나고 공병대가 맨 처음으로 무창의 정부 측 무기고를 빼앗았고, 그 뒤로 연합 포병이 총독관아를 향해 공격해 총독과 제독이 소식을 듣고 도망간다. 신식 군대의 봉기는 이렇다 할 만한 저항을 받지 않았고 점심 무렵에 무창을 전부 장악했다. 진정한 혁명 지도자가 그곳에 없기에(쑨원은 그때 해외에 있었고 황싱은 계속 상해에 있었다) 그들은 청나라 군사 통령 리위안홍(黎元洪, 1864~1928)을 강요해 군(軍)의 도독(都督)을 맡겼다.

동시에 오랜 시간 동안 혁명에 지지 의사를 보낸 호북성 자의국(諮議局) 의장 탕화룽(湯化龍, 1874~1918)을 군정부의 민정부장으로 승인해 기초적인 행정기구를 설립하게 했다. 탕화룽은 한편으로는 각 성에 전보를 보내 그들이 청나라 조정에서 벗어났음을 선언하라고 독촉했다. 다른 한편으로는 한구(漢口)에 있는 외국 영사들에게 혼란 국면에서 영사들이 중립적 위치에 서 있어야 함을 성공적으로 인지시켰다. 그리하여 도망간 청나라 총독이 외국 영사들에게 대포와 군함을 보내 혁명군을 진압하라고 요구했을 때, 프랑스와 러시아 영사들은 간략히 지금의 형세는 의화단 사건 때와는 완전히 다르다고 말했다. 기타 영사들은 중립을 엄격히 지켰다. 10월 12일, 한구와 한양(漢陽)이 혁명군에 점령되었다.

나중에 쑨원은 뜻밖에 운이 좋아서 이겼다고 추억했다. 만약 청나라 총독이 겁에 질려 도망치지 않았더라면 2,000여 명의 보잘것없는 혁명세력을 격퇴할 수 있었다고 보았다. 당연히 각국의 중립적 입장도 혁명 사업에 도움을 주었다. 이후 남쪽의 기타 성과 주요 도시에서도 잇달아 독립을 선포해 힘을 실어주는 형세로 발전했다.

당시 청나라 정부는 각 성마다 '독군(督軍)'을 설립했는데 군사는 많은 곳은 수만 명이고, 적은 곳은 수천 명이었다. 무창이 처음으로 무장 봉기를 일으킨 다음 남쪽 각 성의 독군(북양 계통이 북방을 통제하고 사상이 보수적이며, 남쪽과 북양 계통은 같은 진영에 속하지 않는다)은 차례로 독립을 선포해 제국의 정치 질서는 여지없이 무너지고 청나라 제국은 이로부터 분열된다.

청나라의 멸망을 돌이켜볼 때 이 나라가 누구에게 멸망되었을까? 다름 아닌 자신이 직접 훈련시킨 신군에 의해 멸망되었다. 신군은 각 지역을 대표해 독립을 선포하고 대청 제국은 절망 속에서 몇 달간 몸부림치다가 숨이 멎었다.

제국의 종말: 대청제국 최후의 날

신해년의 극심한 겨울 추위는 청나라 조정의 통치자들이 제일 견디기 힘든 부분이었다. 자금성은 겉으로는 제국의 위엄을 견지하는 것 같았지만, 그의 주인은 이미 종말이 가까워 오고 있음을 느꼈다. 효정경황후(孝定景皇后, 隆裕太后, 1868~1913)는 희망을 버리지 않고 조정에 들어가 업무를 보면서 한편으로 자신의 잘못임을 알리는 조서를 내려 모든 정치범들을 석방해 변혁을 시도했다. 다른 한편으로는 위안스카이(袁世凱, 1859~1916)를 급히 북경에 불러들여 군사들을 이끌고 무한(武漢) 지역에 가서 무장 봉기를 진압하게 한다.

위안스카이는 무한에 출병해 봉기군을 향해 포를 쏘았으나 봉기군을 모조리 없애지는 않고 동시에 양측의 어부지리를 꾀해 흥정하기 시작했다. 그는 남쪽 군에 압력을 주는 동시에 또 대표를 보내 무창 혁명정부와 비밀리에 접촉을 시도했다. 담판은 상해에서 진행되었다. 청나라 조정의 평화회담 대표는 위안스카이의 측근 탕사오이(唐紹儀, 1860~1938)였고 남쪽에서 독립한 각 성의 수석대표는 베테랑 외교관 우팅팡(伍廷芳, 1842~1922)이었다. 양측은 모두 다섯 차례 회담을 진행했는데, 많은 장애가 있었다. 남쪽 정부는 남북전쟁을 하루빨리 끝내고 청나라 정권을 전복하려고 위안스카이에게 공개적으로 약속하길 "만약 위안스카이가 찬성해 청나라 황제가 물러나도록 압박한다면 총통(總統, 대통령 - 옮긴이)의 자리는 그의 것이다"라고 했다. 당시 임시총통이었던 쑨원은 그 자리를 위임한 후 재차 전보를 보내어 위안스카이에게 이 약속을 거듭 천명했다. 그리하여 위안스카이는 청나라 황실을 팔아서 총통의 보직과 바꾸기로 결심을 굳혔다.

자금성 안, 끔찍한 날이 돌아왔다. 1912년 1월 16일 위안스카이는 양심전(養心殿)에 도착해 효정경황후에게 황족들이 회의를 열어 황위의 거취 문제를 상의할 것을 요청했다.

황제의 퇴위를 강요하는 위안스카이의 억압적인 태도는 그때 당시 6세밖에 안 되는 황제 푸이(溥儀, 宣統帝, 1906~1967)에게 깊은 인상을 남겼다. 효정경황후와 하직을 고하고 위안스카이는 동화문으로 출궁하다가 혁명당 사람의 급습을 받는다. 이 암살 행위는 위안스카이에게 청나라 정부를 위협할 구실을 제공해주었다. 그 뒤로 그는 병을 핑계로 조정에 나가지 않았다. 황궁 안에서는 퇴위를 둘러싸고 논쟁이 점점 치열해졌다. 근위군 장교 량비(良弼, 1877~1912)는 황제가 자리에서 물러나는 것을 결단코 반대했다. 효정경황후가 여러 차례 어전 회의를 열었으나 아무런 결과도 얻지 못했고, 량비는 혁명당원의 암살 대상 첫 번째가 되었다. 1912년 1월 26일 저녁 량비는 자신의 집 문 앞에서 폭탄테러를 당한다. 자객은 젊은 혁명당원 펑지아전(彭家珍, 1888~1912)으로 자신도 그 자리에서 목숨을 잃었다. 같은 날 전선에서 싸우던 돤치루이(段祺瑞) 등 50명의 장군들은 전보를 보내 황실을 압박했는데 실은 반역을 일으킨 것과 같은 성질이어서 효정경황후는 완전히 무너진다. 그녀는 청나라 조정을 대표해 맨 마지막에 자신의 패배를 인정하고 황위에서 물러나겠다는 조서를 내린다.

1912년 2월 12일, 음력 섣달 25일, 닷새 후면 신해년이 저물게 된다. 그러나 청나라 제국을 놓고 보면 이 나라는 그해를 넘기지 못했다.

이날 오전, 효정경황후는 여섯 살 난 황제를 데리고 자금성의 양심전에서 마지막 알현 행사를 진행한다. 민정대신 쟈오빙쥔(趙秉鈞, 1859~1914), 탁지대신 사오잉(紹英, 1861~1925), 육군대신 왕스전(王士珍, 1861~1930) 등 14명이 제국의 마지막 정무 인수인계식을 직접 수행했다. 전체 인수인계 과정은 차분하고 신속하게 이뤄졌다. 위안스카이를 대표해 조정에 나온 외무대신 후웨이더(胡惟德, 1863~1933)는 대신들을 이끌고 황태후와 황제에게 허리를 굽혀 세 번 인사하고, 효정경황후로부터 세 개의 사직조서를 건네 받아 천하에 공포한다.

마침내 268년의 청나라 역사는 마침표를 찍었다. 그뿐만 아니라 중국에서 2,132년 동안 이어지던 제국체제도 이로써 종결된다.

청나라 전복은 신해혁명(辛亥革命)의 유일한 성과다. 낡은 질서는 붕괴되고 새로운 질서는 아직 만들어지지 않았다. 중국의 4억 백성을 놓고 보면 고통스럽고 장엄한 전환의 여정이 이제야 막 시작된 것이다.

제 **4** 부

대국의
길을 묻다

민국

: 제도를 찾는 고난의 역정

대전환: 어떻게 해야 근대화를 이룰 수 있을까?

아편전쟁과 태평천국 운동 이후 대청 제국은 육체적으로는 원기를 크게 상하고 정신적으로는 일체감이 철저하게 무너져 이미 간신히 생명을 유지하는 상태에 들어섰다. 이후 모든 대외 전쟁은 제국의 도태 과정에 속도를 높였다. 일련의 전쟁, 특히 청일해전은 전통적인 제국 체제가 이미 글로벌 시대의 경쟁 환경에 뒤처졌으며, 반드시 개혁이 필요하다는 점을 명확하게 증명했다.

시대의 병폐에 맞서 구국 개혁의 몇 가지 방안이 등장했다. 양무파의 방안[위원(魏源)]과 중국의 학문을 기본으로 하고 서양의 학문을 이용한다는 뜻의 '중체서용(中體西用)' 방안(장지동)이 있고, 캉유웨이의 입헌군주 방안(국가 체제를 변경해야 한다고 명확하게 주장)이 있었으며, 쑨원의 혁명공화 방안이 있었다. 이 밖에도 무정부주의, 생디칼리즘,

사회주의, 길드주의 등 몇 가지 일시적으로 유행한 사조의 주장이 있었다.

이는 제국체제가 경쟁에서 실패한 후 맞닥뜨린 변화로 필연적인 변화 과정의 시작이었다. 중국 역사는 이때부터 두 번째 대전환의 시대, 즉 제국체제에서 근대 사회로 전환기에 들어섰다.

근대화 운동은 중국의 본질과 특성 면에 반영되었다. 일부 학자들은 그 핵심을 여섯 가지로 정리했다.

(1) 독립된 '민족국가(nation-state)'. 이 국가는 '백성에게는 두 사람의 천자가 있을 수 없다'는 중국 고유의 세계적 국가(universal state)와는 확연히 차이가 난다.

(2) 공업화와 사회주의 국민경제. 중국 고유 경제는 농업을 기반으로 한 불평등한 부의 분배제도다.

(3) 인류의 이성과 과학에 부합되고 공업화 사회에 적응할 수 있는 도덕 표준과 사회제도. 이런 조건에 맞지 않는 중국의 낡은 도덕과 사회제도(예를 들어, '삼강', 맹혼, 수절, 종족제도 등)는 근대화 운동 과정 중에 점차 지양되었다.

(4) 정통 자연과학과 사회과학의 연구.

(5) 교육 및 도구의 보급.

(6) 민주 정치. 기본 인권을 보장하고 다수결의 결정을 채택하고 법치 원칙을 지키며, 선거로 이루어진 정치제도.

이러한 발전의 원동력은 서양문화에 대한 '도전'이었다. 중국 고대 학술 사상 중 여기서 거론한 여섯 가지와 같은 학설이 없었던 것은 아니다. 이 여섯 가지 항목의 개념은 중국의 문화유산 중에서도 근거를 찾을 수 있다. 하지만 그런 근거는 단지 일부 학자들의 이상이었을 뿐 중국의 건국 기초가 되지 못했으며 군중에게 받아들여져 풍조를 이루지 못하였다.[1]

사실 근대화로의 전환은 전면적으로 바뀌어야 하는 과정이다. 모든 지역, 모든 분야에서 근대화 운동에 앞장서서 지도하는 사람은 모두 200년간의 영웅호걸이다. 이들이 어찌 소수에 그치겠는가! 그들은 우리 민족의 지도자 단체를 구성하고, 민족의 역경에 굴하지 않는 튼튼한 기둥이다.

어떻게 근대화를 실현하는가에 대해 여러 가지 다른 주장이 나왔으며, 각종 사상 유파가 다채롭게 장관을 이루었다. 하지만 이는 비서양 국가가 서양 국가에 맞서 도전하며 진행한 전환에서 나타나는 보편적인 현상이다. 세계의 모든 비서양 국가가 서양의 도전에 대응한 사고방식은 (1) 케말주의(또는 아타튀르크주의, 전면적으로 근대화와 서양화 수용), (2) 개량주의(근대화는 수용하고 서양화는 반대), (3) 거절주의(근대화와 서양화 모두 반대)가 있다.[2]

케말 아타튀르크(Mustafa Kemal Atatürk, 1881~1938)는 군사 쿠데타를 통해 오스만 제국의 폐허 위에 새로운 터키를 세웠다. 이를 위해 이슬람의 역사를 포기할 때 케말은 터키를 '아무것도 따르지 않는' 국가로 만들었다. 종교, 유산, 풍습 등이 이슬람에 속한 사회에서 이 엘리트 지도자는 터키를 현대적이며 서양과 일치된 국가로 만들고자

---

1 탕더강,《만청칠십년(晚晴七十年)》.
2 헌팅턴(Samuel Huntington),《문명의 충돌(The Clash of Civilizations and the Remaking of World Order)》.

결심했다. 20세기 전체에 수많은 국가들이 케말주의를 본받아 자신의 정체성을 버리고 서양과 동일시하려 했다.

케말주의는 중국에서 5·4 운동 시기 전면적인 서양화를 주장하는 데 영향을 미쳤다. 예를 들어 후스, 첸쉬안통 등 이 유파의 적지 않은 사람들이 중국 전통문화를 근대화의 장애물로 간주해 심지어 한자를 폐지하자고 주장했다. 이 유파의 사상은 비록 경솔하고 천박했지만, 그 여파는 오래갔다. 대만 지역의 후계자로는 《추악한 중국인(醜陋的中國人)》의 저자 보양(白楊), 작가이자 정치인 리아오(李敖) 등이 있으며 대륙에도 '하상(河殤)'파를 대표로 하는 수많은 추종자가 있었다. 이 유파는 대다수가 문학가 출신으로 과감하게 천지만물에 한껏 의견을 펼치며 말도 안되는 소리를 늘어놓으면서도 문제를 자각하지 못했다(후란청(胡蘭成)이 《산하세월》에서 고리대금업 및 중국 고대 경제 문제에 대해 논한 것은 코를 틀어막아야만 계속 읽을 수 있다. 민국 문인들이 나라를 다스리는 일을 논한 수준은 대체로 비슷하다). 그러면서도 창피한 줄 모를 뿐 아니라 중국 사회에서 유명세를 누렸는데, 더욱 놀라운 것은 21세기에도 여전히 지지하는 사람들이 있다는 점이다.

민국 시기를 뒤돌아보면 이는 전면적으로 근대 사회로 전환하는 시기이며 구제도가 해체된 후 새로운 제도를 끊임없이 찾고 시도하는 시기였다. 신제도는 중국 전통 중에서 자연히 생장한 것이 아니라 이식을 통했기에 거부반응이 뚜렷하게 나타났다. 이 과정은 전쟁과 천재를 수반해 민국의 역경이 되었고, 이 역경 속에 현대 유전자의 주입으로 일부는 생기 있고 다채로우며 깊은 고난 가운데 새로운 기상이 이미 배태됐다.

민국의 건립: 흔들리는 폭풍우 속에 정권을 장악한 위안스카이

민국은 남북이 타협한 산물로 사상 방면이든 실천 측면이든 쪼개진 집과 같았다. 대역사의 각도에서 보면 이는 비바람 치는 과도기로 근대화의 출산이 임박해 진통이 온 상태와 같다. 사실 모든 국가가 반드시 거치는 과정이다.

신해혁명은 중국을 아시아 최초의 공화정 국가로 만들었다. 쑨원이 혁명을 위해 쏟은 노력과 그가 혁명 중 누린 숭고한 명성은 논쟁할 여지가 없다. 1911년 12월 말, 각 성 도독부의 대표가 남경에서 이제 막 해외에서 돌아온 쑨원을 임시총통으로 뽑았다. 1912년 1월 1일 중화민국의 임시정부가 남경에서 수립되었다.

비록 남경 정부가 수립되었지만 청 황제는 정식으로 퇴위하지 않았고, 북방은 용병을 내세운 북양군벌 위안스카이 손안에 들어갔다. 이런 상황은 쑨원을 지도자로 하는 남경 정부가 과도기적 성격의 정부로 영향력이 미약했음을 보여준다. 쑨원은 임시총통에 취임하자마자 북벌군의 총지휘관으로 부임해 즉각 북벌을 선포하고 전국을 통일하고자 했지만, 현실은 잔혹했고 쑨원의 원대한 이상을 지지해주지 못했다.

남경 정부의 어려운 현실 탓에 쑨원은 점차 타협하게 되었다. 우선 새 정부는 전쟁을 수행할 능력이 없었다. 남경 정부 자체는 병사가 없었으며, 군대는 각 성 권력가들의 수중에 있었다. 남경 정부는 육로로 북벌 계획을 제시했으나 제아무리 상세하게 전쟁 계획을 세워도 그림의 떡일 뿐이었다. 두 번째는 궁핍한 재정이었다. 임시정부 초창기에 중앙정부는 직접적인 재정 수입이 거의 없었다. 당시 해관은 영국인이 관리했으며, 해관세수는 외채를 상환한 이후의 나머지로 남은 목

위안스카이

숨을 겨우 부지하는 청나라 조정이 전부 독점했다. 안휘 도독 쑨위쥔(孫毓筠)이 사람을 보내 원조를 요청하자 쑨원은 그에게 20만을 결재했으나, 후한민(胡漢民, 1879~1936)이 재정부에 돈을 찾으러 가니 금고에는 은화 10원밖에 없었다. 황싱이 육군부장 겸 참모총장, 대본영 병잠총독을 맡았으나 군인의 보급품과 급여를 주고 무기와 탄약을 구입하는 데 필요한 돈을 구하느라 남경과 상해를 분주히 뛰어다니다 지쳐 각혈할 정도였다. 세 번째는 동맹회 내부의 분열이다. 수많은 동맹회 구성원은 혁명이 이미 성공을 거두었다고 여기고 승리의 성과를 누리려고 했다. 장빙린은 "혁명군이 일어나자 혁명당은 사라졌다"라고 했다. 이 말은 당시의 상황을 설명하는 데 더없이 적절한 표현이다. 그는 심지어 임시정부를 비웃으며 "정부의 명령은 100리를 넘어가지 못했다"라고 했다.

이제 막 성립된 신정부는 표면적으로는 절반의 국가로 추대를 받는 것처럼 보였지만, 내부는 지속되기가 어려웠다. 이와 동시에 위안스카이는 이미 검을 뽑고 때가 오기를 기다렸다.

위안스카이는 교묘하게 대립했던 두 세력을 이용해 최대한의 이익을 도모했다. 혁명당은 청나라 황제의 퇴위에 동의하고 위안스카이가 공화에 찬성한다는 조건으로 정권을 위안스카이에게 양보했다. 청 황제가 퇴위하고 쑨원도 하야하자 임시 참의원은 위안스카이를 임시총통으로 선출했다. 청 정부와 남경 임시정부는 정권을 위안스카이에게 넘겨주었다. 위안스카이는 양무개혁의 유능한 신하로 줄곧 진보된 사상을 갖고 큰 공을 세웠기에 서양인들도 그를 경모해 이 순간 정권을 넘겨받은 것은 뭇사람들이 기대한 바였다.

유럽을 본받다: 대의제의 이식

민국 건립 이후 각 파의 정치인은 유럽과 미국의 정치제도 모델을 중국에 이식하려 했다. 하지만 2,000여 년간 황권을 유지한 중국의 정치적 토양은 매우 척박했다. 전국에서 나라를 이끌 만한 사람은 량치차오, 쑹자오런 등 몇 명이 되지 않았다. 사람의 관념과 행위가 변하려면 긴 시간이 필요하다. 중미, 아시아 각국의 역사를 관찰해보면 전부 100년 이상을 거쳐야 전통 사회에서 근대 사회로 전환할 수 있었다. 따라서 민국 초기의 정치제도 설계는 전통을 토대로 하지 않으니 적응하기 어려울 수밖에 없었다.

민국 첫해 엘리트 계층은 유럽의 대의제 민주정부를 모방해 제도를 설계했다. 제도의 이식은 처음에는 전 사회의 지지와 기대를 받았다. 동맹회의 일부 지도자들 황싱·쑹자오런 등은 민국이 진정한 인민의 나라라고 여겼다. 특이 쑹자오런은 중국 '헌정의 아버지'로 황싱·쑨원과 함께 첫 번째 국민당 개편을 주관했다. 그는 위대한 민국 혁명의 선구자이자 민국의 주요 건립자로 민국 초기에 첫 번째로 내각제를 선도한 정치가다. 그는 국회와 정당정치를 통해 자산계급의 민주화를 실현하기를 바라며 '임시약법(臨時約法)'과 책임내각제로 위안스카이의 야심과 권력을 견제하려 했다. 하지만 위안스카이는 구관료인지라 처세에 능하고 권술에 밝았다. 그의 세계관과 가치는 여전히 구

중화민국 임시약법의 첫 페이지

시대에 머물러 있었다.

위안스카이는 처음부터 황제가 되려고 돌진했던 것은 아니다. 민국 초기에 전국적인 협조 조치를 유지하고자 적극성을 보인 것으로 보아 그도 민국 정부가 효과적으로 운영되도록 애썼다.

하지만 위안스카이는 난관에 부딪히는 상태를 견디지 못했다. 최고 지도자가 어느 정도 난관에 부딪히는 것은 대의제 국가의 일반적인 모습이다. 하지만 중국에서 어떤 정치 지도자도 그런 경험이 없었다. 총통으로서 위안스카이는 국회가 하는 유일한 일이 그를 귀찮게 구는 것이라고 여겼다.

당연히 책임이 전부 위안스카이에게만 있는 것은 아니다. 국회도 마찬가지로 불합격이었다. 모든 정부 부문이 재정난에 허덕일 때 오직 국회의원만이 자신에게 급여를 지급했다(그들이 재정권을 장악했다). 게다가 임금은 단 한 번도 늦게 지급된 적이 없으며, 일부는 심지어 공공연히 홍등가를 뽐내며 다녔다.

모든 면에서 수준이 떨어졌으나 어떻게 보면 새로 태어난 정부이니만큼 비틀거리는 것도 당연하다. 만일 모든 부분에서 자제할 수 있고 대체로 헌법의 테두리 내에서 활동을 유지한다면, 정치가 정상 궤도를 걷는 것도 가능했을 것이다. 세계 역사를 보면 민국 초기의 혼란은 황당한 일이 아니다. 영국도 역사상 수차례 군인이 무력으로 의원을 쫓아냄으로써 왕권을 회복하는 사건이 발생했다. 다른 나라도 영국을 본받아 더한 일도 많았다.

실제로 민국 초기의 정치적 관행은 비록 국면이 혼란스러웠지만, 적지 않은 곳에서 생생하게 이루어졌다.

의회·헌법·정당은 서양 헌정체제의 3대 기초다. 민국 초기의 제도 이식 중 국회를 세우고 정당을 조직하고 헌법을 제정하는 등 잇달아 서양식 정치체제를 추진했다. 청나라 말기, 입헌을 준비하던 중 세운 자정원과 자의국은 서양 의회의 초기 형식을 띠었다. 민국 초기 의회는 각 성의 도독부대표연합회 및 이후의 임시 참의원에서 기원한다. 1913년 4월 첫 번째 국회가 북경에서 열렸다. 이는 민국 사상 정식으로 시행된 의회 정치의 시작이다. 헌법은 권력 제도화의 핵심 지위에 있으며, 제도화의 논리와 규범을 제공한다. 따라서 제헌 문제는 민국 초기 권력 제도화의 핵심 소재가 되었다. '임시약법'에 근거해 헌법기초위원회는 양원의원 중 동등한 수의 헌법기초위원을 뽑아 구성했다. 1913년 3월 양원의원 중 선출된 기초위원은 천단(天壇) 기년전(祈年典)에서 헌법을 기초하기 시작했다.

민국 초기에 한때 300여 개의 정당이 있었지만, 사람들은 당이 많은 것이 안정적인 정치구조가 아님을 빠르게 인식하고 각 당파 간에 끊임없는 합병으로 국면은 재빨리 양대 정당 구조로 바뀌었다. 동맹회를 개조하고 기타 당과 합당한 국민당은 첫 번째 국회 선거에서 제1당이 되었고, 량치차오가 이끄는 진보당이 제2당이 되었다.

대의제 이식 실패와 위안스카이의 황제제도 부활 시도

하지만 이후 일련의 시도는 제도 이식의 실패를 가져왔다.[3]

이식이 좌절된 데는 첫 번째 이유로 정당정치의 붕괴였다. 국민당은 국회 선거 중 승리를 거두었으나 위안스카이는 그 결과를 수용하지 않았다. 위안스카이는 쑹자오런을 매수하지 못하자 자객을 보내 그를 암살한다. 쑹자오런이 암살당하자 일부 국민당원이 다시 한 번 '2차 혁명'을 일으켜 무력으로 문제를 해결하려 했다. 위안스카이는 이 기회를 빌미 삼아 국민당을 역도라고 선포해 국민당의 의원 자격을 취소하니 국회는 인원 부족으로 마비가 되었다. 쑨원은 국민당을 '중화혁명당'으로 개편하고, 조직 방식을 동맹회 시대 때로 바꾸었다. 쌍방이 모두 심각하게 헌법을 유린한 것이다.

진보당원은 위안스카이의 황제제도 부활이 당쟁의 결과라고 여겼다. 그래서 '불당주의(不黨主義)'를 주장하고, 국가와 공리는 유지하되 당은 없앨 것을 주장했다. 1916년 국회가 다시 열린 후 각 당파는 더 이상 정당의 이름으로 불리지 않았다. 무슨 도원, 체원, 골목, 거리, 계파, 모임 등의 명칭 외에 당원의 마음속에는 오직 돈과 관직밖에 없었다. 불당주의 정치 단체의 사리사욕화는 헌정 민주 시험의 첫 번째 고리를 와해시켰다.

두 번째 이유는 국회 운영의 효력 상실이다. 기술적 측면에서 영국식의 의회주권을 흠모해 국회의 권한을 가중하자 위안스카이는 국회가 항상 '소란을 피운다'고 여겼다. 민주 정치를 경험한 적이 없었던

---

3 이하의 논술 프레임은 덩리란을 참고했다. 〈권력 제도화의 추구와 좌절: 민국의 정치제도사 강론〉, 《사회과학전간》.

쑹자오런

국민들은 국회의 운영이 순조롭지 못하자 거국적인 실망과 비난의 목소리를 높였다.

국회는 '의원 전제정치'라는 지적을 받고 여러 차례 해산되었고, 정국이 혼란스러워지자 분열되었다. 일부 제도 운영을 보호하는 방법도 합법성을 손상시킨 대가를 치러야 했다. 입법을 통해 의회 임기를 연장하고 출석비를 지급하고 절차에 따라 규정한 다수 비례 등을 수정하기도 했다. 빈번하게 드러난 뇌물 선거도 국회와 의원들에게 악명을 씌웠다.

이식이 좌절당한 세 번째 이유는 헌법이 오랫동안 결과물이 없자 사회 여론이 '법치에 대한 신뢰'에서 '법치에 대한 불신'으로 바뀐 것이다. 제헌 초기 각파 정치세력이 국회의 초헌, 전문가 초헌, 정부 초헌 등 서로 다른 초안 작성 방식에 대해 격렬하게 논쟁했고, 국민당원의 의견이 우위를 점한 후 위안스카이는 각지 군벌을 선동해 천단 헌법 초안을 반대하며 제헌 과정을 중단시켰다. 후에 차오쿤(曹錕, 1862~1938)이 뇌물 선거로 촉발한 헌정 위기에서 국회 본연의 제헌 권한에 의문을 품었을 뿐 아니라 민국 사상 첫 번째 정식 헌법도 '뇌물 헌법'으로 간주되어버렸다.

국민당의 '2차 혁명'은 실력 부족으로 무너지고 쑨원은 다시 해외로 도망갔다. 위안스카이는 반대파를 무력으로 진압하는 동시에 한 걸음씩 의회와 약법을 파괴했다. 국민당과 국회를 해산하고 정치 의회를 설립했다. '중화민국약법'으로 '임시약법'을 대체했다. 민국의 칭호는 이때 이미 완전히 없어졌다.

전환의 역경을 맞자 예전의 길로 되돌아가게 되었다. 위안스카이는 한 걸음씩 그가 평생 익숙했던 정치 모델로 향했다. 즉 황제가 되는 것이다. 일련의 준비를 마친 후 위안스카이는 1916년 '홍헌(洪憲)'으로 개원하고 '등극'을 거행하려 했다. 중화민국은 탄생한 지 3년 만에 요절했다.

이때 간절하게 황제가 되고 싶었던 위안스카이는 이미 사리사욕에 눈이 어두웠다. 마치 전혀 다른 사람으로 변한 듯 일을 처리하는 방식도 갈수록 이상해졌다. 특히 점술, 풍수 등에 집착했다. 총통에 당선된 후 위안스카이는 특별히 '청조대사'를 초대해 곧 입주할 중남해의 길흉을 점치게 했다. 이 풍수대가는 거드름을 피우며 한바탕 시험한 후 중남해가 황제의 처소로 완벽하다고 했다. 위안스카이는 크게 기뻐하며 대사가 지정한 '길일'에 중남해로 이주해 들어왔다. 이 밖에도 위안스카이는 곽씨 성의 풍수가를 불러 원씨 조상 묘의 풍수를 살펴보게 했다. 그는 열 곳의 묘지를 본 뒤 일곱 번째의 위안스카이 모친의 묘가 가장 비범하다고 말했다. "이 묘의 외형, 맥이 웅장하고 좌우에서 호위하고 제후들이 열 지어 있는 것이 제왕릉의 형세다." 원씨 집안사람은 이를 듣고 매우 흥분했다. 곽씨가 경성에 돌아오자 위안스카이가 운이 얼마나 갈지 묻자 사실 마음속에 아무 답이 없던 곽씨는 어떻게 대답해야 할지 모르다가 '팔괘'와 '음양의 기'가 떠올라 '팔과 이의 숫자'라고 대답했다. 위안스카이는 '820년인지 82년인지'를 물었다. 곽은 일부러 술수를 부려 "팔과 이의 숫자일 뿐 천기는 누설할 수 없다"라고 답했다. 위안스카이는 혼잣말로 "82년이라도 3대를 거치는 것이니 만족한다"라고 했다. 하지만 위안스카이가 생각지 못한 것은 곽씨의 예언이 820년도 아니고 82년도 아니고 83일로 검증되었다는 것이다!

위안스카이의 황제제도 부활은 결국 대중의 분노를 불러일으켰다. 량치차오, 차이어(蔡鍔)가 연합해 호국군을 조직하고 운남에서 먼저 봉기를 일으켜 위안스카이에게 저항했다. 즉 '호국운동'이 일어났다. 1916년 6월 6일 위안스카이는 전 국민의 반대 물결 속에서 병사했고 황제가 되려는 계획도 수포로 돌아갔다.

위안스카이의 일생에서 가장 큰 비장의 힘은 개인 병력을 가진 것이었다. 그는 "대장부는 하루도 군사가 없어서는 안 된다. 병권이 나에게 있다면 그 누가 두려울까?"라고 자주 말했다. 국민당을 무너뜨린 2차 혁명 후 더욱 무력을 믿게 되었다. 윗사람이 시키는 대로 아랫사람이 따라 하니 그의 부하들도 무력이 최고라 믿고, 각자 도모하니 황제가 되기 전에 이미 명령을 듣지 않게 되었으며 이 또한 위안스카이가 망한 주요 원인 가운데 하나다. 후에 점점 더 심해져서 세력이 강한 자는 중앙을 점거하고 작은 세력은 일부를 차지해 군사를 모집하고 말을 사들이며 서로 다투었다.

대의제의 재실패와 남북 분열

1916년 6월 7일 위안스카이가 죽은 다음 날 부총통 리위안홍이 총통의 자리에 올랐고 돤치루이가 국무총리가 되어 '임시약법' 및 구국회를 회복했다. 민국 법통이 회복했음을 의미한다. 그전에 1915년 12월 12일 위안스카이가 제위를 받아들인 후 리위안홍을 무의 친왕에 봉했지만, 리위안홍이 받아들이지 않았다.

북양군벌은 이익을 추구했지 이상을 추구하지 않았다. 따라서 위안스카이가 죽자 북양군벌은 중심을 잃고 내부는 빠르게 사분오열해 서로 실력을 겨루었다. 리위안훙은 군사 세력이 부족했기에 북경 민국 정부도 군벌이 번갈아 집권하는 국면에 빠졌다.

중국 북방의 대부분 지역은 북양군벌에게 장악되었고, 북양 내부는 이때 3대 계파로 나뉘었다. 돤치루이와 펑궈장(馮國璋, 1859~1919)은 북양군벌의 거두로 이미 각자 문호를 세웠다. 돤치루이는 비록 성안의 독군〔督軍, 중화민국 초기 성(省)급 최고 군사 장관─옮긴이〕이 아니었지만, 줄곧 육군부와 내각 총리로 임해 산동·안휘·절강·복건·섬서·감숙이 그의 세력 범위였다. 펑궈장은 강소 독군으로 직예·강서·호북 독군들이 그를 수령으로 받들었다. 돤치루이만큼 기반이 넓지는 않지만 그보다 더 부유해 서로 간의 세력이 비등했다. 돤치루이는 안휘 사람이고 펑궈장은 직예 사람이어서 그들이 이끄는 집단은 안푸파, 즈리파라고 불렸다. 장쭤린(張作霖, 1873~1928)은 동북 3성을 이끌었으며 펑톈파라고 했다.

민국의 법치가 광복한 후 리위안훙과 돤치루이가 대립하는 '부원지쟁(府院之爭)'이 다시 한 번 붕괴를 유발했다. 돤치루이는 북양 정통파 수령으로 군정 대권을 장악하고 리위안훙과 갈등을 빚었다. 한 명은 총통부에 다른 한 명은 국무원에 있어 그들 간의 투쟁을 '부원의 다툼'이라 불렀다.

제1차 세계대전에 참가해 독일에 선전포고를 해야 하는가의 문제를 두고 쌍방의 논쟁은 더욱 뜨거워졌다.

임시약법에 따라 국무원의 중대 결정은 총통의 인장이 있어야 발표할 수 있었다. 1917년 3월 4일 돤치루이가 전체 내각원을 총통부에 불렀다. 그리고 리위안훙에게 내각이 국회에 제출한 대독절교안, 즉 독일에 대한 단교를 선포하는 문서에 인장을 찍을 것을 요구했지만, 리위안훙은 처리하지 않았다. 돤치루이는 분노해 사직하고 천진으로 갔다. 후에 펑궈장의 중재로 돤치루이가 돌아왔다.

1917년 4월 25일 독일에 대한 '선전 포고'를 하기 위해 돤치루이는 각 성의 독군에게 연락하고 북경에서 독군단 회의를 개최해 국회에 압력을 가했다(군인이 체계적으로 정치에 영향을 끼쳤지만, 공연히 무력을 앞세워 정치에 간섭하지는 않았다). 5월 10일 중의원이 회의를 개최해 독일에 대한 선전 포고안을 심의하고 돤치루이는 '공민단'을 조직해서 국회에 압력을 가할 것을 지시했다. 거의 불량배들이 쓰는 수단을 사용해 결국 국면을 교착상태에 빠뜨렸다.

5월 19일 다수의 중의원 내각 의원들이 사직하자 반드시 내각을 개편해야 한다는 주장이 나왔다. 같은 날 영자 신문 《경보(京報)》는 돤치루이가 사적으로 일본에 돈을 빌린 일을 폭로했다. 같은 날 독군단은 국회의 해산과 개헌을 요구했다. 이때 리위안훙은 돤치루이의 총리직을 면직하고, 돤치루이는 북경을 떠나 천진으로 가서 중화민국 임시약법에 근거해 총통은 총리를 해임할 권한이 없다며 리위안훙의 면직 명령에 불복했다.

이후 돤치루이의 안휘·봉천 등 여덟 개 성은 독립을 선포했다.

이때 한 사람이 나서서 조정을 시도했으니 바로 북양군벌의 노익장이자 강소 독군 장쉰(張勳, 1854~1923)이었다. 장쉰은 청나라 통치 시절 수혜자로서 민국에 이르러서도 청 왕조에 계속 충성을 다하겠다고 공공연히 선포했으며, 이를 위해 부하 군인들에게 변발을 자르지 못하도록 명을 내렸다. 표면적으로 장쉰은 분쟁을 조정하려 했지만, 사실상 그는 자신만의 계산이 있었다. 이 기회를 빌려 청 왕조를 부활시켜 복벽(復辟, 물러났던 임금이 다시 왕위에 오름-옮긴이)하는 것이었다.

된치루이는 이미 이를 간파하고 장쉰이 군사를 이끌고 입성하는 것을 일부러 방임하고 장쉰의 힘을 이용해 리위안홍을 제거하려 했다.

된치루이에게 아이디어를 제공한 것은 부하 장군 쉬수정(徐樹錚, 1882~1924)이었다. 쉬수정은 '작은 제갈량'이라 불렸다. 그는 무력으로 중국을 통일하고 다른 한편 열강과 힘을 합쳐 혼란에 빠진 중국을 안전하게 보호하고자 했다. 1919년 그는 러시아에서 독립한 외몽골의 왕공 귀족을 무력으로 제압하고, 그들이 독립을 포기한다고 선언하게 해 다시 중국으로 회귀하게 했다(나중에 쉬수정은 피살당했다).

장쉰은 군을 이끌고 북경 성 밖에 도착해 정국을 더욱 혼란스럽게 만들었다.

장쉰이 리위안홍에게 제시한 조건은 반드시 국회를 해산하는 것이었다. 리위안홍은 어쩔 수 없이 조건에 응답하고 1917년 6월 12일 국회 해산을 명했다. 6월 14일 장쉰은 5,000명의 '변자병(辮子兵, 변발을 한 병사-옮긴이)'을 이끌고 북경에 들어왔고, 각지의 청 왕조에서 살아남은 이들에게 급전을 보내 북경에 모이게 하고 '복위대업'을 이루려 했다.

7월 1일 장쉰은 12세의 청의 마지막 황제 푸이에게 복위를 선포하게 하고 '어전회의'를 소집해 1917년 '선통 9년'이라며 전국에 용의 깃발을 걸게 했다. 자신은 수석 내각의정 대신이 되었다. 수석 이론가 캉유웨이를 '팔덕원'의 부원장에 임명하고 리위안홍은 당연히 내쫓았다.

장쉰의 복위로 황제제도가 회복되고 민국의 법통은 다시 단절되었다. 장쉰이 이끈 복벽집단의 시대를 역행한 행위는 전국에서 강렬한 반대에 부딪쳤다. 쑨원은 남쪽에서 호법정부를 조직하고 민국의 법통을 회복하려 했다.

돤치루이는 기회를 노려 천진에서 토벌군을 조직하고 스스로 총사령관이 되었으며 캉유웨이의 제자 량치차오가 참모가 되었다. 4일 마창에서 출발해 5일 정식으로 전쟁을 벌이고 12일 불계에서 북경으로 공격해왔다. 협공 아래 '변자병'은 바로 궤멸되어 일부는 백기를 들고 투항하고 일부는 변발을 잘라버리고 무기를 버리며 목숨을 구걸했다. 당시 북경 거리에는 잘려진 변발이 도처에 가득했다.

장쉰은 돤치루이에게 이용당했다는 원망을 품고 네덜란드 대사관에 숨었다. 겨우 12일간의 '북경 황제'가 된 푸이는 다시 퇴위를 선포했다. 민국의 국체는 다시 회복되었다.

그 후 리위안훙은 총통직에서 물러나고 펑궈장이 총통 자리에 오른다. 총리는 여전히 돤치루이가 맡았다. 민국은 다시 기사회생했지만 여전히 문제가 있었다. 예전의 국회를 다시 회복할 것인가 아니면 새로 국회를 조직할 것인가? 실제로 두 가지 선택 모두 합리적이고 합법적이었다. 량치차오의 제안에 따라 돤치루이는 예전 국회를 폐지하고 새로 임시 참의원을 조직한다.

쑨원은 임시약법의 회복을 강력하게 주장하고 위안스카이가 불법적으로 해산했던 예전 국회를 회복할 것을 역설했다. 이는 민국의 법치를 지키기 위해서였다. 장쉰의 복위는 이미 실패했고 쑨원의 가장 막강한 정적은 사라졌지만, 남쪽에 국가기구를 세울 것을 결의했다. 1917년 8월 25일 일부 국회의원이 남하해 광주에서 국회 비상회의를 열었다(법정 인원이 부족해 비상회의가 되었다). 9월 10일 '중화민국 군정부'는 정식 성립을 선포했다. 쑨원은 중화민국 육해군 대원수가 되고, 남북 대치 국면이 정식으로 형성되어 남북전쟁(호법운동)이 발발했다.

구 국회의원이 남북으로 갈라졌기 때문에 남북 양 정당은 당시에 나름의 법통 정당성을 갖는 동시에 합법성에 결함이 존재했다.

운동은 비록 '호법'이라 이름 지었지만, 실제로 법률의 절차로 보면 광주의 '비상국회'는 매번 법정 인원이 부족했다. 따라서 실제로 군정부의 성립부터 법정 절차에 부합하지 못했다. 광주 군정부는 성립 이후 줄곧 외국으로부터 인정받지 못했다.

쑨원은 초기 남쪽 군벌을 이용해서 북벌하고자 했지만, 군벌은 각자 계산이 있어 자신을 위해 일하지 않는다는 것을 알았다. 쑨원은 마침내 소련과 결맹하고 소련의 힘을 빌려 당을 조직하고 군대를 세웠다(그전에 일본과 연합하려 했으나 실패했다).

북쪽의 정국도 정상 궤도를 밟지 못했다. 그럼에도 불구하고 민국 초기 헌법(약법)은 존중받았으며 사법 시스템도 상대적으로 독립되어 헌법에 위반되는 행위는 대체로 큰 틀 내에서 바로잡을 수 있었다(예를 들어 쑹자오런 피살사건의 살인자는 사형에 처해졌고, 재정부장 천진타오(陳錦濤)의 횡령 사건은 법의 심판을 받았다. 돤치루이가 지시한 대로 국회에서 소란을 피운 자들이 법에 따라 체포되었다. 돤치루이가 고관이어도 어쩔 수 없었다).

하지만 이후 헌법의 틀은 갈수록 구속력을 잃어 각 개인의 내면는 이미 공화의 정신이 사라지고 점점 더 적나라한 폭력이 자리 잡았다. 세력 경쟁은 정글의 법칙으로 퇴화했다. 이런 국면에서 최후에는 더 강한 힘이 나타나 전국을 통일할 수밖에 없다. 미국에서 건국 초기에 각 주정부의 협조로 연방정부를 조정한 모델이 중국에서는 절반의 실패가 되었다. 국내로 보면 새로운 법칙을 배우지 못했기 때문에 청 왕조의 유산이 헌법 통치를 이해하지도 존중하지도 못하게 했다. 국제적으로 보면 가장 큰 외부 원인은 소련의 등장이 직접적으로 중국 국내 힘의 균형을 바꿨다.

대의제 부정의 사조와 신사상의 탄생

중화민국의 정국은 혼란스러웠고 각지에서 전쟁이 수시로 발생했다. 게다가 자연 재앙까지 겹쳐 백성들의 생활은 극도로 궁핍해져 수많은 사람이 청나라 때보다도 못하다고 느끼는 지경이었다. 외국도 제1차 세계대전의 발발로 유럽 문명이 훼손되었고, 국제질서가 무너지는 가운데 소비에트 러시아가 탄생했다.

안팎의 환경이 중국인의 심리에 영향을 끼쳐 대의제를 받아들이는 데 대한 호감이 사라지고 급진주의 사조가 흥기했다. 이 사조의 흥기는 천두슈(陳獨秀)의 말이 예언이 되었다. "입헌정치는 19세기에나 가장 유행했던 명사다.""입헌 정치와 정당은 곧 역사상 과거의 명사가 될 것이니 지나치게 휩쓸려서는 안 된다."

1917년 러시아에서 10월 혁명이 일어나 소비에트 정권이 세워지자 중국에 거대한 사상적 동요가 일어났다. 많은 사람들이 러시아의 모델이 중국이 비약할 수 있는 지름길이라고 생각했다. 사상 면에서 보면 공산주의는 가장 새로운 사상에 속했고, 정치적으로 보면 소비에트 러시아는 중국과 좋은 관계를 유지했기에 중국에서 광범위한 호감을 얻었다. 일순간 매체에서 마르크스-레닌주의의 문장들을 연달아 소개했고 공산주의 모임, 사회주의연구회, 공산주의 청년단 등이 각지에서 생겨났다. 그들은 이 새로운 학설에 뜨거운 열정을 품고 이를 통해 중국 사회를 개조하려 했다.

1919년 제1차 세계대전은 이미 끝났다. 영국, 미국 등은 일본이 중국을 제패하려는 시도에 반대하고 중국이 통일되고 온전한 영토를 유지하기를 바랐다. 그들의 제안으로 북경 정부 총통 쉬스창(徐世昌, 1857~1936)은 남북의 휴전을 주장하고 평화협상을 시행했다. 광주 군정부와 협상을 거쳐 쌍방은 정전에 동의하고 협상을 진행했다.

이는 1945년 제2차 세계대전이 끝난 후 이뤄진 국공(國共)담판과 유사했지만 남북 쌍방의 의견 차이는 국민당과 공산당보다 적었다. 유감스럽게도 협상은 결렬되었고 평화로운 통일을 이루지 못했다. 이후 남북 쌍방은 무력으로 해결하는 길을 걸었다.

남쪽이 궐기한 계기는 소비에트 러시아에 있었다. 소비에트 러시아는 중국에 광범위하게 접촉했고 세밀하고 깊이 있게 작업을 했다. 이전에 장쮜린, 우페이푸(吳佩孚, 1873~1939) 등과 합작을 시도했지만 모두 거절당했다. 이때 가장 처지가 힘들었던 쑨원은 소비에트 러시아와 접촉한 후 단번에 합작하기로 한다. 소비에트 러시아는 쑨원과 악수했지만, 배후에는 자신들의 극동 전략이 숨어 있었다.

쑨원의 일생 사업 중 두 가지가 역사에 큰 영향을 미쳤다. 하나는 청 왕조를 전복시킨 것이고, 다른 하나는 소비에트와 연합함으로써 중국 공산당을 양성한 것이다.

1921년의 세계는 상대적으로 평안했지만, 몇 가지 큰 사건이 있었다. 몽골이 다시 중국에서 벗어났고, 무솔리니 파시스트 정당이 결성되었으며, 워싱턴 회의가 개최되었다(대부분 내용은 파리 평화회의에서 다하지 못한 사업의 연속이었다). 중국은 파리 평화회의에서 해결하지 못한 산동의 옛 독일 점령지를 수복하는 문제를 이 회의에서 매듭지었다.

대부분 만족스런 결과를 얻었다. 1921년에는 중국 역사에서 최대 사건인 중국 공산당이 만들어진다. 중국 공산당의 결성 과정은 결코 원대하지 않았지만 역사의 방향을 조용히 바꾸었다.

남방 혁명 정부의 초보적인 중국 통일

소비에트 러시아와 합작한 쑨원은 최소한 두 가지 변화를 단행했다. 하나는 엄격한 규율로 국민당을 새로 조직하고 그 앞에 '중국'이라는 두 글자를 붙여 '중국 국민당'이라 부르며 이전과 차별화했다. 다른 하나는 한 개의 당이 장악한 군대를 세운 것이다.

소련의 지지를 얻어 광주 혁명의 근거지가 세워졌다. 소련은 광주 국민정부를 확고하게 장악했다. 국민당이 중앙위원회를 열 때 소련 대표가 반드시 출석해야 했으며, 소련 대표가 직접 광주 군대를 주관했다. 광주 정부의 주요 무기는 스탈린의 지시에 따라 해삼위(海參崴)에서 광주(廣州)로 옮겨졌으며, 광주 정부의 주요 수당은 상해와 홍콩을 통해 조달해 국제 적색노동조직의 명의를 빌려 광주 정부에 제공됐다.

이때 주강을 왕래하는 여객선을 통해 기관총, 대포, 탄약, 석탄 등 중요 물자를 운송했다.

국민당은 소련, 공산당과 연합한다고 선포했다. 아직 강보에 쌓인 중국 공산당은 첫 번째 도약을 실현했고, 몇 년 후 전국적인 큰 당이 되었다.

소련·중국공산당·국민당은 힘을 합쳐 1924년 5월 광주에서 중국 국민당 육군군관학교를 설립해 군사 간부를 양성함으로써 무장혁명의 기반을 닦았다. 군사학교가 광주시 교외 주강의 황포섬에 위치했기 때문에 황포군관학교(黃埔軍官學校)라고도 불렸다. 황포군관학교에서는 러시아 적군(赤軍)의 건군 원칙을 배웠으며 정치부를 세우고 당 대표 제도를 실행했다. 일부 공산당원이 이 학교에서 정치부 주임 및 교관을 담당했다. 북벌전쟁 이전까지 사관학교에서는 5기까지 학생을 모았고 북벌전쟁 때 핵심 역량이 되었다.

1926년 6월 국민당 중앙은 정식으로 국민 혁명군을 통해 신속하게 북벌안을 통과시켰다. 7월 1일 장제스(蔣介石, 1887~1975)는 군사위원회 주석의 명의로 북벌동원령을 발포했다. 9일 국민혁명군은 광주에서 선서하고 북벌전쟁을 정식으로 시작했다.

북벌전쟁은 무력을 통한 중국의 통일을 의미했다. 당시 북방은 분화되어 새로 조직되었으며 세 분파로 나뉘었다. 첫째 즈리파 우페이푸, 둘째 펑톈파 장쭤린, 셋째 즈리파에서 분화되어 나온 쑨추안팡(孫傳芳, 1885~1935)이며 그 밖에도 중립의 펑위샹(馮玉祥, 1882~1948), 옌시산(閻錫山, 1883~1960) 무리가 있었다. 소련의 군사고문은 병력을 집중하고 갈등을 이용해 각개격파의 전략 방침을 제시했다. 우선 병력을 집중해 양호를 공격했다. 국민정부에 위협적이면서도 북양군벌 중 가장 약한 고리인 우페이푸를 무너뜨린 뒤 동남쪽으로 시선을 돌려 쑨추안팡을 물리치고 마지막으로 장쭤린을 죽였다.

진정한 작전은 기본적으로 계획에 따라 우페이푸와 쑨추안팡을 물리침으로써 북벌을 완성했다.

장제스(본명은 蔣中正, 자는 介石)는 북벌 중에 이름을 날렸다. 그는 절강 봉화인으로 9세에 아버지를 잃고 어머니에게 교육을 받았으며 초기에는 서당에서 경전과 사서를 읽었다. 17세에 신식 교육을 받기 시작했다. 러일전쟁의 영향으로 1906년 봄 일본으로 건너가 군사교육을 받고 천치메이(陳其美, 1878~1916)의 소개로 동맹회에 가입했다. 쑨원은 그의 용감함과 군사 지식을 칭찬했다. 1922년 첸정밍(陳炯明)의 배반으로 장제스는 쑨원과 광주성 군함에서 함께 40일을 보냈으며, 이후 점점 더 쑨원의 신임을 얻었다.

장제스와 쑨원의 소비에트 러시아에 대한 견해는 크게 달랐다. 1923년 8월 장제스는 쑨원의 명령으로 대표단을 이끌고 소비에트 러시아를 방문했다. 방문 후 그가 내린 결론은 러시아가 국민당과 공산당을 분화시키려 한다는 것이었다. 코민테른(공산주의 인터내셔널)의 국민당에 대한 비협조는 그를 더욱 분노하게 했다. 러시아의 방침은 중국 공산당을 정통으로 여기고 국민당과 합작을 하지 않는 것이었다. 일단 러시아 정권이 강해지면 반드시 제정 러시아 시대의 야심이 부활할 것이고 만주·몽골·신장·티베트를 소비에트의 것으로 만들고 더 나아가 중국 본토까지 물들일 것이다. 그는 소비에트 러시아와 용공정책을 신뢰하지 못했다. 그가 중국 공산당과 갈라선 역사적 원인이다.

북벌이 승승장구할 때 상해의 통제권을 둘러싼 다툼이 장제스와 공산당을 갈라서게 한 또 다른 원인이 되었다. 장제스는 1927년 3월 26일 상해에 도착해 바이충시(白崇禧, 1893~1966)를 사령관에 임명했다. 장제스는 신문기자에게 어떠한 무력이나 군중 폭동을 사용하지 않고 상해 프랑스 조계(租界, 외국의 치외법권 지대-옮긴이)지를 회수하겠다고 장담했다. 국민정부는 평화협상으로 평등한 국제적 지위를 획득했다.

4월 12일 장제스는 상해 주둔군에게 강제로 노동자 부대의 무기를 몰수하도록 지시했고, 그때 노동자 300여 명이 다치거나 죽었다. 남경 국민정부와 공산당은 정식으로 분열했다.

1928년 4월 장제스는 북벌을 계속했다. 북벌군이 장쭝창(張宗昌)의 산동군(魯軍)을 공격할 때 일본 정부가 5월에 산동으로 출병해 북벌을 중지시킨다. 이때 일본군이 중국 군민을 도살한 '제남사건(濟南事件)'이 발생했다. 장제스는 북벌군에게 제남에서 후퇴한 후 북경과 천진으로 우회하여 북상해 오라 했다. 장쭤린은 대세가 이미 기운 것을 보고 북경에서 퇴각하다가 심양 부근 황고돈에서 일본 관군의 포탄에 맞아 죽었다. 국민정부는 진경을 점령한 후 평화로운 방식으로 동북이 남경에 귀순하도록 애썼다. 1928년 말 장쭤린의 아들 장쉐량(張學良, 1898~2001)은 깃발을 바꾸는 것을 선포하여 국민당 정권은 점차 형식적으로 전국을 통일했다.

1930년 5월부터 11월까지 장제스와 옌시산, 펑위샹, 리쭝런(李宗仁, 1891~1969) 등 세력은 '중원대전'을 시작했다. 장제스는 각 지방에서 승리를 거두고 한층 더 우세한 지위를 다져갔다. 하지만 중앙정부의 통일은 표면적이었고, 광동·광서·사천·신장·산서·운남·귀주 등은 명목상 남경 국민정부의 명령을 따를 뿐 실제로는 각자 행동했다.

민국 건설의 황금기 10년

1927년부터 전면적인 항일전쟁이 폭발할 때까지 민국의 '황금 10년'이 이어졌다. 이 기간에 중화민국은 경제, 시정 등 여러 방면에서 일정 부분 성취를 거두었고, 전체 환경은 1840년 이래 중국에서 비교적 높은 수준이었다. 화폐정책 면에서 중앙은행은 새로운 화폐정책을 내놓았는데, 이는 중국 화폐의 안정화에 매우 성공적이어서 중국 근현대사상 가장 철저한 화폐제도 개혁이었다. 중국에서 처음으로 전면적으로 화폐 통일을 완성했다. 화폐 가치는 은의 가치에서 벗어났고 법정 통화인 법폐를 발행해 현대적으로 관리하는 통화가 되었다. 이에 따라 국가는 경제의 통제를 강화했고 상대적으로 각 지방 세력은 조세 이익이 삭감되어 국민경제 발전에 새로운 변화가 일기 시작했다. 교통 건설 방면에서 1928년 북벌이 완성된 후 국민정부는 철도부를 특별 설립해 적극적으로 철도교통을 발전시켰다. 1936년 말까지 국민정부는 국방 교통 건설 계획을 제정해 교통 건설이 급속한 발전을 이루었다. 1936년부터 1937년까지 항일전쟁이 발발한 1년 반 사이에 철로 2,030킬로미터를 만들었으니, 1년에 평균 1,353킬로미터를 만든 셈이고 1927년부터 1935년까지 8년간 건설한 길이의 6.5배다. 전략적으로도 중요한 철로나 도로 간선은 평한, 오한, 절장 등이며 모두 이 시기에 완성되었다.

남경 국민정부는 각 열강과 혁명 외교를 전개했다. 1928년 6월 남경 국민정부 외교부는 관세 수입 자주권과 재판권을 주요 내용으로 하는 새로운 조약을 추진하는 운동을 했다. 이 운동으로 장기적으로 잃었던 주권을 일부 회복했고 관세 수입이 증가했으며 영사 재판권을 부인했다.

남경 국민정부는 반러시아 정책을 추진해 1929년 동북에서 중동로(中東路) 사건(당시 소련이 운영하던 북만주의 중동철도를 둘러싼 중국과 소련 간의 분쟁-옮긴이)이 발생했고 이 사건은 중소외교의 완전한 단교를 야기했다.

제1차 세계대전 후 유럽의 원기가 크게 상했고, 이는 중국에 불리하게 작용했다. 유럽에서 생겨난 국제조약 체계는 이미 붕괴되었고, 새로 창설된 국제연맹은 몇십 년 전처럼 약국인 중국의 영토를 일본, 러시아에게서 보호하지 못했다. 유럽이 쇠약해지자 일본과 러시아 양국의 세력이 강해져 중국에 대한 야심을 숨기지 않았다. 중국은 홀로 일본과 러시아 양 강국을 상대해야 했으며, 그들과 삼국지 식으로 공방전을 전개해야 했다.

일본군은 중국과 일본의 역량 차이가 가장 극명한 시기가 바로 이때라고 보고 만일 과감하게 행동하지 않으면 이후 중국의 성장 및 국제체계의 회복으로 일본은 영원히 중국 영토를 삼킬 기회를 잡지 못할 것이라고 판단했다. 만일 무력으로 중국 정부가 일본에게 영토를 점령당했음을 시인한다면 국제사회에서 인정받는 것은 쉬운 일이며 일본의 전략적 이익은 달성될 수 있다.

따라서 이 10년간 일본은 서둘러 중국을 침략했고 중국의 국운도 다했다.

러시아는 중국에 사회주의 사상을 수출했고 공산당 세력을 키웠다. 일본은 공산당을 대신해 국민당을 공격한 셈이었다. 8년간 계속된 항일전쟁이 끝난 후 비록 공산당은 국민당보다 표면상 약해 보였지만 사실 훨씬 더 강력해졌다. 다시 4년 후 국민당은 공산당에 패배해 대만으로 쫓겨나고 중화민국은 끝을 맺는다.

대의제의 재건 및 실패

쑨원은 말년에 국가 건설은 군정(軍政)·훈정(訓政)·헌정(憲政) 세 단계를 거쳐야 한다고 주장했다. 군정 시기 모든 제도는 군정에 예속되었다. 헌정 시기는 국민당이 대권을 독점했기 때문에 인민을 훈련해 다수의 지방이 자치를 실현한 후 다시 국민대회를 소집해 헌법을 제정하고 헌정 시기에 들어섰다.

1928년부터 1946년까지는 쑨원이 제시한 새로운 방안의 시험기였다. 훈정은 당을 중심으로 국민을 계도하는 단계다. 1928년 10월 국민당은 '훈정강령'을 선포하고 명확하게 훈정 기간을 6년으로 잡고 국민당이 국민대회를 대표해 정권을 행사했다.

훈정 시기에는 헌법이 없어서 국민당의 높은 법률적 지위가 이를 대신했다. 하지만 이 설계는 운영 중에 그 폐단이 절정에 달했다. 국민당은 점점 더 부패한 집권당이 되었고, 국민당 외의 사회집단은 이에 대해 심각한 불만을 품었다. 많은 자유주의 지식인들이 훈정을 포기하고 서양 의회정치의 틀을 회복할 것을 요구했다. 이에 정당정치를 끝내고 정권 개방의 헌정운동이 일어났다.

남경 국민당의 핵심부는 안팎의 어려움을 겪던 중 체제 개혁의 필요성을 인식해 마침내 국민당 중앙회의에서 관련 제도 개혁에 대한 토론을 벌였다.

우선 헌법 제정 과정을 계획했다. 1936년 5월 5일 헌법 초안이 공포되었다. 1936년 서안사건(西安事件, 장제스가 서안에서 장쉐량에게 연금된 사건. 장쉐량은 이때 장제스에게 항일전쟁을 요구한다 – 옮긴이) 이후 국공내전이 끝났다. 이후 여러 차례 협상을 거쳐 1937년 9월 23일 장제스는 마침내 중국 공산당의 합법적 지위를 승인했다. 1938년 3월 국민당은 국민참정회의 설립을 결의하고, 이는 공산당원과 민주당파의 정견을 표현하는 공개 논단이 되었다.

헌법 구조의 측면에서 '오오헌법초안(五五憲法草案)'부터 1947년 헌법의 반포까지 사실상 서양 대의제 정부 중 분권제 체계가 회복되어 대의제로 다시 되돌아간 것이다.

하지만 국공 쌍방이 무력행사를 하며 심각한 갈등을 겪고 틈이 갈라졌다.

제2차 세계대전이 끝난 후 국민당은 표면적으로 더욱 강해 보였다. 국민당의 고위층은 대부분 공산당이 오합지졸일 뿐이라고 여겼다. 실제 국민당은 다년간 연속적으로 전쟁을 치르며 일찍이 재정과 경제가 붕괴되었으며 화폐는 거의 폐지가 되었다. 국민당 내부는 부정부패가 만연해 파벌이 난립하고 일본군에 패하여 세력이 점차 약해졌다. 짧은 몇 년 사이에 공산당은 부패한 세력을 타도하는 방식으로 국민당과의 내전에서 승리를 이끌고 신중국을 세웠다.

화하족에서 중화민족까지

민국 기간에 중국 역사는 중대한 전환을 맞는다. 국가의 주체 민족은 화하족이 변해 (한족이) 중화민족이 된 것이다.

중화라는 단어는 고대에 이미 있었지만 근대 이후 량치차오가 먼저 중화민족으로 현재 중국인을 가리키자고 제의했다. 이 개념은 후에 쑨원을 거쳐 널리 알려져 국민정부 국책의 일부분이 되어 점점 중국 각 민족의 인정을 받게 되었다.

쑨원은 시종일관 단일 민족의 순수 국가야말로 세계에서 가장 강한 국가가 될 수 있다고 여겼다. 민국이 막 성립되어 형태를 갖추어갈 때 부득이하게 청 왕조 정권에서 중요한 역할을 한 보수세력과 타협하는 상황 속에서도 자기 자신은 표면적으로 '민족통일'이라는 모호한 견해를 취했다.

1919년부터 쑨원은 중국의 모든 민족이 평등한 기초 위에 융합해 하나의 국가로 통합되어야 한다고 주장했다〔중국 사회가 미국처럼 민족의 용광로(Melting Pot)가 되기를 바란 것이다〕. 이전에는 한족만을 가리켰던 '중화민족'이 이제는 통일된 전체 민족을 의미했다. '국족(國族)'과 '국족주의(國族主義)'의 개념 또한 '민족'과 '민족주의'를 대체하는 관념으로 제시됐다.

사실상 쑨원이 앞장서서 선전하고 주장함으로써 '중화민족'은 중국 국경 내 전체 민족을 지칭하는 호칭으로 고정되고 유행하기 시작했다.

일본의 중국 침략

: 네 번째 생존 위기

1937년 일본은 대대적인 중국 침략을 단행해 중화민국이 이룩한 '황금 10년'의 리듬을 끊어놓는다. 중국은 이런 강대한 적수에게 굴복당하지 않았을 뿐만 아니라 오히려 최후에 승리를 거두었다. 이는 근대화 이후 중화민족 단결의 힘을 보여준 것이다.

일본 침략 확장 1,000년의 꿈

사실상 일본은 오래전부터 마음속 깊이 '대륙 진출의 꿈'을 꾸어왔다. 이 꿈은 몇백 년 동안 전해 내려왔고 오랜 세월 동안 쌓이고 쌓여서 일종의 문화 심리로 사람들의 마음속에 자리 잡았다.

일본의 '대륙 진출의 꿈'은 한 치도 변함이 없었다. 한반도를 발판 삼아 중국 대륙을 넘보았다. 기원전 4세기 중반부터 20세기 말에 이르는 1,500년 동안 일본의 아시아 대륙을 향한 대규모 영토 확장은 모두 네 차례 발생했다.

(1) 663년 8월, 일본은 조선이 혼란한 틈을 타서 파병해 일본 수군 과 당나라, 신라의 수군이 백촌강(白村江, 현재의 백마강을 일컬음- 옮긴이)에서 결전을 치른다. 일본 군사는 대패해 귀국하고 나중 에 당나라에 사절을 보내 당나라 체계를 배우게 된다.

(2) 1,000년 뒤인 명나라 만력 연간(1573~1620), 일본의 도요토미 히 데요시가 조선을 발판으로 중국을 점령하고자 시도했으나 중국 과 조선연합군의 저항을 받는다. 1597년 11월, 일본 해군은 노 량해전에서 대패한다.

(3) 그리고 300년이 지난 청나라 말기에, 기초적인 공업화를 실현 한 일본이 조선 형세에 발을 담근다. 그 후 중국과 대동구에서 전쟁(청일전쟁)을 시작했고 일본이 승리한다.

(4) 청일해전 이후, 일본은 계속해서 중국 대륙을 조금씩 침략해오 다가 1937년에 대대적인 침략을 자행한다.

일본 역사의 발전을 살펴보면 시종일관 대외 침략, 특히 중국 침략 을 통해 동아시아를 장악하는 것이 기본 전략이다. 정면에는 정부 측 군사들이, 측면에는 소위 사무라이와 로닌이 있는데, 후자는 원나라, 명나라 시기에 중국의 해안가를 약탈하던 왜구들과 흡사했다.

아시아 대륙에서 일본을 선제 공격한 일은 한 번뿐이었는데, 바로 쿠빌라이 시기에 있었던 일본의 해외 원정토벌이다. 사실 쿠빌라이의 통찰력은 뛰어나다. 그는 일본과 당나라가 조선의 주도권을 놓고 쟁탈전을 벌이는 것과 신속(臣屬)관계를 회복하려 하지 않는 이 두 가지 방면에서 놓고 보았을 때 일본은 만만한 상대가 아니며 언젠가 아시아 대륙에 큰 화를 가져올 것이라고 판단했다. 쿠빌라이는 앉아서 당하느니 차라리 먼저 공격해 일찌감치 해결하는 것이 낫다고 생각했다. 쿠빌라이는 두 차례 일본을 원정했으나, 번번이 해상폭풍 때문에 좌절됐다. 그러나 그의 시도는 상당히 위협적이어서 일본은 200년 동안 적극적으로 중국에 출전할 엄두를 내지 못했다.

근대에 들어와서 일본의 역사 개념, 가치관과 사회 운영 체제는 줄곧 안정적이며 큰 변화가 없었다. 1592년부터 1945년까지, 일본은 동아시아 지역에서 연달아 '임진왜란', '청일전쟁'과 '중국 침략전쟁' 등을 일으켰다. 이러한 재난 뒤에 숨겨진 그들의 침략 사상과 관념은 도요토미 히데요시 때에 기초 틀이 마련됐다. 그리고 메이지 일왕 때 이를 계승해 소화(昭和) 시대 급속히 확대되어 그들의 숨겨진 사고방식과 관습으로 자리 잡았다. '제2차 세계대전' 후에 전쟁 간의 연결고리를 끊어야 한다는 의견은 결코 역사상 일본인들이 견지해온 사고와 행태에 어울리지 않는다.

도요토미 히데요시의 원대한 계획은 조선·명나라·남만(南蠻) 등 지역을 포함해 머나먼 인도도 정벌 대상으로 포함하고 있었다. 구체적인 계획의 첫 번째 단계는 군사들이 직접 조선을 공격해 명나라의 400여 주를 석권해 일본의 영토로 만드는 것이다. 중국을 공략한 후 그는 중국을 부하들에게 상으로 주려고 계획했다.

어찌하여 위에서 언급한 지역이 모두 동아시아에 집중적으로 분포되어 있을까? 이것은 당시 일본의 '세계관'과 관련이 있다. 원래 일본은 다른 국가의 정치문화에 영향을 받아 자신들의 국가권력을 형성했다. 하지만 얼마 지나지 않아 역발상적인 사고방식, 즉 '신국관'을 내세워 일본도 하나의 자율적인 세계이며, 다른 세계와 비교할 수 없음을 인정하게 만들려고 했다.

도요토미 히데요시는 비록 명나라에 패배했지만, 일본의 많은 정치가와 학자 들의 뿌리 깊은 사상 밑바탕에는 도요토미 히데요시 식의 영토 확장에 대한 환상이 있으며 이는 대대로 전해져 내려오고 있다.

1823년 사토 노부히로(佐藤信淵, 1769~1850) 내각은 〈우내혼동비책(宇內混同秘策)〉을 작성해 '세계를 모두 천황 나라에 군현으로 부속시키고, 전 세계의 군주들은 모두 천황의 신하이며…… 이 모든 것은 중국을 점령하는 것에서부터 시작한다'라고 천명했다.

청일해전 후에 일본은 한층 더 강대해지며 동시에 중국 정복을 위해서 힘을 비축한다. 수십 년간, 일본은 대한제국을 침략해 식민 지배했다. 생존 위기의 어두운 그림자가 중국에 드리워지기 시작한다.

1927년 7월 25일, 일본 수상 다나카 기이치(田中義一, 1864~1929)가 '만주와 몽골의 문제'에 대해 적극적인 정책을 제기한다. 흔히들 〈전중주절(田中奏折)〉이라고도 한다. 이 비밀 문건의 주요 내용은 중국 침략에 대한 방침과 정책이다. 〈전중주절〉에서 제기한 일본의 신대륙 정책에서 전반적 전략은 "중국을 정복하고자 한다면 반드시 먼저 만주와 몽골을 정복해야 하며, 세계를 정복하고자 한다면 반드시 먼저 중국을 정복해야 한다"였다. 그다음 "더 나아가 인도, 태평양의 여러 섬들, 중소 아시아와 유럽을 정복할 수 있다", "야마토 민족(大和民族, 일본 민족)이 아시아 주 대륙에서 두각을 나타내고 만주족과 몽골인들의 권력을 장악하는 것이 급선 과제다"라고 했다.

대국의 형세

〈전중주절〉에서 언급된 웅장한 목표를 실현하기 위한 구체적인 전략 노선은 일본 결정권자의 머릿속에 명확하게 없었다. 자세히 살펴보면 일본이 중국에 감행한 침략은 다음과 같은 변화 과정을 거쳤다.

1. 1928년 전

(1) 일본 정부 측의 '정통' 사상은 '만주 특별 이익'이다. 중국을 직접 침략하는 것이 아니라 중국에 있는 대리인(예를 들면 장쭤린)을 이용해 일본의 이익을 확실히 확보하는 것이다.

(2) 민간과 우익의 주류 사상, 즉 '대동아 개념'은 만주를 이민 거점으로 삼고 '어진 정치를 펴나가는 것(王道樂土)'을 실천하는 것이다.

2. 1928년~1937년 말

(1) 정부의 '정통' 사상은 이시와라 간지(石原莞爾, 1889~1949) 같은 이들이 지지하고 육군참모본부가 주도한다. 이는 '전면전으로 확대하지 않고 충돌 범위를 제한해 통제 가능하도록 하는' 기초 위에서 '작은 전쟁'을 통해 '승리의 성과를 보장하는 계약을 체결'함으로써 중국에서 이권을 점차적으로 점유해 일본의 이익을 최대치로 끌어올리는 것이었다. 이 책략은 '8·13 상해전투'가 끝날 때까지 지속되었다. 오복석징(吳福錫澄)을 정지선으로 하라는 지시가 전방의 군대에 의해 묵살되자, 군부에서는 일이 벌어진 후에 묵인했다. '남경 공략'이 시작되자 '잠식 정책'이 수포로 돌아갔다.

(2) 민간과 우익 군인들의 견해는 '폭도를 징벌'해야 한다는 것, 즉 중국인들에게 본때를 보여줘야 하며 끈질기게 뒤쫓아 호되게 패야 하

며 받은 그대로 갚아줘야 한다는 것이다. 이런 견해가 생긴 이유는 당시 일본 내에서 선전하던 '폭도악행' 때문이기도 하다. 예를 들면, 중촌 사건, 성도 사건, 삼우실업사 사건, 류탸오후 사건 등 제2차 세계 대전이 끝난 후에 일련의 사건들을 획책한 일본 참모가 사건의 진상을 알렸을 때 일본 사람들은 이 '폭도악행'의 대부분이 우익 참모들에 의해 조작되었다는 사실을 알게 된다.

3. 1938년 이후

일본 군부와 민간, 그리고 우익의 중국 침략 정책은 기본적으로 같았는데, '국민정부를 교섭 상대로 여기지 않는 것'이다. 중국을 철저하고 완전하게 정복할 목적이었고, 세부적인 화해 협상으로 승리의 성과를 확보하는 것을 더는 생각하지 않은 것도 '전면전'을 치르기 위해서였다.

사실상 이런 변화 과정의 또 다른 한 면은, 바로 일본인들의 열광적인 지지와 동떨어진 전략 때문에 점점 진흙탕 속으로 빠져들어갔음을 보여준다.

일본 정부의 침략에 맞서 국민정부의 생각은 첫째는 절대로 타협하지 않는 것(일본의 단기적이고 부분적인 성과는 법적으로 인정받을 수 없으며 잠식 정책이 실패했기에 약이 오를 때로 오른 일본인들이 전반적 공격을 감행하는 결과를 초래한다)과 둘째는 공간을 시간으로 바꾸는 것이다. 즉, 장기전으로 가면 일본을 물리칠 수 있다는 것이다(전에 장바이리와 마오쩌둥이 각각 장기전으로 가면 최종적으로 일본을 이길 수 있다는 견해를 제기한 적이 있다). 사실상 8년 전쟁은 이러한 생각에서 나온 것이다.

이 밖에도 미국·소련 두 강대국의 입장도 매우 중요하다. 소련은 중국이 일본을 견제해 자신들의 방패막이가 되어주길 바랐으며, 그 뒤로 1937년과 1939년 동안 중국에 대량의 원조물자를 보내주었다. 미국은 침략을 통해 일본이 얻을 이익을 절대 인정하지 않았으며, 일본에 중국의 주권과 영토 완정(完整, 완전하게 갖춤)을 보장해줄 것을 요구했다.

전쟁 경과: 중국은 고전하며 교전하다

1931년, 일본은 중국에 대한 침략을 서둘렀다. 잇달아 만보산(萬寶山) 사건과 중촌(中村) 사건을 조작했고 중국과 외국을 경악하게 하는 '9·18사변(만주사변)'을 일으켰다. 4개월 만에 동북 3성은 전부 일본에 점령되었다. '9·18사변'은 원래 관동군의 몇몇 말단직 장교들이 독단적으로 기획해 일으킨 것이지만 나중에 일본 왕이 사후 승인 후 그들에게 상을 주었다. 이렇게 쉽게 승리를 거두자 일본 전 열도는 놀라워하며 기뻐했다.

9·18사변이 일어나기 전에 일본은 이미 동북 지역 장악을 위해 준비하고 있었다. 그들은 여순(旅順), 대련을 중심으로 관동주에 강대한 식민통치기구를 설립했는데 주로 다음과 같다. 첫째, 관동도독부를 세우고 산하에 민정부와 육군부를 설치했다. 1919년 민정부를 관동청으로 바꾸었다. 1920년 육군을 관동군으로 바꾸었으며, 사령관은 현역 육군상장 또는 중장이 직책을 맡게 하고 일왕이 직속으로 관리했다. 둘째, 남만주철도주식회사(약칭 만철(滿鐵))를 설립했다. 주로 경제 침략 활동을 하는 기업이다. 셋째, 봉천(심양(瀋陽)의 옛 이름) 주재 총영

사관이 외교라는 명목으로 각종 비밀 첩보 활동을 했다.

그 당시 황하의 북쪽에 있는 남경 국민정부 산하 중앙군의 군사는 거의 전무했다. 중앙군의 주력 부대 일부는 중원대전에 참가하려고 하남에 주둔했고, 일부는 강서에서 공산군을 포위해 토벌하고 있었다. 동북 지역은 그 당시 장쉐량의 세력 범위에 있었다. 장제스는 당연히 외교를 통해 중일문제를 해결하고자 했지만 '저항하지 말라'는 명령은 그가 내린 것으로 보이지는 않는다. 장쉐량 본인의 뜻인 것 같은데 이 일의 진상에 대해서는 아직까지도 역사 연구에서 해결해야 할 의문점으로 남아 있다.

1935년부터 시작해 일본은 화북(중국 북부 지역)의 다섯 개 성에 대한 '자치(自治)'를 획책하는 데 속도를 냈다. 중화민국은 전에 청나라로부터 많은 영토를 물려받았으나 당시 더는 지켜내지 못해 신장(新疆) 일대, 외몽골(外蒙), 동북 북부 등 지역은 소련의 통제를 받고 동북 남쪽, 화북은 일본의 통제를 받았다.

당시 중국에서 국민당과 대적할 수 있는 유일한 세력은 공산당이었다. 일본의 중국 침략은 '삼국연의'와 같은 상황을 연출했다. 그때 발생한 '서안 사건'은 국공합작의 키포인트가 되었다. 공산당과 비밀 협상을 통해 1936년 12월 12일, 장쉐량과 양후청(楊虎城, 1893~1949) 등은 장제스에게 돌연 '무력 협박'으로 공산당과 합작해 항일할 것을 강요한다.

1937년 7월 7일, 일본 침략군은 '노구교 사변'을 일으켰다. 이는 일본이 중국에 대한 전면적인 침략전쟁을 시작했음을 상징한다. 일본군이 '노구교 사변'을 일으킨 목적은 북경과 천진을 점령하고 화북 지역을 통제해 중국을 멸망시키고자 함이었다. 7월 29일, 북경이 함락되었고 다음 날 천진도 함락되었다. 전체 화북 지역이 위험에 빠졌다.

일본의 첫 번째 단계는 남하해 동진(東進)과 합쳐 두 갈래로 공략해 제일 빠른 속도로 수도 남경을 점령해 중국 정부에게 굴복하라고 강요하는 것이었다.

일본군은 화북 지역을 대거 공격하면서 동시에 상해 공격에 대한 준비에도 박차를 가했다. 그들은 상해를 신속히 점령하고, 중국의 수도 남경을 위협해 국민정부를 압박해 굴복시킴으로써 3개월 안에 중국을 멸망시키려는 침략 계획을 실현하고자 했다. 8월 13일, 상해 조차 지역을 근거지로 삼아 갑자기 자베이구(閘北區)에 공격을 단행했고 해군 함정은 상해 도심 지역을 향해 맹공격을 퍼부으면서 '8·13사변'을 일으킨다. 중국 군대는 힘을 합쳐 반격에 나섰으며 이로 인해 송노호(淞路滬) 항전이 폭발했다. 14일 국민정부는 〈자위항전성명서〉를 발표해 일본의 침략에 대해 스스로 방위했음을 밝혔다.

상해 '8·13사변' 후, 국민정부는 잇달아 제일 정예부대 73개 사단을 송노호대전에 파병해 3개월 동안 맞서 싸운 결과 일본군에게 큰 타격을 주었다(국민당군도 크게 손실을 입는다). 11월 12일 일본 군대는 상해를 점령했으나 그 대가는 참혹했고 "3개월 안에 중국을 멸망"시키고자 했던 전략도 수포로 돌아간다.

그 후 전선은 장제스가 예전부터 우려하던 북쪽에서 남쪽으로 이동이 아니었다. 그 노선은 바로 몽골인이 남송을 점령하던 노선이었다. 장강의 동쪽에서 서쪽으로 이동했다.

상해를 함락한 후 일본군은 남경 방향으로 점차 접근해왔다. 적들의 맹렬한 공격에 소남(蘇南)·환동(皖東)의 남쪽 지역이 계속해 함락되었다. 12월 5일 일본군이 남경의 교외 지역까지 접근했다. 비록 중

중국을 침략한 일본군의 만행

국 군대 10만여 명이 남경 수호전에 참전했지만, 일본군의 공격이 너무 강력해 계속 버티지 못했다. 12월 13일 혼란 속에서 남경이 일본군에게 점령된다.

이어서 일본군은 남경에서 한 달가량 반인륜적인 무차별 학살과 약탈을 일삼았는데, 바로 세계를 경악하게 한 '남경대학살' 사건이다. 이때 30만 명이 넘는 중국 군인과 일반인이 참혹하게 살해당했다. 일본군이 남경을 침략했을 때, 1937년 11월 국민정부는 중경으로 수도를 옮겼다.

일본군이 남경을 점령한 후 남과 북의 전쟁터를 연결하고자 천진과 상해 노선을 개통한다. 부대는 남쪽과 북쪽 두 갈래로 나뉘어 진포선(津浦線)을 따라 올라가면서 서주를 협공했다. 일본군의 이런 전략적인 시도를 무너뜨리기 위해서 국민정부는 1938년 봄 서주 결전을 조직한다. 그 기간 태아장(台兒莊) 전쟁에서 일본군 2만여 명을 섬멸했는데, 이는 전면 항전 이후 거둔 첫 번째 승리다.

서주 결전 후에 전투력을 보전하고 불리한 형세에서 벗어나고자 중국은 적진의 포위를 뚫고 새로운 진영을 찾아 철수했다. 5월 19일 서주는 함락된다.

남경이 점령된 후에도 장제스는 여전히 항복하지 않았고, 일본도 더는 속전속결로 계획을 실현할 수 없었다. 그리하여 일본군은 계속해서 서쪽으로 나아갔고, 하루속히 중국과의 전쟁을 마무리 짓고자 했다.

이로 인해 무한(武漢) 결전은 전략적인 방어 단계에서 최대의 작전이 되었다. 1938년 6월부터 10월까지 무한 변두리 지역에서 장강 남북 두 해안가 지역을 따라 올라가면서 전쟁이 치러졌는데 안휘·하남·강서·호북 네 개 성의 넓은 지역까지 두루 미쳤다. 국민정부 군사위원회는 지휘기구를 강화하고 작전 능력을 높이기 위해 작전 수위를 조절하기로 결정한다. 1938년 6월 중순 제9작전 구역을 신설했다. 동시에 제5, 제9작전 구역에 소속된 부대가 무한을 수호하는 임무를 맡았다. 무한전투에 참가한 육군부대 및 공군 해군은 14개 군단으로 총 병력이 110만 명에 달했다.

무한은 장강 중간 지역에 있으며 당시 중국에서 두 번째로 큰 도시였다. 마카오와 무한 철도가 개설된 후 이 도시는 중국 내륙 지역에서 중요한 교통 중심지였으며 동시에 남쪽 항구에서 수송해 온 대외 구호물자를 내륙 지역으로 보내는 중추 지역이기도 했다 일본군이 남경을 침략한 후, 국민정부는 비록 서쪽의 중경으로 옮겼지만, 정부기관과 군사 통솔부는 무한에 있었다. 그리하여 무한은 사실상 당시 전국의 군사·정치·경제의 중심지였다. 그때 중국의 군사력은 무한을 수호하는 데 집중되었다. 남경을 함락해 중국 정부를 투항하게 하려는 목적을 이루지 못했기에 이제 일본 정부의 전략적 목표는 무한을 함락하여 중국 정부가 굴복하기를 바랐다.

국민정부 군사위원회는 지휘기구를 강화하고 작전 능력을 높이기 위해 작전 수위를 조절하기로 결정한다. 1938년 6월 중순 제9작전 구역을 신설했다. 동시에 제5, 제9작전 구역에 소속된 부대가 무한을 수호하는 임무를 맡았다. 무한전투는 일본군이 안경(安慶)을 점령한 후부터 무한이 함락될 때까지 이어졌고 중국 군인들은 처절하게 싸웠다. 크고 작은 전쟁 수백 차례, 40여만 명의 사상자를 대가로 일본군 25만 7,000여만 명을 살상했다. 이 전투의 의미는 매우 뜻 깊다. 이 전투 때문에 일본의 전투력은 많이 약해졌으며, 중국의 항복을 받아 전쟁을 하루속히 끝내려는 일본의 망상을 깨버림으로써 중국의 항일전쟁에서 중요한 전환점이 되었다.

이 전투를 놓고 볼 때 일본군은 무한의 세 개 진(鎮)을 점령하고 중국의 중심부 지역을 통제해 승리를 거두었지만, 전략 면에서 놓고 보면 일본은 결코 그들의 전략적 계획을 실행하지 못한 채 오히려 수렁으로 더 깊이 빠져든 셈이다. 일본군의 입장에서 보면 그들이 점령한 "이른바 치안 회복 지역은 사실상 주요 교통도로의 양측 수백 킬로 지역에만 국한되었다." 무한 결전 후에 일본군은 더 이상 대규모 공격을 감행할 여력이 없을 정도로 기력이 소진했다.

1939~1940년 동안, 중국군은 잇달아 4월·7월·가을철·겨울철 네 차례에 걸쳐 일본군을 공격했는데, 그중 '겨울철 공격'이 규모가 제일 컸다. 투입한 군사력은 192개 사단이다. 그리하여 '백단대전'이라고 말하기도 한다. 이 공격은 일본군에게 상당한 타격(일본군의 사상자는 수천 또는 수만 명이라고 한다)을 입혔다. 오카무라 야스지(岡村寧次,

1884~1966)는 회고록에서 겨울철 공세는 "우려를 불러일으키고 중앙을 불안하게 했다"라고 언급했다.

1940년 7월이 되었을 때, 공산당의 지도하에 무장 인원이 40여만 명으로 늘어났고 1억 명의 인구를 가진 항일 근거지와 200만 명 민간인으로 구성된 군사 조직을 결성한다. 신출귀몰하는 공산당 유격대원들 때문에 일본군은 부득이하게 군사력을 분산해 배치할 수밖에 없었다. 이처럼 병력은 점점 약화되고 점차 수렁으로 빠진다.

일본은 여전히 국민정부가 하루빨리 투항하기를 바라는 절망적 환상을 품었다. 그리하여 그 후로 또 중경을 포위하는 결전을 하기로 결정한다.

1941년 이전에는, 중국은 약소국으로 혼자서 고전하면서 일본과 전쟁을 겨우 치렀다. 낙후된 중국군의 상황은 오늘날 사람들이 상상하기 힘든 수준이었다. 중국군의 무기는 세계 각 지역에서 수입해 온 것으로 총의 구경이 11.43에서부터 6.5까지 서로 다르며, 총기 규격도 수십여 가지가 넘고 부품도 서로 바꿔 쓸 수 없어 어수선했으며 총알도 많이 부족했다. 다시 말하면 많은 총기는 몇 차례 사용하면 버릴 수밖에 없었다. 어떤 수류탄과 지뢰는 폭발은 했지만 어이없게도 적들이 한 명도 다치지 않았다. 더 비참한 것은 중국군은 배불리 먹지도 못했다. 미국인들이 중국 국민당과 공산당에 대해 내린 공통적인 평가로는 군사들이 대부분 영양실조 상태였으며 격렬한 운동 뒤에 쓰러지기 일쑤였다. 그러나 일본군은 훌륭한 무기에 체계적인 훈련을 통해 군사들 모두가 총기를 해체하고 조립할 수 있었다.

하지만 이런 세계 일류의 적이라 할지라도 중국을 무너뜨리지는 못했다. 싱가포르전투와 비교해볼 수 있는데 이 전쟁에서 일본군은 3

만 명의 군사로 10만 명의 영국군을 공격했다. 영국군은 병력이 훨씬 많았음에도 제대로 된 작전을 펼치지도 못했다. 일본군은 움직임이 신속하고 전투에 임하는 각오가 남달랐기에 병사 개개인의 전투력이 영국군을 뛰어넘었다. 그렇게 영국군을 단번에 대패시켰으며 빛나는 승리를 거두었다. 영국은 당시 여전히 강대국 위치에 있었으며 군사력 면에서 절대적 우위를 차지했지만 반드시 지켜야 할 싱가포르를 예상외로 지켜내지 못했다. 이는 서양인들의 견해를 확실히 바꾸어 놓았다.

지쳐서 무너진 일본

사실상 1940년이 되었을 때 일본인은 이미 중국과의 전쟁에서 투입과 산출에서 너무 차이가 난다는 사실을 발견한다. 유럽 전쟁이 최고조에 다다랐을 때 그들의 동남아시아 식민지는 수비가 취약해 자그마한 공격에도 쉽게 무너질 수 있었다. 1940년, 일본인은 인도차이나(베트남)에 쉽게 진입했다. 프랑스 식민지군은 공격을 견디지 못하고 쉽게 투항했기에 유럽과 미국을 깜짝 놀라게 했다.

그때 중국에 발이 묶인 일본군의 주력 부대는 진퇴양난의 상황에 처했다. 만약 철수하면 공든 탑이 무너지게 되고, 일본 사람들이 이 상황을 받아들이지 못할 것이었다. 그래서 일본은 두 곳에서 전투를 치를 수밖에 없어서 동남아시아 지역에 또 하나의 판을 벌인다.

이 기간에 일본과 미국의 충돌이 점차 증가했다. 1941년 두 나라의 관계를 완화하기 위해 양측은 협상을 시작한다. 그러나 두 국가의 조건 차이가 너무 컸다. 미국은 일본이 중국의 주권과 영토를 보전해줄 것과, 미국을 비롯한 9개국이 참가한 워싱턴 회의의 공약을 존중해줄 것을 요구했다. 게다가 일본이 만주에서 누리는 특권에 대해서도 불분명한 이유로 인정하지 않는다고 했다. 이는 일본이 1937년 7월 이전의 상황으로 돌아가 군대 철수를 요구하는 것과 마찬가지였다. 일본 정부와 민간은 대동아공영권의 망상에 젖어 있었기에 미국과 타협할 가능성은 절대 없었다.

일본군은 동남아시아 지역을 미친 듯이 휩쓸고 다녔고, 미국은 그들의 석유 운송을 금지한다고 선포했다.

석유는 공업체계에서 명맥과 같은 중요한 부분이다. 일본 연합함대 모함은 그 당시 보르네오의 트루크제도(호주와 근접한 지역)에 정박했는데, 이렇게 일본과 먼 곳에 위치한 이유는 오직 하나, 석유 때문이었다. 보르네오의 석유는 정제할 필요 없이(비록 사용할 때 쉽게 폭발할 수 있었지만) 직접 사용할 수 있었다. 이 사실을 통해 우리는 일본의 석유정제 기술이 발전하지 못해 어쩔 수 없는 선택이었음을 알 수 있다. 당시에는 전략적 석유 비축이 없었으므로 운송을 금지하는 것은 일본 연합함대가 2년간만 운행할 수 있음을 의미했다. 그리하여 일본은 도박판의 노름꾼이 되어 미국과 운명을 건 한판을 벌일 수밖에 없었다. 그들은 짧은 시간 안에 미국을 굴복시키는 데 희망을 걸었다.

1941년 말, 미국과 일본 두 나라는 최후의 승부를 겨루기로 한다. 일본은 진주만 미군 기지를 습격해 태평양전쟁을 일으킨다. 일본은 당시에 유지되던 국제질서에 도발한 결과 반격을 받았다. 이렇게 해서 미일전쟁이 시작되었다.

일본인이 진주만을 습격했다는 소식이 중경에 전해지자 사람들은 폭죽을 터뜨리고 서로 축하했다. 그들은 미국이 전쟁에 나서면 일본

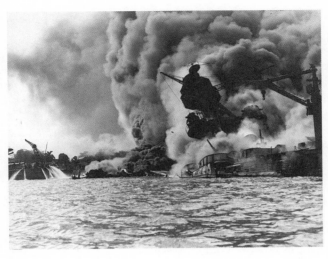

진주만 공습

은 반드시 패배할 것임을 잘 알았기 때문이다. 일본의 전략적 열세는 전술적 승리로는 숨길 수 없었다.

일본과 미국의 국력은 서로 비교가 되지 않았다. 전 세계 국가 중 미국만 강대한 국력을 자랑했고 동시에 대규모 전쟁을 두 차례 치를 수 있었으며 많은 과학자, 원자재와 자금(대략 20억 달러)을 들여 새로운 무기(원자폭탄)를 만들 수 있었다. 전파 탐지기, 강철, 석유화학공업의 생산 능력, 비행기 생산 능력 등만 봐도 미국의 공업이 압도적 우위에 있었음을 알 수 있다. 일본군은 비록 사기는 높았으나 모든 조건에서 취약했다.

미일전쟁 말기에 일본은 석유를 아끼기 위해 사전에 미리 만들어놓은 여러 가지 모형을 설치하고, 영상 촬영이 가능한 비디오카메라를 통해 비행에 관련된 여러 동작을 시뮬레이션으로 보여주는 방식으로 조종사들을 훈련했다. 이러한 훈련 방법은 대체로 죽으려고 비행하는 것과 다름없었으나 그 당시 일본의 자원은 거의 고갈 상태여서 어쩔 수 없는 선택이었다.

일본은 전쟁을 거듭하면서 전략적인 패배의 국면으로 치달았다.

결말: 일본의 항복과 중국의 재건

국제 원조로 중국의 항일전쟁은 대치 국면에서 전면 공격으로 바뀌었다. 소련은 중국에서 거액을 받아내고 동북에 군대를 출동시켜 항일 작전에 참여하는 것에 동의했다. 결국 일본은 고립되었다.

1945년 8월 6일, 9일 미국이 일본의 히로시마, 나가사키 두 도시 중심에 각각 하나씩 원자폭탄을 떨어뜨렸다. 도시는 순식간에 폐허로 변했고, 일본인 수십만 명이 눈 깜짝하는 사이에 증기처럼 공기 중으로 증발해버렸다.

8월 14일, 일왕 히로히토(裕仁, 1901~1989)는 '휴전협정'을 선포한다. 15일 일본 정부는 정식으로 동맹국에 무조건 항복을 선언한다. 9월 2일 일본이 정식으로 항복하는 서명 의식이 도쿄만에 정박해 있던 미군 전함 미주리호에서 거행된다. 이렇게 반파시스트 전쟁과 항일 민족해방전쟁에서 최종 승리를 거두었다. 9일, 중국의 남경 육군총부는 강당에서 중국 작전 구역 일본군 항복 서명 의식을 거행했다. 10월 25일 일본 주재 대만 총독이 서명을 하고 대만을 중국에 돌려주었다.

청일전쟁 이후부터 일본 왕 메이지는 전국에 명령을 내려 중국 유학생을 우대해주며 친일 정서를 키웠고, 중국을 혼란스럽게 할 모든 요소들을 적극 지지했다. 중국에서 내전을 도발하고 중국의 힘을 소

중화민국 정부에게 항복 문서를 전달하는 일본

모시키기 위해 애썼다. 일본은 중국을 침략하기 위해 전체 육군 정예
부대와 십수 년 동안 경영의 노하우를 투입했다. 심지어 일본군은 중
국 지리에 대해 중국 장교들보다 더 익숙했다. 한편 중국은 전쟁을
치르면서 전쟁을 배웠다. 15년 만에 군대들은 세계 제일의 진영에 우
뚝 서 있었다. 중화민족의 잠재적 기질은 모든 사람들의 상상을 초
월한다.

이 기간의 역사를 돌이켜보면 일본이 미련을 두고 명령을 받들어
수행한 '대륙 전략'이 일본 본토를 파괴에 이르게 한 중요한 원인 중
하나다. '대륙 전략'의 일환으로 태평양과 동남아시아에 투입된 작전
부대는 극히 적은 11개 사단뿐이다. 그와 비교해 '만주'에 13개 사단,
중국 내륙의 각 성 지역에 22개 사단이 주둔했다. 일본은 1943~1944
년까지 중국에서 대규모 공격을 감행하면서 가장 많은 자원을 소
모했다. 1945년 초, 미국 해군원수 니미츠(Chester William Nimitz,

1885~1966)가 함대를 이끌고 일본에 접근해 오고, 본토가 미국 비행기의 폭격을 받을 때 여전히 100만 명의 일본군은 중국에 머물러 있었다. 그중 대략 78만 명의 일본군이 중국 동북 지역에 주둔했다.

일본은 아주 특수한 국가다. 자신의 생각대로 상대방의 생각을 넘겨짚으면 판단의 착오가 생기기 마련이다. 인류의 역사를 되돌아보면 대부분 시기에 국가가 주도한 영토 확장의 목적은 생존 공간을 확보하기 위해서이며 생존 공간을 얻기 위한 궁극적인 목적은 생존 자원을 얻고자 함이다. 고대사회에서 생존 자원과 생존 공간은 거의 떼려야 뗄 수 없는 관계다.

당대 공업과 상업이 높은 수준으로 발전하면서 국제금융체제와 무역체제가 구축되었다. 전 세계 경제가 하나가 되면서 생존 공간과 생존 자원이 서로 분리되는 환경으로 바뀐다. 공정한 무역이 보장됨으로써 더는 굳이 전쟁을 하지 않아도 생존 자원을 얻을 수 있게 되었다. 이 밖에 인구의 출산을 통제 관리할 수 있는 과학기술이 이미 생겨나 인구의 끊임없는 증가 추세도 통제할 수 있게 되었다.

그리하여 일본을 곤혹스럽게 하던 1,000년의 난제와 끊임없는 영토 확장 욕망의 근본 원인은 기본적으로 해소되었다고 할 수 있다. 그러나 근본 원인이 없어졌다고 해서 근원에서 파생된 1,000년 동안의 정신 상태, 가치의 추세, 문화 습성과 행동 방식마저 동시에 없어진다고 볼 수도 없으며 역사의 관성이 오늘날 일본과 그 인접국의 교류에 영향을 주지 않으리라고 장담할 수도 없다.

제2차 세계대전이 끝난 후, 중국 내에서 가장 중요한 두 정치세력인 중국 국민당과 공산당이 중경(重慶, 충칭)에서 협상을 벌인다. 중국 사회 전체가 이에 대해 큰 기대감을 나타냈다. 두 세력이 평화의 기치 아래 국가를 건설해줄 것을 바랐다. 협상에서도 관련된 협의를 이끌어냈다. 그러나 그 후 국민당이 협의를 파괴해 다시 내전이 발생했으며, 몇 년 후에 형세가 역전돼 공산당에 의해 국민당이 패배했다.

19

세계체제의 변천과 중국의 국운

근대 이전에는 중국이 자신이 속한 세계의 체제를 결정했고, 근대 이후에는 세계의 체제가 중국을 결정했다.

중국이 창조한 세계체제는 주변 국가들이 찾아와 경배하는 동아시아 사회체제였다. 중국은 마치 태양계의 태양과 같은 존재였다. 반면에 중국의 운명을 결정하고, 영향을 미친 근대 세계체제는 유럽의 세계체제에서 기원한다. 이 체제는 국제법과 각 국 사이의 조약을 기본 프레임으로 한다. 세계체제가 널리 퍼짐으로써 중국이라는 근대 민족국가가 나타나게 되었으며, 세계체제 내부의 강력한 권력 다툼이나 주변국에 의해 중국의 역사 경로와 국가적 운명이 결정되었다.

학자들은 서기 1500년을 근세와 근대의 경계선으로 공인한다. 비록 그 당시 유럽인들은 자신들이 곧 지구의 대부분 지역을 통치하리라고 예측하지 못했지만 내부적으로는 이미 그런 힘이 싹트기 시작했던 것이다.

근대 세계체제의 발전사를 돌아보면 대략 세 단계로 나눌 수 있다. 서양 선진국-비서양 선진국 단계, 공산주의-비공산주의 단계, 문명집단의 분열과 경쟁 단계가 그것이다. 그중 앞의 두 단계는 서양 선진국이 서로 다른 형식으로 외부 확장과 내부적으로는 패권을 다투는 단계이며, 마지막 단계는 인류의 여러 문명체제가 각각의 근대화를 실현한 뒤에 보여주는 권력 분열의 국면이다. 중국은 그중에서 비서양 선진국 단계, 공산주의 진영, 그리고 중화 문명권의 핵심 위치에 있었다.

서방 선진국의 부상

중세기 말엽(1000~1500년) 유럽은 상업 활동에서 더 넓은 지리적 영역으로 확장해가고 다국적 상업집단이 출현한다. 기술 발전과 더불어 해양 탐험이 더욱 안전하게 진행되었다. 1492년(명나라 효종 때) 스페인 왕의 지원을 받은 콜럼버스가 대서양을 횡단해 아메리카 신대륙을 발견한다. 당대의 국제관계와 관련된 역사도 이때부터 시작되었다고 한다. 이런 '지리적 대발견 시대'의 도래는 유럽 중심의 세계사를 이끌었다.

그전에는 중세기 유럽의 최고기구는 교회였으며 정부 조직은 매우 취약했다. 그러나 1648년 '베스트팔렌 조약' 후, 교황과 황제의 권력은 약해지고 주권국가의 개념이 확립된다. 베스트팔렌 조약은 유럽 내부의 협치에 대한 프레임을 만들었다. 자본주의는 서유럽의 일부 국가(영국·네덜란드 등)에서 실시되었고 이들 국가의 경제 발전에 도움을 주었다.

영국은 맨 먼저 헌정체제를 확립한 국가이며 종합적인 국력이 스페인·네덜란드를 능가해 세계 제일의 강국으로 성장했다. 유럽의 기타 국가들이 이들 나라를 맹추격했다. 영국은 유럽 밖의 넓은 땅에서 영토를 확장했으며, 유럽 대륙 안에서는 중재인 역할을 맡았다. 18세기 말은 영국의 시대였다. 영국은 안정된 성장을 바탕으로 나날이 번영해갔다.

두 차례 혁명을 거친 후 19세기를 맞이하는데, 첫 번째 혁명은 영국의 통치에 반대하는 미국 독립혁명(1776)이고, 또 다른 혁명은 전제군주제 통치에 반대하는 프랑스 대혁명(1789)이다. 프랑스 대혁명의 처음 목표는 단지 입헌을 요구하는 것이지, 결코 군주통치를 전복하려던 것은 아니었다. 그러나 통제할 수 없는 상황에 이르자, 혁명 취지가 공화국 체제를 설립하는 것으로 바뀌고 전국적인 대혁명으로 발전했다. 대혁명은 프랑스가 근대화로 사회구조를 전환하는 서막을 열었다. 그 뒤로 100년 동안 프랑스는 세 차례의 풍파를 거치면서 대전환에 따른 모진 고통을 겪는다. 프랑스는 대혁명을 거친 후에 또다시 새로운 전쟁에 휘말린다. 그때 나폴레옹이 궐기하고 일련의 전쟁을 치르면서 그는 유럽의 대다수 지역을 정복한다. 그러나 1815년 나폴레옹은 워털루전투에서 영국과 프로이센 군대에게 대패한다. 그 후 다섯 개 유럽 강국(오스트리아·영국·프랑스·프로이센·러시아)이 빈에서 국제회의를 열고 '세력 균형'을 핵심으로 하는 새로운 국제질서를 확립한다. 역사적으로 이것을 '빈체제(1814년에 빈 회의에서 오스트리아의 재상 메테르니히가 주도한 정치체제로, 자유주의와 민족주의 운동을 탄압하면서 유럽의 현상 유지를 꾀한 국제적 보수 반동 체제다 – 옮긴이)'라고 부른다. 이것은 '베스

빈 회의

트팔렌체제'를 잇는 두 번째 세계체제로 근대적 의미를 갖는 국제질서 체제일 뿐만 아니라 유럽에 100여 년간 (상대적인) 평화를 가져다주었으며 전 세계에도 큰 영향을 미쳤다.

이 기간에 경제·기술·정치에 커다란 변화가 있었다. 18세기, 영국에서 증기 기관을 개량해 대량 생산을 시작한 제1차 산업혁명이 일어났고, 인류의 생존방식을 완전히 뒤집는 혁명적 변화를 일으킨다. 19세기에 들어서서는 새로운 발명이 끊임없이 등장했다. 1820년대에 동력 방직기계를 다루는 사람의 생산량은 수공업을 하는 사람의 20배에 달했다. 동력으로 작동하는 한 대의 방직기계는 200대의 수공 방직기계의 생산량에 맞먹는다. 기관차 한 대의 화물 운송량은 말 수백 필이 운송하는 양에 해당했으며, 그 속도도 훨씬 빨랐다. 유럽은 다른 지역에서는 상상할 수 없는 큰 힘을 갖는다.

유럽의 부흥은 역사상 다른 제국과 달랐다. 이때 유럽은 안정된 법치 체제, 데이터화가 가능한 과학기술 체제, 명확한 규칙의 국제질서

체제를 갖고 있었다. 외적 강대함과 내적 건전함은 그 어떤 힘과도 비교할 수 없었다. 그것은 적수가 등장하지 않는 한 그 자체로는 절대 쇠약해질 수 없었다. 유럽의 힘은 항해 능력의 폭발적 성장과 더불어 쓰나미처럼 전 세계로 향했다. 세계는 이렇게 서양 선진국과 비서양 선진국 두 진영으로 나뉘게 된다.

이전에 유럽의 세계 침략은 이미 있었다. 명나라 말기, 종교의 열풍과 탐욕의 꿈에 젖어 한 무리의 유럽 식민지 개척자들이 아메리카 땅을 밟았다. 그중 스페인 식민지 개척자 피사로(Francisco Pizarro, 1475?~1541)가 169명의 군인을 이끌고 거대한 잉카 제국을 정복한 것이 제일 극적이었다. 남아메리카는 이때부터 스페인 등 몇몇 국가의 식민지로 전락했다. 산업혁명 이후 유럽은 전 세계를 향한 침략의 속도에 박차를 가한다.

북아메리카에서 인디오들은 수백 년 동안 서서히 대륙의 변두리로 쫓겨났고 거의 멸종 위기에 몰린다. 백인들이 막 아메리카에 도착했을 때 인디오들은 그들이 하늘에서 보낸 하느님인 줄로 알았을 뿐 민족의 생존 경쟁이라는 시각에서 백인들을 이해하려는 생각은 하지 못했다(거의 종족이 멸망할 지경에 이르러서야 알게 되었지만, 그때는 이미 늦었다).

아프리카 대륙에서 백인들은 흑인 노예무역에 종사했으며 아프리카인을 가축처럼 아메리카에 수송해 고된 노동을 하게 했다.

오스트레일리아와 뉴질랜드는 영국의 민족 영웅 제임스 쿡(James Cook, 1728~1779) 선장이 온 뒤로, 그곳에 만년 넘게 살고 있던 토착 주민들은 참혹한 종족 멸망의 화를 입었다.

중동에서는 오스만 제국이 유럽 열강들의 포위 공격을 당해 아시아

·아프리카·유럽에 있던 많은 식민지와 속국을 점차 잃게 되었다. 제국은 존속을 위해 근대화로 변환을 꾀하며 온 힘을 다해 몸부림쳤다.

남아시아, 인도의 티무르 제국은 사분오열되어 영국에 하나하나 점령되었고, 마지막 인도도 영국 영토에 귀속되었다.

동아시아에서 중국이 명나라 말에 이미 포르투갈과 네덜란드와 해상 무력 충돌이 있었다. 청나라 중반 이후 유럽의 힘은 중국을 위협할 만큼 우세해졌고, 청나라 말기에 중국은 세계 열강들에 점령되기 시작했다. 중국은 폴란드·터키·인도의 역사를 거울삼아 열강들과 간신히 대치했다.

실력 차이가 너무 커서 중국 정복은 손쉬워 보였다. 청나라의 셍게린친(僧格林沁, 1811~1865) 왕의 몽골 정예기병은 긴 창을 휘두르며 선봉에 나서서 영국-프랑스 연합군과 용감하게 싸웠지만, 그 결과는 북경성의 팔리교(八里橋)에서 맞은 처참한 패배였다. 1898년의 아프리카 수단 옴두르만전투에서 영국군은 맥심 기관총과 라이플총으로 몇 시간 만에 1만 1,000명의 이슬람 탁발승을 처단했고, 영국군은 48명의 사상자만 냈다.

산업혁명은 서방 국가에게 영토 확장의 군사력과 경제력을 갖추게 했다. 공업 강국들은 극히 적은 장교와 책임자들로 먼 곳에 있는 대규모 영토를 관리하기 시작했다. 1800년, 유럽인들은 세계 토지 면적의 35퍼센트를 점령하고 관리했으며, 1878년에 이르러 이 수치는 67퍼센트까지 상승했고, 1914년에 이르러 84퍼센트에 이르렀다.[1]

유럽 열강 사이에서도 교전이 이어졌다. 영국은 부흥하는 과정에

---

1 폴 케네디(Paul Kennedy), 《강대국의 흥망(Rise and fall of the great powers)》.

무력으로 스페인·네덜란드를 잇달아 패배시켰고 그 후 프랑스가 강대해지자 영국은 프랑스와 북아메리카, 아프리카, 인도에서 각각 전쟁을 벌였다. 빈체제 이후에 비록 유럽 내부는 상대적으로 조금 평화로웠지만, 세계 각 지역에서 무력 충돌은 멈춘 적이 없었다. 유럽 내부 권력의 변동으로 생긴 갈등도 지속되었다.

이런 '혁명 역량이 점점 소진해가는' 시대적 대변혁 속에서 동양 국가에 대한 느낌은 바로 작가 라오서(老舍, 1899~1966)가 한 편의 소설에서 묘사한 것과 같다.

동양의 꿈은 깰 수밖에 없다. 대포 소리는 말레이시아와 인도 밀림의 호랑이의 포효 소리를 삼켰다. 꿈에서 채 깨지 못한 사람들이 눈을 비비면서 조상과 신령들에게 빌었지만, 얼마 지나지 않아 국토, 자유, 자주권을 잃었다. 문 밖에는 피부색이 다른 여러 사람들이 서 있고 그들의 총구는 아직도 뜨겁다. 그들의 긴 창과 독화살, 꽃뱀무늬 같은 방패는 모두 무슨 쓸모가 있는가, 조상과 조상이 믿었던 신들의 힘도 소용이 없거늘! 용의 깃발을 든 중국도 더는 신비롭지 않다. 기차가 묘지를 가로 지나 풍수를 어지럽히고 있다. 대추색의 술 달린 호송 깃발, 상어 가죽 장화를 신은 자들의 강철칼, 방울 소리를 내는 북구(北口)산 말, 강호의 지혜와 은어, 의리와 명예, 무림고수 사자용(沙子龍)의 무예, 사업이 모두 어제 저녁 꿈같이 느껴진다. 오늘은 기차, 보병용 총, 무역 거래와 두려움이다. 듣건대 어떤 이는 황제의 머리를 베겠다고 한다.

중국은 부패한 청나라의 통치로 전 세계 식민지화 지도에서 도마 위에 얹은 고기 꼴이 되었다. 그중 일본과 러시아 등 두 국가가 중국에 던진 충격과 국가 운명에 미치는 잠재적 영향이 제일 컸다. 그러나 인류 문명은 이미 새로운 단계로 발전했으며, 당시 중국은 비록 처한 상황이 불리했지만 남송·명나라 때처럼 또다시 나라가 멸망하는 운명은 재연되지 않았다. 그 이유는 한편으로 중국은 여전히 자강능력을 갖고 있었고, 또 다른 한편으로는 세계질서가 중국이라는 큰 건물을 지탱했기 때문이다. 이를테면 일본은 쿠빌라이와 천명제가 맡았던 역할을 하고 싶어 했다. 그들은 북쪽에서 남쪽으로 오면서 중국을 점령하고자 했지만, 세계질서가 그 목적을 달성하지 못하게 했다. 요동, 동북 영토는 거의 손아귀에 넣으려다 실패했다.

분명히 그때 당시 중국은 생존하고자 했을 것이고, 그 유일한 대안이 근대화를 실현하는 것이었다.

그러나 근대화는 매우 어려운 일이다. 그것을 실현하고자 한다면 200년간의 험하기 이를 데 없는 '역사의 장강삼협'을 걸어서 지나야 했다. 중국이 성심성의로 영국과 미국을 본받으려고 할 때 서양 세계의 또 다른 물결인 공산주의 사상이 조용히 중국을 향해 밀려왔다. 그 후의 역사가 보여주듯이 이 물결은 그 당시 눈에 띄지 않았지만, 중국 역사의 방향을 바꿨으며 이로 인해 세계사의 방향마저도 바뀌었다.

공산주의 운동과 중국

1848년 《공산당선언》이 유럽에서 발행되었다. 칼 마르크스(Karl Heinrich Marx, 1818~1883)는 호소력 짙은 '유령'의 창시자다. 마르크스 이론의 핵심은 사유재산제도는 모든 죄악의 뿌리라고 여긴 것이다. 이

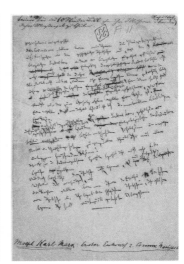

《공산당선언》 초판 표지(왼쪽),
마르크스가 쓴 《공산당선언》 초고의 한 페이지

런 이론 체계는 계급투쟁을 무기로 공산주의 천국을 설립하는 것을
청사진으로 정했고, 그 직접적인 방법으로 폭력적 혁명을 제기했다.
또한 유럽 주류 문화인 기독교 신앙을 결사반대했다. 그것은 일종의
서양 문명이 변형된 형태로 인류 역사상에서 특별한 시민운동이었으
며, 유럽에서 생겨나 전 세계로 퍼져 나갔다.

공산주의의 첫 번째 장점은 지지 기반이 있다는 점이다. 자본주의
초기의 공업 발전은 사회에 많은 고통을 가져다주었고 부조리 현상
을 만들었다. 그 당시 국가 체제, 설사 민주국가 체제라 할지라도 부
조리한 문제를 해결할 수 없었다. 공산주의는 사회의 모든 불공평에
대해 반대하며 하나의 완벽한 사회를 건설하고자 했다.

마르크스 본인은 학자이기도 하고 정치 활동가이기도 했으나, 일생
동안 세속 사회에 대한 공훈과 업적이 없었다. 그러나 그의 학설이 강

력한 정치적 힘으로 변한 것은 레닌(Vladimir Il'Ich Lenin, 1870~1924)이 그의 학설을 변화 발전시켰기 때문이었다.

제1차 세계대전은 유럽 문명의 전성기 후에 일어난 대재앙이었으며, 전쟁은 빈체제를 철저히 파괴했다. 제1차 세계대전 후인 1917년 러시아에서 혁명이 일어나 차르가 전복되고 공산주의 이론이 현실 세계 속의 정권국가인 소비에트 러시아를 탄생시켰다.

러시아의 전제정치와 결합해 마르크스주의가 소련에서 도입되고 일부 변화가 생긴다. 소련은 세계질서의 도전자로서 전 세계에 혁명의 큰 불길을 지폈다.

20세기 전체 세계질서의 변화 속에서 후발주자인 일본·러시아 두 강국은 동아시아에서 서로 힘겨루기를 해 중국의 운명과 역사의 경로를 결정했지만, 중국사의 흐름 역시 공산주의 운동의 물결이 일으킨 것임에 틀림없다.

1920년부터 시작해 중국에 공산주의가 유입되었으며 소련이 공산당원을 양성했다. 당시 새 지식인들은 모두 이것이 국가가 신속히 부강해질 수 있는 지름길이라 생각했다. 공산당은 급속히 강대해졌고 국가의 운명을 건 경쟁에 참여했다. 그 후 국민당과 공산당의 내전을 거쳐 공산당이 1949년에 새로운 중국을 건립했다.

제2차 세계대전 이후 유럽은 몰락해갔고 미국과 소련이라는 두 강대국의 양강 체제가 형성되었다. 두 나라는 국가 이익과 이데올로기에서 물과 불처럼 서로 어울릴 수가 없었다. 두 나라는 공산주의 진영과 비공산주의 진영이라는 각자의 세계질서를 형성했다.

제2차 세계대전 무렵까지 소련에 대한 평판은 최전성기였다. 상당수 소련 모델은 공업화와 근대화를 실현하는 지름길이라고 여겼다. 당시 종주국의 통제를 벗어나 새롭게 독립한 많은 식민지 국가들은 사회주의 길을 선택하지는 않아도 소련의 모델을 많이 참고했다.

이 시기 가난하고 낙후했던 중국의 지도층 집단은 소련을 모방해 계획경제를 실시함으로써 역사의 급행열차에 탑승하기를 희망했다.

그러나 20년의 시간이 지난 뒤, 소련을 본떠 만든 이런 모델은 곤경에 빠지게 된다. 20세기 후반, 서양의 비공산주의 진영은 활기가 넘쳐나고 나날이 발전했지만, 공산주의 진영은 오히려 점점 교착 상태에 빠졌다. 제일 먼저 경제에서 현저한 격차가 나타났다. 통계에 따르면, 1985년까지 공산주의 국가의 인구는 대략 세계 총인구의 3분의 1을 차지했지만, 전 세계 무역에서 차지하는 비율은 10퍼센트밖에 안 되었고 기술 발명이나 창조 면에서는 전 세계의 3퍼센트밖에 차지하지 않았다. 제2차 세계대전이 끝난 뒤 40년 동안 소련에서는 고기류를 제공할 때 계속 정량 배급을 실시해야 했으며 가정주부들은 식료품을 사기 위해 길게 줄을 서야만 했다.

사실상 현대 경제에서 경쟁은 주로 효율적인 자원 분배와 창조력〔경제학자 조지프 슘페터(Joseph Schumpeter, 1883~1950)가 이야기했던 창조적인 기업가 정신이 그중 하나다〕에 의존해야 하지만, 소련 식의 계획경제 체제의 영향이 미친 곳마다 자원 배급 효율은 매우 낮을 뿐만 아니라 창조력도 점차 시들어갔다.

1980년대 말, 공산주의 운동은 전 세계적으로 옛날의 혁명적 활력을 잃어가고 선진국가에 전혀 어울리지 않았다. 제3세계 국가를 도와 사회·경제가 처한 곤경에서 벗어나게 하고자 들인 노력도 실패로 돌아간다. 중국은 오래된 역사문화의 뿌리가 있기에 공산주의에 완전히 경도되지는 않았다. 중국은 마르크스주의가 무엇인지에 대해 끊임없이 계승 발전시켜왔기에 소련처럼 깊고 큰 타격을 입지는 않았다. 반면에 경제건설 성과(개혁개방 이후)는 소련과 러시아에 비해 훨씬 더 크게 얻었다.

문명집단 경쟁: 중화민족이 새롭게 태어나다

1991년 소련이 해체되고 세계 형세는 대격변을 겪는다.

냉전 후의 세계 구도를 어떻게 봐야 할 것인가? 학자들은 많은 모델과 분석 프레임을 제시했다. 그중 제일 힘을 얻은 모델이 미국의 정치학자 헌팅턴(Samuel Huntington, 1927~2008) 교수가 제시한 '문명 충돌론'이었다. 그는 사람들이 점점 문화적 정체성에 근거해 새롭게 자신의 진영에 대해 정의를 내린다고 여겼다. 세계질서는 이로 인해 서로 다른 집단으로 나뉘게 되고, 서로 다른 계층으로 분류된다고 했다. 상이한 문화적 배경을 가진 문명 간의 상호작용이 서로의 차이를 부각하고 여기서 갈등이 발생한다고 보았다.

사실 국제 정치에서 유일한 주인공이 국가만은 아니다. 문명(집단)의 경쟁은 초강대국의 경쟁을 대체했다. 국가의 분류에서 제일 중요한 것은 더는 냉전 중에 있는 세 개의 집단이 아니라 세계상의 일고여덟 개 주요 문명인 것이다. 사람들은 조상·종교·언어·역사·가치·풍속 등으로 자신을 정의한다. 사람들은 정치를 통해 그들의 이익을 촉진하지 않고 주요 문명 중 자신과 동일시한 것으로 자신을 정의한다.

주요 문명은 다음과 같은 예를 들 수 있다.

서양 문명·중화 문명·이슬람 문명·정교회 문명·인도 문명·일본 문명·라틴아메리카 문명·아프리카 문명(더 있을지도 모른다) 등이다.

미래에는 단일한 세계의 보편적 문화가 나타나지 않을 것이며, 서로 다른 많은 문화와 문명이 서로 공존하게 될 것이며, 그중 제일 큰 문명이 세계의 주요 권력을 차지하게 될 것이다. 현재 이런 문명을 이끌어가는 핵심 국가는 미국·유럽연맹·중국·러시아·일본·인도 등인데 미래에는 브라질과 남아메리카 및 일부 이슬람국가가 세계무대에서 중요한 역할을 할 수도 있다.

각 문명 간의 세력 균형에도 변화가 일고 있다. 서양의 옛 전성기는 다시 재현되기 어려울 것이고, 아시아 문명은 경제, 군사, 정치권력에서 확장 중이다. 이슬람 세계는 인구폭발이 일어나고 있고, 비서양 문명은 자신의 문화 가치를 새롭게 정의하는 중이다. 특히 동아시아 사회는 자신의 경제 재산을 늘려가고 있어 군사 역량과 정치적 영향력을 향상시킬 기초를 다지고 있다. 권력과 자신감이 커져감에 따라 비서양 사회는 점차 자신의 문화 가치를 확장해갈 것이며 서양 국가가 그들에게 강요했던 문화 가치를 거부할 것이다.

위에 서술한 문명집단은 서로 다른 계층을 이룬다. 20세기 후, 서양은 하나의 문명집단에서 '전국(戰國)' 단계로 발걸음을 내디뎠고 '보편적인 적용 국가'의 단계를 향해 나아갔다. 서양은 고대 로마 제국의 재현(세계질서의 창조자와 유지자)과 흡사하며 또한 고대 중국이 끝없이 영향력을 넓혀가던 '천하' 개념의 그림자도 지녔다. 공통의 가치관을 기초로 북대서양조약 체제를 핵심으로 하는 유럽과 미국 문명집단은 현재 세계체제의 설립자이며 여러 권력 위에 군림하는 중재인이기도 하다.

독일의 역사가 슈펭글러(Oswald Spengler, 1880~1936)가 이야기한 '서양의 몰락'은 장기적인 역사적 추세이기 때문에 짧은 시간에 그 결과를 확인할 수는 없다. 문명집단의 경쟁은 계속되고 있으며 장기적인 역사 경쟁에서 승리자는 현재까지 영국뿐이다(영국인들은 예전에 이것을 해냈다).

복괘(復卦), 점괘가 되돌아오다[1]

: 역사 대전환이 진행될 때

국가기구는 유기생명체처럼 반드시 생존 환경에 적응해야만 끊임없이 발전할 수 있다. 중국은 봉건제도부터 제국체제까지 발전하고 제국체제에서 도태되어 지금까지 끊임없이 변화하는 과정에 있다. 중국이 공업화 과정에 들어서고 이에 따라 국가조직 방식이 변화하면서 공업 사회의 조직 방식, 사유방식과 문명 모델에 적응하고서야 마침내 안정될 수 있다.

신중국도 변화를 겪고 있다. 대체로 세 단계로 나눌 수 있다. 1949년부터 1956년까지 첫 번째 단계, 1956년부터 1978년까지 두 번째 단계, 1978년부터 지금까지 세 번째 단계다.

---

1 《주역》의 제24괘 '지뢰복괘(地雷復卦)'에서 따온 말이다. 지뢰복괘란 '과거의 잘못을 끊고 올바른 길로 회복한다'는 의미에서 변화의 가능성을 강조하는 괘이다.

덩샤오핑(鄧小平, 1904~1997)이 주관한 중국 공산당 제11차 삼중전회(三中全會)에서 '개혁개방'의 발전 전략을 확립했고, 이때부터 제도 개혁이 사회에 활력을 가져왔다. 중국 경제는 비상하기 시작했고, 전면적이고 거대한 사회 변화가 일어났다. 역사의 각도에서 보면 중국 사회는 농업 사회에서 현대 사회로 대전환을 하는 시기로 현재 전환의 속도가 나날이 가속화되고 있다.

개혁개방 이후 가장 두드러진 사건은 부의 증가다. 한 국가로서 부의 증가는 두 가지 면에서 그 근원을 찾을 수 있다. 첫째, 생산성의 향상, 둘째, 국제무역의 전개다. 이는 이미 경제학 원리로 증명되었다. 1978년 개혁 이래 중국의 총요소 생산성(TFP)은 빠르게 향상되었다. 그 안에서 자원의 재분배는 효율을 개선하는 작용을 가져왔으며, 기술과 관리의 진보도 이끌었다. 이와 동시에 중국의 국제무역도 신속하게 성장했다.

1978년 중국은 기초 농산품, 조잡한 제품을 수출하는 작은 역할이었으나 2013년 중국의 수출입 무역 총액은 이미 세계 1위로 뛰어올랐다. 2014년 중국은 6시간 동안 수출액이 1978년 한 해 수출액과 맞먹는 수준이 되었다.

1978년 이래 중국 경제의 발전은 큰 규모, 빠른 속도, 장시간 지속성을 특징으로 하며 인류 역사상 기적이라 불린다. 이는 중국이 현행 국제체계에 유입되고 국제 분업에 참가해 획득한 풍성한 결실이다. 물론 이는 양측 모두 이익을 얻는 과정이다. 중국 경제의 발전은 세계 경제에 새로운 구동력과 장기간의 번영을 가져다주었다.

200~300년 동안 낙후한 농업국가에서 현대적인 공업국가로 성공적으로 전환한 사례는 전 세계에 적지 않다. 대한민국·일본·러시아·

터키·싱가포르가 그 예다. 중국의 전환은 여전히 지속 중이지만, 세계에 가장 큰 영향을 미치고 있음은 의심할 여지가 없다.

대전환은 중국 사회의 모든 방면에 걸쳐 일어났다. 경제 방면은 계획경제에서 시장경제로 전환되고 있으며 새로운 상업 모델, 새로운 기업과 새로운 기업가가 끊임없이 나오며 경제사상도 부단히 변화하고 있다. 사회 통치 면에서는 인치사회에서 법치사회로 전환되고 있으며, 의식 방면에서는 농업 사회의 이데올로기에서 공업 사회, 정보 사회의 의식으로 전환되고 있다.

현재 중국은 이미 공업화를 실현했으며 명실상부한 세계의 공장이 되었다. 중국은 220종의 공업 제품 생산량이 세계 1위 혹은 2위를 차지한다. 2010년 중국은 전 세계 83퍼센트의 에어컨을 생산했으며 66퍼센트의 화학 섬유, 58퍼센트의 시멘트, 47퍼센트의 컬러텔레비전, 47퍼센트의 조강(粗鋼, 거친 상태의 강철로, 국가의 강철 생산량을 나타낼 때 사용-옮긴이), 46퍼센트의 석탄, 42퍼센트의 냉장고, 35퍼센트의 세탁기를 생산했다.[2]

중국은 이미 미국에 이어 세계 두 번째 경제대국이며 해마다 IPO(Initial Public Offering, 기업 설립 후 처음으로 외부 투자자에게 주식을 공개하고, 이를 매도하는 업무-옮긴이) 융자액이 전 세계에서 가장 크다. 전 세계에서 선물 교역 규모도 가장 크다. 자동차 생산 소비량, 엔지니어도 가장 많으며, 전 세계에서 마천루를 가장 많이 건설 중이다. 현대 사회의 기초 인프라, 즉 가스, 대중교통 시스템, 교육 체계, 현대 금융 시스템 등을 중국은 이미 기본적으로 구비하고 있다.

---

2 이 일련의 데이터는 《중국통계연감》 및 각 업계의 통계 데이터를 종합해 계산한 것이다.

장옌푸(蔣延黻)는《중국 근대사》에서 다음과 같이 말했다.

근 100년 동안 중화민족은 오직 한 가지 질문만 있었다. 중국인이 근
대화를 이룰 수 있을까? 서양 사람을 따라잡을 수 있을까? 과학과 기
계를 이용할 수 있을까? 우리 가족과 고향의 관념을 버리고 근대의 민
족국가를 조직할 수 있을까? 가능하다면 우리 민족의 미래는 밝을 것
이고 불가능하다면 우리 민족은 미래가 없을 것이다.

오늘날 전 세계는 이 질문에 대해 어떤 의문도 갖지 않을 것이다.
중국인들은 수준 높은 민족 유전자를 타고났기 때문에 빠르고 지
속적인 경제 발전을 지탱할 수 있었다. 이 책을 저술할 때 중국인이
장기간 억압되었던 창의력이 위력을 발휘했다. 모바일 인터넷, 인터넷
뱅킹 등은 해외의 출발선과 차이가 별로 나지 않는 영역으로 중국이
이미 전 세계를 이끌고 있다.
하지만 중국의 경제 기적은 대가가 따랐다. 우리가 치른 대가 또한
크고 지속적이다.
중국은 현재 전 세계에서 오염이 가장 심각한 국가 가운데 하나다.
게다가 일부 오염은 회복 불가능하다. 우리가 살고 있는 국토는 이미
만신창이가 됐다. 현재 중국 국토 면적의 3분의 1이 사막화되었으며[3]
3만 6,000톤의 토지가 중금속 초과 상태다.[4] 3분의 1의 수역, 연해 해
역이 심각하게 오염되었으며 이 오염들은 모두 인체의 건강을 침해할

---

3   중화인민공화국 국토자원부3_878377.htm. 〈중국 토지 사막화 개황〉.
http://www.mlr.gov.cn/tdzt/zdxc/tdr/21tdr/tdbk/201106/t201106.
4   《제일재경일보》, 2010년 11월 17일.

영파와 항주만의 섬과 육지를 잇는 대교[5]

수 있다.[6] 환경 파괴에 따라 자연재해의 발생 빈도도 갈수록 증가하고 있다. 서기 300년부터 1950년까지 중국 서부에는 31년마다 한 번씩 황사 현상이 일어났지만, 1950년부터 1990년 사이에는 20개월마다 한 번씩, 1990년 이후부터는 거의 해마다 황사가 찾아오고 있다.[7]

중국의 현재 경제 운영의 총체적 효율과 질은 높지 않으며, 이는 부의 창조로 소모된 자원과 에너지에서 심각하게 드러난다. 2009년 중국의 GDP는 세계의 8.6퍼센트를 차지하고 일본은 8.7퍼센트를 차지한다. 하지만 동시에 중국은 전 세계 46퍼센트의 석탄을 소모하고 일본은 겨우 3.3퍼센트만 소비한다. 생산한 매 단위의 부가 소비하는 에너지는 중국이 세계 평균 수준의 2.5배로 미국보다 3.3배, 일본보다 7배 많다. 브라질, 멕시코 등 개발도상국보다도 높다. 생산 각 단위 부가 소비하는 물자 수량은 선진국의 5~10배다.

---

5 한때 세계에서 섬과 육지를 잇는 가장 긴 대교였으나 현재는 미국의 폰차트레인 호수의 다리와 청도 교주만대교에 이어 세계에서 세 번째로 긴 다리다.
6 《중국경제시보》, 2008년 7월 2일.
7 재레드 다이아몬드, 《붕괴》, 상해역문출판사.

방대한 중국 사회를 운영하기 위해 소비하는 물자의 수량은 깜짝 놀랄 만하다. 중국은 현재 해마다 5억여 톤의 양식, 6억 마리 돼지, 47억 마리 닭, 5억 톤의 석유, 2조 개비의 담배, 5,000여만 톤의 맥주를 소비한다. 동시에 매년 10억 톤에 가까운 쓰레기를 배출하고 매년 낭비되는 음식물은 350만 톤 이상에 달한다. 우리 토지가 인류 문명 이래 지금처럼 심각하게 과부하된 적은 없었다.

　어째서 경제 발전 때문에 이렇게 큰 대가를 치러야 하는가? 의심할 바 없이 중국의 운영 방식 및 통치 수준과 관련 있다. 중국이 '중등 수입의 함정'을 뛰어넘어 선진국가의 대열에 진입하고 더 원대한 목표로 중화민족이 다시 한 번 세계를 이끌 수 있는가는 이 통치 문제를 해결할 수 있느냐에 달려 있다.

　역사의 대전환이라는 홍수 속에서 우리의 발은 급류 속에 있는 징검다리 돌을 밟고 이미 피안을 바라본다. 하지만 피안에 도달하는 것은 순조롭지 않다. 더욱이 적지 않은 선진국가들, 라틴아메리카의 여러 나라들이 다시 개발도상국으로 몰락하고 있다. 대전환 시대의 중국은 고유의 난제에 처해 있다. 천만년 동안 우리가 생존해온 토지가 훼손되고 있다. 법치와 도가 사라지고 가치 시스템이 허무하게 변하는 문화의 열악한 환경. 이것들이 중국인을 위험한 생존의 가장자리로 밀쳐낼 수 있다. 인도의 성자 간디는 일곱 가지 죄악이 인류를 멸망시킬 수 있다고 했다. 원칙 없는 정치, 희생 없는 숭배, 인성 없는 과학, 도덕 없는 상업, 시비 없는 지식, 양심 없는 쾌락, 노동 없는 부가 그것이다. 오늘날 중국은 이를 깊이 생각해볼 필요가 있다.

　현대 사회에서 어떤 국가든 마지막 발전 수준은 두 가지 핵심 요소가 결정한다. 하나는 제도적 환경, 둘째는 민족 유전자의 자질이다. 독일, 미국 등 국가는 두 가지를 겸비했으며 인도, 북한은 그중 하나가 극단적인 상황에 처해 있다. 이른바 '열등 민주국가'의 여러 원인은 제도와 민족 유전자 자질의 문제가 동시에 난제이거나 상호 얽혀 있는 경우다. 중국의 상황은 가장 독특하다. 역사의 시각에서 보면 중국은 창조력이 발휘되는 시대를 맞이했다. 염황시대에서 진한시대까지를 화하의 상승 주기로 볼 수 있고, 진한부터 청 왕조까지는 바닥에서 꿈틀대는 주기로 볼 수 있으며 현재는 두 번째 상승 주기가 전개되고 있다.

한 주기의 전개는 나무의 생장에 비유할 수 있다. 지탱할 역량이 필요하다. 한 사회를 지탱하는 힘은 제도와 사상에서 나온다. 춘추전국 시기는 중국 사회의 첫 번째 대전환기로 제도와 사상의 정형화가 전환을 완성했다. 오늘날 중국의 두 번째 사회 대전환도 제도와 사상 측면에 방점이 찍힌다. 사상은 중국과 서양을 융합하고, 고대의 문화유산을 정리하며, 문명을 재창조하는 방향이다. 이는 절대로 간단한 계승과 복고가 아니다. 전환을 이루는 창조다. 이른바 '경전을 읽는 열풍'과 '공자 숭배'는 표면적일 뿐 결코 실질적인 것이 아니다.

중국 사상 창조의 근원은 선진 시기에서 시작한다(한 왕조 이후가 아니다).

중국 문화는 원래 집대성의 문화다. 중국 학자들은 대대로 집대성을 하는 데 뛰어나다. 외래 문화의 수입은 사상 창조에 새로운 영양분을 제공한다. 남북조 수당 시기 불학(佛學)의 전파는 새로운 문화(선종과 송 명리학)를 재촉했다. 이와 비슷하게 서양 학문이 동양에 영향을 미치는 현상은 명청부터 지금까지 지속되어 미래의 수십 년 혹은 100, 200년간 새로운 문명 융합의 성과를 만들어낼 것이다.

예부터 지금까지 화하의 정신세계에는 줄곧 '하늘이 부여한 사명'
이 있었다. 하늘이 부여한 중국의 사명은 현대화의 피안에 도달하는
것만이 아니라 인류를 위해 새로운 생존 방식과 철학적 의의를 탐색
하는 데 있다. 중국 고전문화는 봉황이 열반하는 방식으로 현대화의
재생과 전환적 창조 이후 인류 문명을 위해 새로운 가치를 창조해낼
것이다.

역사를 되돌아보면 화하는 염황부터 진한까지 2,000년간은 《역(易)》
의 '건(乾)'괘에 해당하고 양, 외향, 진취, 운동, 불 같은 장렬함에 속했
다. 한나라부터 근세까지 2,000여 년간은 《역》의 '곤(坤)'괘처럼 음, 내
향, 보수, 정, 물 같은 고요함에 속했다. 오늘날은 《역》의 '복(復)'괘다.
고대 사람은 복괘가 길을 잃으면 되돌아갈 줄 알고 근원으로 돌아감
을 의미한다고 했다. 천만 가지 고난 중에 한 줄기 햇살이 가장 밑바
닥부터 둥실 떠오르니 그 기세를 막을 수 없다. 그것이 음양을 융합하
고 건곤을 양성할 테니 이는 기세가 높은 민족 생명의 자기 갱신이다.

시진핑 시대 '중국몽(中國夢)'을 이해하기 위한 단 한 권의 책

– 김진우

《이것이 중국의 역사다(至簡中国史)》는 5,000년 중국 역사를 한 책에 담아내는 중국사 입문 교양서다. 저자는 복희(伏羲)·신농(神農) 등의 신화와 전설의 시대는 '혼돈의 시대', 하·상·주 삼대에서 춘추전국 시대까지는 '봉건시대', 진한시기부터 명청시기까지는 '제국시대', 19세기 이래 현재까지는 '대국의 길을 묻다(大國問路)'라고 해서 중국 역사를 네 단계로 분류하여 살피고 있다. 단순히 역사를 서술하는 데 그치는 것이 아니라 마지막 장에서는 21세기 현재 중국이 앞으로 나아갈 방향에 대해서도 모색한다. 이른바 통사(通史)를 짚어보고 미래를 예측해보는 것이다.

이처럼 쉽지 않은 작업을 하기 위해서는 무엇보다 전체를 관통하는 저자의 일관된 관점이 있어야 하고, 이를 기준으로 삼아 수많은 역사적 사건을 취사선택해서 정리해야 한다. 저자의 관점은 상고 이래 중화민족은 문명을 창조할 수 있는 창조력을 가진 민족 유전자를 지녀왔고, 이런 점이 역사 속에서 제도(制度)와 사상 방면으로 구현되었다는 것이다.

저자는 그 제도의 핵심은 '법치(法治)'이며 이 법치가 무너지고 인치(人治)가 우세해지면 쇠락과 위기의 국면이 왔다고 보았다. 특히 상무(尚武)정신을 상실하는 후한(後漢)을 분수령으로 이후 중국 역사는 몇 차례의 생존 위기를 넘기면서 하강했다. 그러다가 청말부터 다시 상승하여 지금 대국의 길을 모색하는 단계다. 저자는 이러한 관점에서 지난 중국 역사를 정리하면서, 현재 중국도 제도를 확립하고 그 안에서 중화민족의 문명 창조력을 발휘함으로써 새로운 인류문명의 가치를 창조하는 대국의 길을 걷는 방향으로 가야 한다는 주장을 펼친다.

《이것이 중국의 역사다》는 저자도 밝히고 있듯이 중국 고등학교 1학년 정도의 지식을 가진 40세 정도의 중국인을 대상으로 하고 있다. 학술적 목적을 위한 책이 아니고 특정 계층, 즉 엘리트 계층을 위한 책도 아니며, 그야말로 '평균적인 일반대중'을 독자로 삼고 있는 것이다. 이런 종류의 책을 보면 대체로 당대의 평균적인 역사인식을 이해할 수 있다. 1990년대 이전까지 중국에서 출간되는 역사서는 대부분 사회주의 이념의 선전과 교육을 위한 '사회주의 애국주의'를 강조하는 내용이 중심이었다.

그런데 1990년대 이후, 소련과 동구권 등 현실 사회주의 정권이 붕괴하고 중국이 개혁·개방으로 본격적인 고도 경제성장을 하면서 상황이 달라졌다. 이념적인 색채가 약해지고 일반대중의 흥미와 관심을 불러일으키는 다양한 역사서가 나오기 시작한 것이다. 그러나 역시 변하지 않는 점도 있는데, 바로 지금의 '중국(中國)'과 '중화민족(中華

民族)'을 기준으로 상고시대부터 현대까지 '하나의 중국'과 '중화 대가정'을 이루었던 경우를 정상으로 인식한다는 것이다. 즉 그렇지 못하고 분열된 상태는 비정상으로 인식하는 일관된 기조는 유지하고 있다.

이 책도 중국의 역사를 되짚는 내내 '하나의 중국'과 '중화민족'이라는 기본 입장을 취하고 있다. 하지만 '혼돈의 시대', '봉건시대', '제국시대', '대국의 길을 묻다' 등으로 중국 역사 전체에 대해 저자 나름대로 독창적인 시기 구분을 하고 있다. 그리고 근래 새롭게 나온 자료도 적극적으로 활용하고, 고고학·인류학·경제학·유전학 등 다양한 학문의 성과도 폭넓게 이용했다. 이와 함께 저자는 단순히 과거의 역사를 정리하는 것이 아니라, 과거의 역사를 바탕으로 해서 현재 중국의 진로를 제시하고자 하는 매우 적극적인 집필 목적을 드러낸다.

즉 최근 시진핑 집권기에 들어와 부쩍 강조되고 있는 '21세기 신중화대국으로서의 중국'이라는 위치에서 과거 중국 역사의 흥망성쇠를 바라보는 것이다. 최근 중국 헌법에까지 명기된 시진핑의 '신시대 중국특색 사회주의'는 2050년까지 진행될 중국의 장기 발전 전략을 담고 있는데, 여기에는 전면적인 쌰오캉(小康, 중산계층)사회 실현·사회주의 현대화 등과 함께 중화민족의 위대한 부흥을 표방하는 이른바 시진핑의 '중국몽(中國夢)'이 구체적·종합적으로 제시되어 있다. 국가·사회·개인이 하나의 중국, 하나의 중화민족이라는 운명공동체로 강력하게 결속하여, 미래에 인류 문명에 주도적으로 공헌한다는 '중국몽'은 21세기 중국의 대국굴기(大國屈起)이자 신중화주의에 다름 아닌 것이다. 그리고 이를 위한 방법으로 중국공산당의 지도력 강화, 개혁의 심화를 통한 법치와 제도의 확립, 군사력의 강화 등이 제시되고 있다. 이것은 바로 이 책의 핵심어라고 할 수 있는 문명 창조력을 가진 민족 유전자, 법치에 입각한 제도의 확립, 상무(尙武)정신 등과 거의 정확하게 일치한다고 할 수 있다.

즉 저자는 중국 역사를 새로이 되새겨보는 방법으로 21세기 시진핑 시대의 '중국몽(中國夢)'을 설명하면서 중국의 일반대중에게 그 방향을 가리켜보이고자 하는 것이다. 우리 한국인에게 이 책의 내용이나 용어, 관점 등은 불편하고 받아들이기 어려운 부분이 다수 있을 것이다. 특히 중국사를 연구하는 입장에서는 더욱 그러할 것이다. 그럼에도 오늘날 중국과 중국인의 사고방식과 중화사상, 그들이 국제외교와 정치 무대에서 서고자 하는 위치를 알고자 한다면, 다시 말해 21세기 시진핑 시대 중국의 '중국몽(中國夢)'을 본질적으로 이해하고자 한다면, 상고시대 이래로 문명의 창조성을 가진 중화민족의 우월성을 유구한 역사 속에서 증명하고자 하는 이 책이 매우 유용할 것이다.

부록

핵심 내용

상고시대

- 인류 역사상 수만 개의 민족이 있었지만 지금까지 생존하고 인구수가 10만을 넘는 민족은 겨우 300여 개 정도이며 화하, 즉 중화민족은 그중 하나다.

- 생존 경쟁은 역사의 변화 발전 과정의 핵심 구동력이다.

- 상고시대에 전쟁은 일상이었으며 민족과 국가 형성의 촉매제였다.

- 오제에서 요·순·우로 이어진 상고시대의 성왕 체계는 전국·진한 시기 역사학자들이 편집한 것일 뿐 역사의 실제 발전 과정은 그렇게 진행되지 않았다.

- 화하족의 특징은 무엇인가? 상고 신화를 분석하고 고고학 자료와 역사의 발전 과정으로 볼 때 핵심 특징은 문명의 창조력이다.

- 중화민족은 생존 경쟁의 강자다. 중원에서 기원해 무장 식민통치로 원주민을 대체하고(상호 융합이 아니었다) 점차 확장해 결국에는 동아시아 대륙을 뒤덮는 가장 방대한 무리가 되었다.

- 요·순·우가 선양한 전설은 역사적 사실은 아니지만, 그 전설 속에 상고시대의 정서와 원시적 민주주의의 유전자가 담겨 있다.

봉건시대

- 하·상·주는 세 개의 다른 부족 집단이 정권을 서로 교체한 과정이다.

- 서주가 견융에 망한 것은 진이 오호에 망하고 북송이 여진에 망한 것과 비슷하다. 상고사는 지리상 동서로 전개되었기에, 서주 왕실이 동으로 퇴각한 것이지 후자처럼 강남으로 후퇴하지 않았다.

- 춘추 패권 다툼은 일종의 중화민족 내부의 '국제'질서다. 대내적으로는 질서와 평화를 유지하게 하고 대외적으로는 중화민족을 단결시켜 침입에

저항했다. 전국 쟁패와는 근본적으로 성질이 다르다.

- 전국 시기에 인애와 순종은 평화를 가져올 수 없었지만, 무력과 실력은 언제나 그것을 가능하게 했다.

- 전국 시기 열국의 총력전은 제도를 장악한 나라가 마지막에 승리했다.

제국시대

- 강한 진나라가 천하를 통일하며 봉건사회의 다양한 조직 형태가 전부 사라졌다. 강한 정부와 약한 사회구조가 이때 형성되었으며 후세 중국이 쇠약해지는 계기가 되었다.

- 전한은 민초가 건국했다. 고전 귀족집단과 귀족 문명의 생태계가 동시에 단절되며 중국사의 퇴화가 시작되었다.

- 동중서는 고전 유가학설에 '유전자 전이' 식 개조를 진행했다. 무제는 그와 손을 잡고 후세 2,000여 년간 유지된 '문화 경로 의존성'의 기점을 형성했다.

- 한나라 왕실은 유가를 이용했을 뿐 믿지는 않았다.

- 한나라부터 청나라까지의 역사는 순환되고 중복되었다. 흥망성쇠는 주기적이다. 만일 국가기구 체계를 기계에 비유한다면 그 유효 기간은 약 100년이며, 그 후 부식되기 시작해 썩어 문드러지고 폐기된다. 두 단계를 합치면 200년을 넘기 힘들다.

- '흥망성쇠 주기'를 조성하는 핵심 부분은 '맬서스의 법칙'이다. 인구의 신장 폭이 토지 수용 능력을 초과해 한도를 넘어서면 인구는 생존할 수 없다. 초과한 인구를 소멸하는 방식은 잔혹한 (새로운 왕조를 세우는) 전쟁이었다. 전쟁 후 인구와 토지는 다시 균형을 이루었다.

- 대략 추산하면 진나라 말기부터 청나라까지 새로운 왕조를 세우는 전란

으로 소멸된 인구는 수억 명에 달한다.

- 국운의 흥망성쇠와 무(武)를 숭상하는 정신은 밀접한 관계가 있다. 후한은 중화민족의 강약에서 분수령이 되었다.
- 왕망이 대패한 것은 유가 이데올로기 때문이다.
- 비수의 전은 화하문명이 생존할 수 있었던 핵심 사건이다.
- 남북조 시기의 민족 융합 정도는 현대 분자인류학으로 살펴보면 그다지 높지 않아 보인다. 전통 역사서의 기록은 일부 내용으로 전체적인 면을 대신하니 정확하지 않다.
- 양견의 수나라 건립은 화하 정통의 회복을 상징한다.
- 당나라 시기의 탈라스전투는 화하 세계와 이슬람 세계가 처음으로 부딪친 사건으로 서역이 이후 1,000년간 발전할 기회를 열어주었다.
- 제도는 국운의 흥망성쇠에 장기적 영향을 미친다. 좋은 제도는 모든 생산 역량에서 작용하는 전제조건이다. 송나라는 취약한 제도 때문에 멸망했다.
- 국가의 두 가지 중요 요소는 제도와 민족 유전자 자질이다. 명나라 300년의 고난과 영예는 이 두 가지 요소의 작용으로 이루어졌다.
- 문화에는 '경로 의존성'이 있다. 송나라 성리학은 명나라의 운명을 결정했다.
- 자본주의는 일종의 체계로 법치와 제도는 이 체계의 토양에서 나고 자란다. 명나라 말기에 나타난 이른바 자본주의의 싹은 자본주의 사회로 성장하지는 못했다.
- 유가는 고심해서 도덕으로 권력을 길들이려 했지만, 한 번도 성공하지 못했다. 권력은 폭력에서 기원하며 도덕 설교는 운명적으로 무기력하다. 도덕으로 권력을 상자 안에 가두는 것은 역부족이다.
- 유가학설은 위로 권력을 길들이는 데는 부족했지만, 아래로 인민을 길들

이는 데는 충분했다.

근현대

- 세계체제가 근현대 중국 운동을 결정했다.
- 청나라 사대부 무리 가운데 앞선 세계관을 가지고 변화를 일으킨 혁흔, 임칙서 같은 자들이 시대의 지도자가 되었다. 보수적인 세계관을 가진 강의, 서동 같은 자들은 시대의 순장품이 되었다.
- 임칙서, 증국번 두 사람은 '소아(小我)'의 측면에서는 성현이었으나 '대아(大我)'의 측면에서는 나라를 망쳤다.
- 민국 역사는 제도를 찾는 역사다.
- '5·4 운동' 시기 지나치게 우쭐대던 문인들은 대부분 뻔뻔스럽게 큰소리 치는 천박한 인사들이었다.
- 화하는 상고시대부터 진한까지 2,000여 년간 상승 주기였으며, 진한부터 청나라 말기까지 2,000여 년간은 하강 주기였다가 청나라 말기부터 시작해 다시 상승 주기로 들어섰다.
- 중국은 현재 역사 대전환의 과정에 있으며 아직 목표점에 다다르지 못했다.

이것이 중국의 역사다 **2**

초판 1쇄 인쇄 2018년 7월 20일
개정판 1쇄 발행 2020년 7월 20일

지은이 홍이
옮긴이 정우석
감수 김진우
펴낸이 이범상
펴낸곳 (주)비전비엔피·애플북스

기획 편집 이경원 차재호 김승희 김연희 이가진 황서연 김태은
디자인 최원영 이상재 한우리
마케팅 한상철 이성호 최은석 전상미
전자책 김성화 김희정 이병준
관리 이다정

주소 우) 04034 서울특별시 마포구 잔다리로7길 12 (서교동)
전화 02) 338-2411 | **팩스** 02) 338-2413
홈페이지 www.visionbp.co.kr
이메일 visioncorea@naver.com
원고투고 editor@visionbp.co.kr
인스타그램 www.instagram.com/visioncorea
포스트 post.naver.com/visioncorea

등록번호 제313-2007-000012호

ISBN 979-11-90147-25-5 04910
         979-11-90147-20-0 (SET)

· 값은 뒤표지에 있습니다.
· 잘못된 책은 구입하신 서점에서 바꿔드립니다.

「이 도서의 국립중앙도서관 출판시도서목록(CIP)은 서지정보유통지원시스템 홈페이지(http://seoji.nl.go.kr)와
국가자료공동목록시스템(http://www.nl.go.kr/kolisnet)에서 이용하실 수 있습니다.(CIP제어번호: CIP2018009582)」